U0803067

本来

曾伟 著

中国经济出版社
CHINA ECONOMIC PUBLISHING HOUSE
·北京·

图书在版编目（CIP）数据

本来 / 曾伟著. -- 北京 : 中国经济出版社, 2025.
7. -- ISBN 978-7-5136-8181-0
Ⅰ. F272-05
中国国家版本馆 CIP 数据核字第 2025KK9045 号

责任编辑　严　莉
责任印制　李　伟
封面设计　任燕飞

出版发行　中国经济出版社
印 刷 者　北京艾普海德印刷有限公司
经 销 者　各地新华书店
开　　本　710mm×1000mm　1/16
印　　张　19.5
字　　数　288 千字
版　　次　2025 年 7 月第 1 版
印　　次　2025 年 7 月第 1 次
定　　价　68.00 元
广告经营许可证　京西工商广字第 8179 号

中国经济出版社　**网址** www.economyph.com　**社址** 北京市东城区安定门外大街 58 号　**邮编** 100011
本版图书如存在印装质量问题，请与本社销售中心联系调换（联系电话：010-57512564）

前言

Preface

探究心灵最深处

因为工作性质，我常年与一些企业家打交道，在世俗的眼光中，这些人当然都属于成功人士，但我在与之交往中发现了他们内心的另一面。其实他们中的大多数内心充满了焦虑不安，有的甚至已经到了抑郁和身心健康严重受损的程度：经常性地失眠，服用安眠药都无济于事，而第二天又得精神抖擞地处理企业各种事务，甚至一些年轻的“富二代”接了父辈的班以后，也过早地进入这种状态。接触到这样的人和事，我的内心是非常难受的，在一般人的眼中，这些有钱人不是在花天酒地，就是在耀武扬威，而我看到的是他们以命相搏的一面，因为他们面临的竞争和压力除了让他们以命相搏，恐怕还真没有其他的办法，除非他们真的放下，甘愿企业业绩下滑乃至关门倒闭。而对于市场这个特殊的战场上血气方刚的这些斗士们来说，又怎么愿意认这个输、服这个软呢？于是他们只好带病鏖战，只是不知道这样的日子何时是个头。作为旁观者，我总在想究竟怎样才能给他们以帮助，让他们在努力创造的同时能享受幸福的人生，而不是钱赚够了，享受人生的时间却没有了。英年早逝的企业家在我知道的人当中并不罕见，就算是活着，但凭我跟很多人的交往可知，他们的内心缺乏真正的幸福感，至少他们内心的幸福感与他们拥有的财富绝对不成比例，因为大多数企业家内心极度不安。不安让人无法幸福，感到的顶多是快乐，以及与刺激相伴的兴奋和快感，内心的安宁才能带来真正的幸福，幸福的人一定是心安的人。所以，"如何才能心安"便成了我一直思考的问题。心安的人是不会焦虑的，当然也不会受失眠的折磨，他们是阳光的，是能量充沛的，而这是一个创业者真正成功的保障，也是一个人活出生命质量的前提。它与财富、权力、名誉等无关，只与我们对"心"的了解和领悟有关，换句话说，只与我们对"心灵深处"的了知有关，因为毕竟"心"安或不安只不过是心灵深处感知的显现。让我们一起走进"心灵深处"，探究它的奥秘，为自己也为别人找到幸福的源头吧。

关于"如何心安"这个问题，王阳明在《传习录》中倒有几句十分痛快且简短有力的结论："乐是心之本体"以及"定者心之本体"。王阳明的意思是，"心"本来就是"定"的，也本来就是"乐"的。这是王阳明悟道以后讲出来的话。那么为什么常人经常体会不到这种本来就有的"定"和"乐"呢？王阳明认为是我们对物的追逐遮蔽了"心"之本来的呈现，或者说，对物的追逐使我们没能回到心之"本来"，所以他教导众生要"格物"，去除物的遮蔽，以此"致良知"，到达"心"的良知状态。在王阳明看来，"心"的良知状态就是心之"本来"状态，因为他在《传习录》中有说"知是心之本体"，这个"知"就是良知。由此可见，王阳明给出的心安之道很简单：回归心的本来状态即可。不用外求、无需条件，甚至都不用绞尽脑汁地想怎样去得到，因为"心安"是"心"的本来状态，只要"回归"即可。其实，佛门也有类似的说法，叫作"狂心若歇，歇即菩提"。意思是，停下来、平息下来就好。因为"心"本来就是"安"的，也是"乐"的。《金刚经》的一句话则高度概括了这一思想："应无所住而生其心。"《金刚经》之所以成为禅宗印心的经典，其核心也正是此句，禅宗六祖惠能也是听闻此句而言下大悟。为何？因为此句中的“无所住”，即是“无对象、无条件、无依托”之意；而“应无所住而生其心”意思是，当我们的心放弃对象、放下条件、不再依赖他者时，就可以回到“心之本来”状态。六祖惠能立刻意识到这一“无对象、无条件、不依赖他者”的“心”是众生自己的“本性”，是人“心”最深处的“共性”，他立马用“自性”这个词来表达自己的开悟：“一切万法，不离自性。”他连用五个排比来描述“心之本来”的状态：“何期自性，本自清净；何期自性，本不生灭；何期自性，本自具足；何期自性，本无动摇；何期自性，能生万法。”“本自清净”代表“心之本来”，即自性是“无相”的，所以它是没有“染污”的，《心经》讲“不垢不净”，当然也就是“无对象”的；“本自具足”代表自性是无条件的绝对的“存在”；“本不生灭”“本无动摇”代表自性是终极的“存在”，是“第一因”；“能生万法”代表自性作为绝对的终极的存在，自然成为一切的源头和条件，生出一切。

“心之本来”的探究以及对“心之本来”的赞美，其实是东西方文化共同用力之处，也是东西方文化的共识。康德在其《纯粹理性批判》中对人类的心智模式进行了深入研究，由感性到知性，再由知性到理性，即由直观到思维，再由思维到理念，最终在终极的理性或理念这里，他发现：“理性需要关于某个在其种类中完全完备的东西的概念，以便评估和测量不完备的东西的程度和缺陷。”“理念设定了知性知识的完备的统一。”“理性”在康德这里是人的终极认知能力，与“理性”相伴随的“理念”是用来统一认知的终极概念，显然无论是作为终极认知能力的“理性”，还是作为终极认知概念的“理念”，都具有“完备”的特征。“完备性”是它们与感性直观、知性概念的本质区别，因为感性直观、知性概念都是有条件的、相对的，因而是不完备的，而理性的理念却是无条件的绝对的存在，因而是完备的存在，具有“完备性”。这种“完备性”恰恰使其成为一切感性直观、知性概念能够统一为知识的根源，这个无条件的绝对的存在成为一切知识存在的终极条件，因而成为“终极”存在。所以，在康德哲学中，“心”的终极的最底层是“完备性”的存在，完美无缺，尽管康德并不经常使用“心”这样的字眼。

而德国哲学家黑格尔却直接用“良心”来描述了心的本来状态。他在《精神现象学（下)》一书中说：“良心知道自己完全不受约束，完全独立自由，并且自己拥有绝对权力。”所谓的“绝对权力”，即是说“良心”不是由任何别的东西决定的，所以黑格尔说：“良心不承认任何东西对它来说是绝对的，因为它是一切被规定的东西的绝对否定，它完全由自己本身来进行规定。”这说明在黑格尔眼中，“良心”是绝对的存在，因为它不能为其他任何东西所规定，这就是它的“无条件”性，也就是它的“绝对性”。可见，黑格尔同样认为“良心”是心的本来状态，因为只有“本来”的东西才是“绝对”的无条件的存在，而一切的存在都源自这个“本来”，因而这一切的存在都作为“有条件”的东西而存在，生出这一切存在的那个“绝对”存在者便成为“无条件”的终极存在。黑格尔对这个“绝对”的存在者“良心”，用了一段非常优美的话来赞美：“良心就是这样一种创造道德的天才，这种天才知道它自己的直接知识的内心声音即是上帝的神圣声音。”黑格尔将“良心”的声音比作了上帝的声音，可见，“良心”的完备性和终极性在黑格尔这里是确定无疑的存在。当然，黑格尔在别的地方还直接宣示“良心”自身具有确定无疑的真理性，他的原话是，“它的真理性就在它自身中”“对于良心来说，自身确定性就是纯粹的直接的真理性”。这个“确定性”是指它对自身的认识，也就是说，“良心”是“心之本来”的状态，但它的显现和启用也取决于我们的认知，只有我们确切地知道并深信它的存在，赋予“良心”以“自身确定性”，它才成为

“真理”，成为我们行为的主宰力量，成为事情的主体。所以黑格尔说：“在良心这里，事情自身就是主体。”这与王阳明的“格物致知”的说法如出一辙，“格物致知”即是赋予本自具足的“良心”以“自身确定性”，认知到“良心”是绝对的终极的无条件的存在，然后发挥它的主导作用，这便是“知行合一”。

既然“心之本来”是“完备”的，当然就不存在“残缺”，我们回到“心之本来”，便不会有匮乏感，内心就不会总是向外去求，心便自然能“安”。“心之本来”是终极的无条件的不依赖于任何“他者”的存在，它自然是“自在”的存在，也是“自由”的存在，康德在其《纯粹理性批判》中说这“无条件的原因性就叫自由”。一个人处在“自由自在”没有任何压力和束缚的状态，内心自然是安宁而愉悦的，并且这种愉悦不依赖于外在的刺激，是内心生起的喜悦，佛门称之为无欲之乐，也称极乐。所以，当一个人回归了“心之本来”，必处在“安”而“乐”的状态，何来的焦虑和抑郁呢？

但是回归到“心之本来”，获得了“安”而“乐”的状态，我们会不会“躺平”呢？这是对“心之本来”另一面的误解，“心之本来”还有“知”和“行”的一面，因此王阳明才说：“知是心之本体，心自然会知。见父自然知孝。”“见父自然知孝”这句话里有“知”有“行”，而且自然而然，因此王阳明才说“知行合一”。所以，“心之本来”不仅不会让人“躺平”，而且会让人产生无限的生命力，这正是禅宗六祖惠能说出“何期自性，能生万法”的原因。“自性”是六祖惠能对“心之本来”的称呼，佛门也通称为“佛性”。回归“心之本来”即回归“自性”的人既能获得“安乐”的心境，又能唤起旺盛的生命力和行动力，必然能够成就既利于自己又利于他人的大事。很多人成就一些事情、取得一些成功后极易陷入各种焦虑和苦恼的泥坑，究其根源在于他们的成功依靠的不是回归“心之本来”而产生的生命力和行动力，而是贪念产生的欲望以及被嗔恨心支配的博弈、好胜心理，贪欲和嗔恨都是极为有害的负面能量，久而久之，不仅伤人，而且必然伤己。这就是很多成功人士幸福感缺乏以及身心俱疲乃至身心受损的根源，表面上叫透支身体，其实是自我伤害。唯有回归“心之本来”，才是解脱之道。

如何回归“心之本来”呢？这其实是一个并不平坦的历程，黑格尔甚至用身心经历“绝对的支离破碎”的过程来形容，孟子则用“苦其心志，劳其筋骨”等来描述，德国哲学家海德格尔则对完成这一过程所需的三个条件进行了细致的分析，分别是良知的觉醒、敬畏心、罪责意识。在海德格尔看来，良知是“最本己”或者说“本真”的存在，显然这也是“心之本来”的概念。所谓良知的觉醒，就是意识到并深信“最本己”“本真”的良知的存在，然后用“良知”去呼唤自己的罪责意识。海德格尔在其《存在与时间》一书中的原话是，“良知的声音这样那样，无非在说‘罪责’”“良知呼唤罪责存在”。基督教的基本教义便是人的“原罪”说，作为哲学家和对基督教深有研究的学者，海德格尔将“罪责”意识作为我们回归“心之本来”的前提条件是理所当然的，因为他深知我们回归“心之本来”的障碍就是“自我意识”，而这个“自我意识”在基督教的《圣经》中，是人类的祖先亚当和夏娃吃了伊甸园中“智慧树”上的果子而产生的“分别心”所种下的罪孽，也被称为人类的“原罪”。东方的佛教同样把人的“分别心”以及它所带来的“执着心”称为人的“业力”的根源，并且认为它们是人类贪、嗔、痴三毒的基础。佛门的“业力”和基督教的“罪责”相似，说法不同，实质为一，皆是我们回归“心之本来”的障碍，只有清醒地认知它的存在，并通过努力地忏悔，承受过程之中的苦难才能实现回归的目的。

那么，良知觉醒的契机又是什么呢？在海德格尔看来，死亡或者说对死亡的恐惧是大多数时候良知觉醒的契机，而事实上这也是宗教总是在人们面临巨大的苦难尤其是死亡的威胁时，让人开始虔诚地信仰它的原因。为何良知的觉醒大多数时候与死亡或者对死亡的恐惧和巨大的苦难相关呢？因为死亡意味着“常人”的终结，巨大的苦难则意味着“常人”的难以为继，总之，是“常人”要么迈不过去的坎儿，要么很难迈过去的坎儿，只有这时，我们的内心才会生起对“常人”生存状态的审视和疑惑，并试图超越“常人”的生存状态。海德格尔在《存在与时间》中所讲的“从常人中收回自己就是从常人自身的生存方式转变为本真的自己存在的生存方式”才可能发生。因为“本真的自己”就是“心之本来”，也就是“良知”状态。所以，死亡或巨大的苦难给我们带来的“敬畏心”深深地唤醒了我们的“良知”，唤醒了沉溺于“常人”状态中的“本真的自己”，这大概就是老百姓经常讲“吃苦是福”，或者说“大难不死，必有后福”的原因吧。当然，这里讲的“常人”并不是专指普通人，而是指所有未觉醒的人，也包括所谓的功成名就者，因为他们都沉浸在对成功与名利的追逐中，而不知道自己“本自具足”的存在，不知道“本真的自己”，也就是“心之本来”的存在。

海德格尔在《存在与时间》中将“良知的觉醒”“敬畏”“忏悔”三者用一句话概括了起来：“这种缄默的、时刻准备畏的、向着最本己的罪责存在的自身筹划，我们称之为决心。”海德格尔认为“良知只在而且总在沉默的样式中言谈”，这恐怕是他用“缄默的”代指“良知”本身的原因吧，因为毕竟“良知”的本质不在于“言”而在于“行”。而海德格尔之所以强调“决心”，是因为真正的忏悔和敬畏并不在于一时一刻的状态，它需要我们“时刻准备”和不停“向着本己的罪责存在的自身筹划”，也就是忏悔才能达成目标，佛门讲非得“大雄力”“发大愿”不可，也就是海德格尔讲“决心”的原因，用他自己的话说就是“决心意味着让自己从丧失于常人的境况中被唤起”。由此可见，无论黑格尔还是海德格尔，尽管他们的思想达到了思辨和形而上的境界，但其最终都是为了让人们回归自己的本来状态，让人们活得更好，而不是陷入所谓“真理”和“智慧”的空谈中，这一点与古老东方文化的宗旨不谋而合。本着这样的精神，我对康德的《纯粹理性批判》、黑格尔的《精神现象学》以及海德格尔的《存在与时间》进行了解读，试图找到东西方文明的智者对世界和人心“本来面目”的剖析，并将其作为生活中指引我们脱离苦难的灯塔，找到我们内心本有的光明，让我们的生命力在心安和喜悦中绽放出无限的光彩。这就是我写作《本来》一书的因缘。

当然，需要特别说明的是，无论是在东方文明的智者还是在西方文明的哲人眼里，“心”都不是一个从属于“人”的概念，正如海德格尔论及“自由”时说的一句话：“自由不是人的属性，相反，人是自由的所有物。”所以他们谈论和理解的“自由”不能局限在人的“自由”的概念下，而是一个超越“人”的比“人”更大的概念，正因如此，康德才将“自由”定义成“无条件的原因性”，将其作为无条件的绝对的存在来对待，这其实就是“心”的本体的概念。也就是说，西方哲学中的“自由”概念就是“心”的本体或本质的概念，黑格尔讲“良心”的“绝对性”正是此意。东方的佛法或心学则讲得更为直白，王阳明说“心外无物”，佛门说“相由心生”，这些都表明在他们眼中“心”代表的是一个绝对的无所不包乃至万物之源的概念，是一个超越所有存在者的终极存在的概念。只有在这样的“心”的概念下来探究“心灵最深处”，才能将对“心”的本体的探究与对世界本源的探究统一起来，因为它们是一不是二，也只有这样才能将哲人们对真理的追求和世人们对幸福的追求统一起来。否则就会将哲学变成单纯的爱智慧，而无法落实到世人的爱生命、爱幸福之上，形而上便失去了形而下的基础和根基，成为少数人的智力或语言游戏，这样的哲学意义何在呢？其实，无论黑格尔还是海德格尔，他们都是既对哲学又对宗教深有研究之人，宗教素养为他们思考问题的方式和方向提供了与纯哲学研究不同的角度，研究他们的思想不仅能看到智慧，更能看到慈悲，这在佛门叫“悲智双运”。因为宗教是解决人类脱苦问题的，无论它如何谈论世间的真理，不能让人脱苦，它就是毫无意义的，或者说它的使命就是让生命走向幸福，所以，称它为爱生命、爱幸福是准确的；而纯哲学的思考是以真理为对象，以智慧为目标。所以，哲学与宗教的结合才是完美的事情，这恐怕也是黑格尔、海德格尔等能成为哲学大家的原因吧，因为毕竟人们获得智慧也只是为了幸福地生活而已。所以，对于个人而言，爱生命、爱幸福显然是比爱智慧更实际、更本质的需求。

Contents

目录

第一章 认知自己

一、认识自己 <<< 003

二、时空主观性 <<< 008

三、意识的统一性 <<< 011

四、自我意识 <<< 016

五、知性为自然立法 <<< 020

六、科学的真相 <<< 023

七、意识的本质 <<< 028

第二章 何谓理性

一、理性完备性 <<< 037

二、理性如何统一知性 <<< 044

三、理性的理念 <<< 047

四、理性的局限 <<< 051

五、整体的意志 <<< 055

第三章 为意识的存在

一、人生的方向 <<< 065

二、成功之后 <<< 069

三、完美存在吗 <<< 073

四、意识先于万物而存在 <<< 077

五、意识的演化 <<< 082

六、意识中的共相 <<< 085

第四章 认知的本质

一、意识本身就是真理 <<< 093

二、存在不可说 <<< 096

三、自我意识的诞生 <<< 100

四、自我的冲突 <<< 105

五、概念的虚假性 <<< 109

六、苦恼意识 <<< 111

第五章 精神的成熟

一、成熟的代价 <<< 117

二、自我牺牲 <<< 121

三、何谓精神 <<< 124

四、恒常的存在 <<< 128

五、成为自己 <<< 132

六、规律就是存在 <<< 137

七、伦理道德 <<< 141

第六章 何以为人
一、何以为人 <<< 149
二、人是整体性存在 <<< 153
三、人本质的历史呈现 <<< 158
四、教化的力量 <<< 161
五、教化的困境 <<< 165
六、人本质的异化 <<< 169
七、异化的回归之旅 <<< 173
八、回归良知 <<< 180
九、神是觉醒了的人 <<< 187

第七章 心灵的救赎
一、何谓存在 <<< 195
二、何谓此在 <<< 204
三、何谓能在 <<< 209
四、“此在”为何会沉沦 <<< 213
五、“此在”的回归 <<< 217
六、“真人”的活法 <<< 222
七、何谓“时间性” <<< 226
八、有生于无 <<< 231

第八章 探究世界的本源
一、中国文化中的“无” <<< 237
二、西方思想中的“本体” <<< 243
三、叛逆者海德格尔 <<< 246
四、超越者海德格尔 <<< 251
五、寻找西方思想的源头 <<< 257

六、为形而上学重新奠基 <<< 265
七、怎样“嵌入无之敞开” <<< 274
八、世界的“三重性” <<< 280

参考文献 <<< 290
后记　如何得自在？ <<< 291

第一章

认知自己

一、认识自己

开悟是佛门中很重要的境界，也是很多学佛修行之人渴望达到的目标，但究竟何谓“开悟”呢？用佛门术语叫“明心见性”，也叫见“真如本体”，但这些说法因为过于专业，一般没开悟的人并不能明白究竟是何意思，所以，我们暂且用一个心理学的实验来简单表达一下。这个心理学实验前期用动物来做，比如小狗。先将小狗麻醉，然后在其前额中央点一个红点，再将小狗置于一个玻璃镜子前，如果小狗能够在自己身上检查这个红点，就证明小狗知道镜子中的动物是自己。实验表明，绝大多数动物不知道镜子中的影像就是自己，只有黑猩猩等极少数动物能将镜子中的影像与自己联系起来，婴幼儿也只有在18个月大以后才能意识到镜子中的人就是自己，1岁半之前的婴幼儿和大多数动物一样会把镜子中的影像当成另一个人或动物。这个实验是在1970年由一位名叫盖洛普的科学家做的，尽管它是检测人和动物自我意识的实验，但可以很方便地把人的“开悟”境界描述出来。什么叫“开悟”呢？就是知道你看到的外境其实就是“自己”。当你知道镜子中的影像是“自己”时，这已经是一个小的“开悟”，因为你已经超越了很多动物，但你没把其他的东西当成“自己”，而是当成“我”以外的“非我”，所以，这一步只能叫“自我意识”，它把“我”与我以外的一切分割开来。这种分割看起来似乎有根有据，因为镜子中的那个“我”与“自己”很像，把它视为“自己”很正常，而镜子中呈现出的山河大地、万事万物与“自己”毫不相似，我们怎么可能视其为“自己”呢？这就叫“着相”，意味着我们还是从“相”上来判断是不是“自己”，所以就有“我相”“人相”“众生相”等。什么时候我们能知道并确信见到的一切都是“自己”时，我们就“开悟”了，因为这是事实。同时，这代表着我们不受“相”的限制而能如实地观照世界，具有了“离相”的功夫，见到了世界的“缘起”。我们见到的一切都是我们“自己”，这是事实吗？这个事情的真实性，我们还得从康德讲起。

一个属于2500年前的东方佛法的概念，要从250年前西方哲学家康德讲起，这是为何呢？近现代以来西方思想界出现了颠覆性的事件，而这一事件的核心至今都没有被我们准确把握，以致我们谈到西方文明的走向时，总是错过最紧要的但对我们最为重要的环节。谈起中世纪以后的西方文明史，我们耳熟能详的必是文艺复兴、宗教改革、启蒙运动、“人权运动”和科技革命、工业革命等，但有一件事被我们忽视了，那就是康德直至黑格尔所代表的德国古典哲学究竟应该归属于这些中的哪个部分，文艺复兴显然与他们无关，宗教改革也与他们扯不上关系，启蒙运动中的主力是伏尔泰、卢梭等法国精英，“人权运动”作为启蒙运动的延续，其思想也绝不是康德乃至黑格尔阐述的重心，近代科学革命的奠基人是伽利略、牛顿，这也与康德、黑格尔等无关，工业革命发生在英国，这里更与康德、黑格尔无关。康德、黑格尔的思想似乎与近现代文明史上著名的社会事件没有关系——这肯定是一个很荒谬的结论，因为哲学是一切思想的核心，即文明的核心，尤其是西方文明经历了宗教改革以后，宗教在社会思想界的统治地位让位给了哲学，而当时占据哲学理论最高点的康德、黑格尔的思想却不能成为任何一场社会运动的核心，这只能说明西方近现代有一场更为深刻的思想运动或者说思想革命被我们忽视了，以致于我们要把康德等人的思想归到启蒙运动概念中去。卢梭所代表的启蒙运动、“人权运动”的确为人的自我意识的觉醒，为近现代西方社会制度的建立奠定了基础，但康德乃至黑格尔所做的一切比卢梭他们彻底得多，绝不是自我意识觉醒和私有权力的不可侵犯这么肤浅。

当然，作为社会政治运动的理论指导，卢梭等人的工作仍然称得上伟大，但相较于康德等人的工作而言，只能算是在社会权力和财富的分配上做了一些调整而已，然而康德等人的工作让整个人类完成了一次彻底的“觉醒”，尽管这种“觉醒”在东方早了2000多年发生，但在西方，则只能算是自笛卡尔、康德才开始，笛卡尔是开篇，康德做了系统的阐述，黑格尔夯实了它的主体，当然后续还有海德格尔所做的工作。这条思想脉动的线索才是近现代西方文明最深层次的主线，一切的科学创造包括社会创新其实都基于其上，或者说，这条主线才是近现代文明的动力源。那么用一个什么样的词来概括这条主线比较准确呢？对，“觉醒运动”！觉醒运动不同于启蒙运动，或者说启蒙运动只能算是觉醒运动的前奏和基础，正如同你意识到镜子中的影像是自己和你意识到镜子中一切的影像是自己的区别一样。前者叫“自我意识”的觉醒，类似于启蒙运动及“人权运动”，后者叫彻底的“觉醒”，或者叫“开悟”，因为你对“自己”的知道已经超越了“自己”是一个独立个体的阶段，你已经知道“自己”是一切事物的主宰，因为一切都是“自己”。你还需要跟谁去争夺权力吗？因为权力就在你手里。你还需要跟谁去斗争对抗吗？因为对方也是自己。所以，做好自己就可以了，你已成为自己的上帝，一切都是你的“创世纪”。这是真正的“觉醒”和“开悟”，对这一“觉醒”和“开悟”，康德在其名著《纯粹理性批判》中进行了系统阐述，所以这本书是哲学界公认的最晦涩难懂却又是近现代哲学史上最重要的一本书，因为它是西方文明中第一本系统、理性地阐述“觉醒”和“开悟”的著作，也就是西方文明中系统地用文字讲明白为什么世界是一个“自己”的一本书。

如果基督教的《圣经》也在讲同样的主题，那么其是用神的形象、用故事的语言在讲，而非用理性的逻辑的语言，不能带来现代人普遍的“觉醒”，只能在宗教领域让极少数人“开悟”。所以，西方近现代真正的文明应该与自笛卡尔、康德开始的这场“觉醒运动”紧密相关，无怪乎哲学家叔本华要说懂康德和不懂康德的区别是成年人与儿童的区别，也无怪乎哲学界称康德所进行的是哥白尼式的革命，因为他将世界的中心重新拉回到了人的自心，告诉每一个人，不管怎样，你都是你的世界的“上帝”，因为你的世界就是你自己创造的，你永远是你的世界的“造物主”，没有任何力量能否定和剥夺这个权力，记住，这不是理想，也不是目标，而是每时每刻的现实，只是你需要意识到这一点，也就是“觉醒”而已。

笛卡尔无论是在西方的启蒙运动还是这场“觉醒运动”中，都是一个奠基性的人物。事实是，自笛卡尔之后，18 世纪的法国掀起了一场轰轰烈烈的影响了整个欧洲的启蒙运动，其代表人物是伏尔泰、卢梭、孟德斯鸠等人，他们的思想更多具有社会学、政治学、法学的意义，他们的目的也非常明确，即改造社会，对旧制度进行革命，由此，启蒙运动直接带来的便是“人权运动”以及它的最终形式：法国大革命。笛卡尔的思想在 18 世纪的德国却引发了另一种反响，这种反响与在法国的表现有很大的不同。如果说笛卡尔思想在法国引发的是社会革命，那么它在德国引发的则是心智革命，或者说是智者对“自心”的反思乃至批判，在法国则表现为智者对社会的反思和批判，从卢梭等人被法国国王驱逐，而康德以及其后的黑格尔总是在其著作中对当权者表达敬意也可见二者的区别。当然并不能因此而判断康德、黑格尔他们的思想是为当权者或旧制度服务，而卢梭等人的思想是为新制度服务，这种狭隘的理解并不能说明他们各自的本质，但可以让我们不要把他们等同起来，因为现在的学界习惯于把他们都归到启蒙运动的名下。

尽管他们的思想都具有“启蒙”的属性，但一个是对社会认知的启蒙，另一个是对心智认知的启蒙；一个更强调重新认知社会，另一个更强调重新认知自己。其实，看清自己比看清社会难得多，也更深刻而有意义得多，看清自己没必要从社会改造入手，所以康德、黑格尔都没有因为自己思想的提出而必须站在权力的对立面，表面上他们的思想没有引发社会强烈的动荡，但时至今日仍然让每一个有思想的人都会感受到脊背发凉的震撼，因为我们会突然觉得看到了一个从未认识的“自己”，当然也会觉得自己内心所有的遮蔽物都被人扒得干干净净，赤裸而痛快。而卢梭等人的思想触发了人的自我意识的觉醒，也引发了剧烈的社会动荡，时至今日恐怕也无人敢说他们追求的理想的社会形态就一定适合所有的民族和国家，目前关于西方“普世价值观”的争论绝不是无谓的争论，而是社会实践的反映。无论怎样，把笛卡尔思想在法国和德国引发的两种思潮混为一类是简单粗暴的做法，其实从概念上来看此二者也无法画上等号：法国的启蒙运动始终把理性的旗帜举得很高，而康德的思想则旗帜鲜明地叫《纯粹理性批判》，书中康德也对人类理性的局限进行了诸多阐述，一个是将理性贯彻到底，一个是认清理性的利弊，显然后者站的角度更高，因而永不过时，因为它代表人类进化到现阶段的一种普遍的“觉醒”方式。所以，笛卡尔的思想在德国引发的是一场延续至今的人类“觉醒运动”。遗憾的是，这一运动在今天很多人中仍未发生，即很多人还处在未“觉醒”状态，这才是我们必须面对的现实和任务。

笛卡尔究竟提出了怎样的思想以至对整个西方文明产生了如此深远而广泛的影响？简言之即是那句“我思故我在”。这个口号式的判断将“我思”作为一切的基础和源头，作为第一性的存在。刚刚经历了宗教改革的欧洲宗教界，听到了这样的声音，无异于晴天霹雳，因为宗教改革还只是让宗教组织比如教会与僧侣在信众和上帝之间挪了位置，它宣扬的是人凭信仰可以直接与上帝对话，而不需任何中介，当然包括教会和教士。但宗教改革百年后的笛卡尔的思想走得更远，尽管笛卡尔试图用思维理性来证明上帝的存在，但这种方式本身将上帝存在的证明建立于人类思维基础之上，思维成了第一性的存在，上帝倒成了第二性的存在。将“思维”作为第一性的东西对待，作为其他一切的基础和前提，是笛卡尔思想的根本，这就让上帝挪了位置。所以，无论笛卡尔对上帝抱着什么心态，也无论笛卡尔通过什么样的逻辑最终是否证明了上帝真的存在，反正教会是绝不领情的，因为自笛卡尔之后，上帝已经不在人思想的中心位置了，上帝走下了神坛，“思维”端坐在了上面。而“思维”从实践的角度来说总是人的“思维”，于是，人就悄悄借着“思维”爬了上去。思维第一性，上帝第二性，在现实当中就变成了“人第一性，上帝第二性”，由此自然就拉开了启蒙运动的序幕，人的自我意识、自我意志，个人权力的觉醒和主张必然成为一场轰轰烈烈的社会运动的主流，由摆脱宗教束缚到摆脱世俗束缚就成为社会革命的主旋律，其实这未必是笛卡尔的初衷，他真正想做的未必是社会革命，而应该是人的心智革命，或者叫知识革命，他非常专注地提出笛卡尔坐标系就是一个证明。笛卡尔坐标系的出现可以说是人类认知革命的巨大事件，整个牛顿力学都是基于其上提出的，看过牛顿《自然哲学的数学原理》的人当然明白这一点，也就是说，没有笛卡尔坐标系就不可能有牛顿力学，也就没有近现代的科学，那么现代社会就与过去无异，无论社会怎么革命都只是重复而已。所以，只有真正的人的心智革命才是“创世纪”的。而德国思想家康德从笛卡尔这里承接到的正是“心智革命”这一主题和法脉，并且沿着笛卡尔的思路对“我思”和“我在”进行了系统的建构，这就是他的《纯粹理性批判》。

二、时空主观性

在《纯粹理性批判》中康德从三个维度对人的心智活动特征进行了阐述，或者说康德从三个维度出发讨论了我们认知的世界是如何基于人的心智特性而建立起来的。直观的世界是如何基于人的心智特性而建立的？常识认为直观的世界是我们的感官对真实存在的外部世界的认知，感官是一个接收器，外在的真实存在是本体，它的信息被我们的接收器接收从而形成了各种各样的直观印象或者说表象，当然我们在接收过程中可能会扭曲或改造这些信息，从而导致我们形成不那么真实的印象和表象，这叫错觉，而这也体现了人的主观能动性，但不论怎样不能说直观的世界是我们创造的，只能说是我们认知的，这种说法是假定这些东西原本就外在于我们，这一点是常识。但是康德改变了这一切，因为他颠覆了我们关于空间和时间的观念。

任何“物”总要在空间和时间中存在，没有空间和时间的物的存在，或者说“离开空间和时间的物的存在”这种说法是不成立的，也就是说，离开空间和时间就没有“物”的存在，这一点应该也是常识。如果我们认识到的世界及其所有的“物”原来都是外在于我们而存在的，那空间和时间也必须同样外在于我们而存在，否则这些“物”在哪里存在呢？即时间和空间应该是客观的存在，否则这个世界就不是一个客观的存在。康德在《纯粹理性批判》的开篇对空间和时间的客观性进行了无情的批判。他说：“空间不是什么从外部经验中抽引出来的经验性的概念。”即“空间”并不来源于我们的外部“经验”，不是外在于我们的存在。他接着说：“空间是一个作为一切外部直观之基础的必然的先天表象。”也就是说，“空间”是人的“先天表象”。何谓“先天”？与生俱来。所以，“空间”不在外而在内，是人人与生俱来的天性，这就是禅宗六祖惠能所讲的“自性”，正因为有这样的自性或天性，才能让一切的外部直观呈现，所以它是“一切外部直观之基础”，但无论如何，它都是“先天”的存在，它既先于我们的观察而存在，也先于我们观察的对象而存在，因为它就存在于我们自心，是我们自心的属性。所以康德说：“空间被看作是现象的可能性条件，而不是一个附属于现象的规定。”“空间”不是现象自身的客观属性，而是我们的主观属性，正是因为我们具备这样的主观属性，才让一切的现象可能呈现在我们面前。“空间”是我们心智自身携带的一个容器，犹如一个水杯，“现象”是我们用这个水杯从无形无相的本体中舀出来的“一杯水”，这杯水的形状并不是水自身的特性，是杯子带给它的，而杯子在我们手里，但没有这个杯子，水既成不了形，也到不了我们手里，我们就见不到任何“现象”和“直观”。重要的是，我们不要因为杯子装水时间长了，就认为水本身具有了杯子的形状，或者认为这个形状是水本身的特性，佛门把这叫“无明实执”。

康德接着说：“空间所表象的决不是某些自在之物的属性，或是在它们的相互关系中的属性，也就是说，决不是依附于对象本身的那些属性的规定性。”显然，康德再次明确，“空间”不是“对象本身”的属性，而是“唯一使我们的外直观成为可能的主观感性条件”。这里，康德明确强调了“空间”的“主观性”，即“空间”只是“使我们的外直观成为可能的主观条件”。“空间”是主观的，它的作用就是使人对外具有“直观”的能力，或者说正是因为人内在地有“空间”感，才能通过我们的感官对外产生“直观”的印象或表象，才有成“相”的能力。也就是说，我们通过感官产生的“相”原本并不真实存在于“外在”，因为根本不存在外在的“空间”，“空间”一直是我们“主观”的存在，当我们不将这种“主观”存在的“空间”投射于外时，外部是没有“空间”存在的，也不可能有“相”和“物”的存在，所以，“相”和“物”都是“心”带来的，故佛门说“相由心生”，王阳明说“心外无物”。佛法和心学的判断从哲学上来讲，其根本在于“空间”的“主观性”，或者说“空间”在内不在外，这也是西方近代哲学与中国传统文化的相通之处。当然，感官带来的结果显然并不单纯是感觉器官被动接受的事，必有人的心智活动参与其中，比如主观性的“空间”的投射，没有这些，任何的“相”也成不了。所以，我们通过感官直观产生的“相”，既非原本存在于“外在”，也非感觉器官本身所能带来，而是我们在“直观”过程中心智的运用，也就是说，我们直观见到的现象世界，是我们心智活动的产物，并非原本既已存在于“外在”的东西。我们构造这一世界的心智活动，其基本的框架就是“空间”与“时间”，所以，康德把“空间”与“时间”称为知识的“先验要素”，其《纯粹理性批判》的主体内容就叫“先验要素论”。

何谓“先验”?“先验”相对于“经验”而言，“经验”意味着由后天的经历带来，显然“先验”意指“先天”，即本自具足的东西。所以，康德认为“虽然一切现象的质料只是后天被给予的，但其形式却必须是全都在内心中先天地为这些现象准备好的”。如果把“质料”一词理解为“现象”的具体的“材料”，那么，我们通过感官直观到的“现象界”就是我们内在的“时空”框架在我们内心搭建起来的世界，这个世界在我们“心”中，因为“空间”在内“心”，“时间”在内“心”。同时这个“世界”的模样也就是它的“相”，更多地取决于我们内在的“空间”和“时间”的模样，因为它提供了“形状”。

接下来我们看看康德是怎样谈论“时间”的，康德说：“时间不是什么从经验中抽引出来的经验性概念。”显然，跟“空间”一样，“时间无非是一切直观得以在我们心中产生的主观条件”，因为“时间不是独立存在的东西，也不是附属于物的客观规定”。所以，“时间”也不在我们之外而在我们之内。不同的是，“空间”只是我们外部直观得以产生的“主观条件”，而“时间”既是外部直观的基础，又是“内直观”的“主观条件”，“因此时间是所有一般现象的先天条件”。康德认为，“时间不是某种自在的东西”“时间并不依赖于对象本身，而只依赖于直观这些对象的那个主体”。总之，在康德看来，“时间”和“空间”是一切“现象”得以产生的“主观条件”，

“现象”并不是客观存在的事实，所以他说：“作为现象不能自在地实存，而只能在我们里面实存。”“我们里面”是指什么呢？当然是指内心的“空间”和“时间”，万事万物都只能存在于“空间”和“时间”中，因而当然只能存在于“我们里面”。所以，“我们把我们的主体，哪怕只要把一般感官的主观性状取消掉了的话，客体在空间、时间里的一切性状、一切关系，乃至于空间和时间本身都会消失”。康德的这段话强调，所有的客体都是依赖于主体而存在的，离开主体，没有客体，主体消失，客体及其一切属性包括空间和时间都必然一起消失，现象也是如此，因为现象和客体只是一件事情的两种说法而已。当然，康德也谈到了“自在的客体”的概念，它是指不依赖于我们而存在的“自在之物”。但遗憾的是，康德认为这是我们无法认知的对象，因为空间和时间“它们只是指向那些被视为现象的对象，而不表现自在之物本身”。即“自在的客体”或“自在之物”是不可能在我们的“空间”和“时间”之中的，因而不可能成为“现象”，从而永远不可能为我们所认知，它们只是一个“在”，永远无法成为一个“是”，所以对于我们的认知而言并没有现实意义。

三、意识的统一性

“现象”只能存在于“我们里面”，它并不是独立于我们之外的存在，这并不仅仅是因为“空间”和“时间”是认知的“主观条件”，它们在内不在外，故而“现象”也是在内不在外的，因为“现象”只能在“空间”和“时间”中存在，但这并非“现象”内在于心的全部原因。可以说，康德以“时空主观性”为主轴构建起了他的“万象唯心”的世界观体系，但仅仅靠这一个坐标轴是不够的，他的思想体系的另一个坐标轴就是“意识统一性”，甚至“现象”作为主观的存在也是由这个“统一性”决定的。何谓“意识统一性”呢？康德的原话是：“意识的综合统一是一切知识的一个客观条件，不仅仅是我自己为了认识一个客体而需要这个条件，而且任何直观为了对我成为客体都必须服从这个条件。”这段话的意思是，我们所有认识到的“对象”，哪怕是“直观”到的“对象”（康德将其称为“直观”到的“客体”），比如眼睛看到的“某物”，都必须遵循意识的“统一性”原则，也就是必须与我们已有的“知识”相符合，必须与我们内心既已存在的观念、原则相符合，否则，它即便存在，也不会成为我们认知的“对象”和“客体”，准确地说，它相对于我们而言就是不存在的东西。通俗地说，一个事物如果完全不符合我们的认知观念，即便在我们眼前，我们也会“视而不见”。即我们只能“见”到符合我们内心意识的东西，或者说我们只能“直观”到与我们的意识具有统一性因而相吻合的“现象”。所以，即便外在真实存在若干“对象”或“客体”，但我们的“意识”是一个过滤器，它会把与它不符也就是不具有统一性的东西过滤掉，让这些东西无法进入人的内心，既不能成为“直观”的“现象”，也不能成为我们的“知识”，而只把与其具有统一性的东西放进我们内心，成为“现象”进而成为“知识”。没有进入人的内心的那些东西既不是“现象”也不是“知识”，对于人的认知而言就什么都不是。康德的原话是：“没有与一个至少是可能的意识的关系，现象对于我们来说就将永远不可能成为知识的一个对象，因而对我们来说就什么也不是。”一个什么都不是的存在相对于我们的认知同样没有任何意义，等同于不存在，这就是康德的观点。

所以，康德说：“同一性是一切表象的可能性的必要条件（因为这些表象毕竟只有凭借它们和另外的表象都属于同一个意识、因而至少必须在一个意识中结合起来这一点，才能在我里面有所表现）。”所谓的“有所表现”即是“有所呈现”，意思是如果这些表象与我们意识中已有的表象结合不了，不具有“同一性”，那么这些表象就无法在我们内心呈现，对于我们而言也就不成其为“表象”，只是“无相”的存在，从认知的角度来说就是无意义的存在。所以，在康德看来，凡是能成为我们认知的对象或成为知识的东西，首先是为我们的“时空主观性”所成“相”，其次是为我们的“意识统一性”所筛选，最终使得我们直观到的现象以及对这些现象的知识都成为我们主观构建的东西，因而无论“现象”还是关于现象的“知识”都是我们内在的东西，只是仿佛是从外在拿来而已，但其实是我们放进去的。所以，康德说，“因此在我们称之为自然的那些现象上的秩序和合规则性是我们自己带进去的”“法则并不实存于现象中，而只是相对于这现象所依存的主体才实存的，如果这主体有知性的话”。故此，所谓“现象”和“客体”身上所具有的或者说体现出来的规律性，并不是它们自身本来就有的东西，因为它们本不是真正独立的存在，用佛门的说法叫它们是“无自性”的，它们是依赖于人这个认知主体而存在的东西，所以，它们显现出来的规则和规律只能是原本存在于人这个“主体”身上的东西，正是基于此，康德才说人的“知性本身是自然规律的来源”。“知性”是人作为主体的一种“心智能力”，这是人构建内心现象世界和知识世界的第二根房梁，或者叫第二个坐标轴，第一根房梁或者说第一个坐标轴是我们内心先天本自具足的“时空感”，也叫先天的“空间”和“时间”表象。基于先天的“时空感”，人类才能通过五官形成外部直观的“表象”以及“现象”，才能产生“感觉”，人才有“感性”。而基于“意识”以及它自身本自具足的“统一性”，我们才能赋予这杂乱无章的现象界以规则，从而让其呈现某种“规律性”，我们也才能认知这个世界，并创造出很多综合性的概念来统领和把握这个世界，由此直观带来的现象世界便被我们意识和思维创造出来的具有语言特征的“表象”代表，因而成为“认知世界”，意识和思维的这种能力被称为“知性”。

由此可见，康德也认为单纯有感官是产生不了“表象”的，“表象”既不是原本就存在于“外在”，也不是感官对外在刺激的反应，即并不是感觉器官本身的功能。眼睛看到图像、耳朵听到声音，绝不仅仅是因为眼睛具有视觉功能，耳朵具有听觉功能，根本的原因是我们的内心具有先天的“空间表象”和“时间表象”，眼睛和耳朵接收到的信息和接收到的刺激，只有进入我们内心的“空间表象”和“时间表象”中，才能成为“图像”或“声音”，如果我们内心没有先天的“空间表象”和“时间表象”，或者外在的信息和刺激进入不了我们内心的“空间表象”和“时间表象”中，我们也就“视而不见”或“听而不闻”了，外界的存在对于我们而言等同于不存在。也就是说，事物的“表象”及其“现象”既非外在，也非感觉器官运用的直接结果，其背后和内在其实取决于我们内心的功能，这就是康德基于哲学所进行的思考。

令人惊异的是，东方的佛法2500年前便有了类似的见解，佛门认为人的眼、耳、鼻、舌、身这五个感觉器官并不具备独立的认知功能和成相能力，它们要完成对外在的成相和认知，必须依赖于这五个感觉器官背后的“识别功能”，佛门称之为“识”，简称为“眼识”“耳识”“鼻识”“舌识”“身识”，统称为人的“五识”，它们共同构成了人“心”。所以，早在2000年前佛门就提出，一切的“现象”都依赖于我们的“心”这个观点，“相”既不是外在本来存在的，也不是感官本身产生的，当然这二者都需要，但根本还是在于我们的“心”，是我们的“心”有成相的能力，因而也具有识别的能力，所以叫“相由心生”。佛门也把这种成相的能力称为“成所作智”，意味着心能成相，心生万物，因为万物皆“现象”。康德将不是“现象”的“物”称为“自在之物”，无法认知。为何佛门不把这种能力称为“成所作识”呢？前文提到“五官”背后有“五识”，“识”是用来成相的吗？佛门在此是有意这样用词的，的确，“识”能成“相”，但它起“分别相”，成相以后产生分别、执着带来烦恼，而佛门希望人们不分别、不执着，以此摆脱烦恼，故要修行点到即止的功夫，成而不执，这叫“转识成智”，有相但能不执着于这些“相”，这叫“于相离相”，活于大千世界，但能知无非心中幻化。这比康德相隔2000年的观点更为透脱，不仅是世界观和认识论，更是人生实践的方法论，但康德在佛陀2000年之后，以“空间”“时间”先天表象的形式来表达同样的思想，这并不是一种重复，而是用现代科学的语言进行了理性的逻辑的表达乃至推演，这为社会精英以一种非宗教的方式接受这一思想打开了方便之门，从而让其成为人类理性的知识，登上学术的讲堂，成为大学教育乃至中学教育必备的人类思想智慧传承，这对于社会精英的普遍“觉醒”和科学发展的突飞猛进，具有巨大的推动作用。这就是这一思想在近现代的价值。

“现象”起于“表象”，但更源于“表象”的联结，这种联结的内在心理基础正是我们内心本自具足的“意识统一性”，也就是说，是意识自身具备统一或者说“联结”表象的能力，才使得众多的前后相继的表象或者不同空间的表象成为一个整体，成为“现象”，从而构建起我们内心的“现象世界”，并把它外在化为“客观”的“真实世界”。康德把“现象界”背后不为我们所知的自在存在的世界称为“自在之物”的世界，那么我们内心构建的“现象世界”就应该称为“我在之物”的世界，但我们平时是把这个“世界”当成外在的“世界”对待的，尽管这其实是“错觉”，因为它是靠意识“联结”起来的，准确地说是靠“意识统一性”联结起来的。动物比如小狗也有生成“表象”的能力，所以它们能够认人以及认路，它们也有意识的能力，但它们的“意识”缺乏“统一性”的能力，所以，它们整合不了“表象”，或者说不具备将不同时空的表象整合为一个“整体”的能力，即便有，也是非常短暂和薄弱的。所以，小狗不可能有一个稳定持续的内心世界，它们的反应往往是当下的、即刻的，这说明它们的内心反映的只是一些当下即生即灭的“表象”，支离破碎并且杂乱无章，没有办法形成一个稳定而持续的“表象”的链条，所以小狗不可能有正常的思维活动。当然，这不排除小狗有一定的“认知”能力，但这种“认知”能力只是基于一些短暂的记忆并且需要时时强化，这些短暂的记忆也属于“表象”的“联结”，但它远未达到构成稳定而持续的内心世界的程度，而且全靠现场的唤起来形成“表象”的联结。离开现场，小狗是不可能把一堆完全与现场无关的“表象”装入大脑并进行整合排列的，如果它能这样那它将是只非常恐怖的“狗”。

所以很多动物有“意识”，但不具备“意识统一性”，即不具备系统整合联结“表象”的能力，不具备在内心构建一个“现象世界”的能力，它们基本上只能生活在即生即灭的“表象”当中，这就是为什么在非洲大草原上狮子、老虎与斑马等弱势动物能在一起生活。哪怕刚刚有一匹斑马被狮子追赶并吃掉，但风平浪静之后，斑马们又像没事似的在草地上吃草，而不远处狮子们也在不紧不慢地闲逛，双方知道彼此却暂时相安无事。这样的情景在《动物世界》等电视节目中并不少见。似乎在死亡未发生时或者说死亡的威胁没有真正出现时，动物们并不恐惧死亡，尽管它们在受到真实的伤害或恐吓时也会反抗或逃命，但它们似乎不会将还没有真正出现的死亡威胁或已经过去了的死亡威胁与现在的自己联系起来，因为它们缺乏“表象”的联结，过去发生的其他动物死亡的“表象”并不会与现在好好的自己“联结”，从而形成恐惧感。但显然人不是这样，人应该是这个世界上唯一在距离死亡还很遥远的时候就能真实感受到死亡将会发生的生物，因为他通过“意识统一性”把别人死亡的“表象”与自己进行了“联结”，把若干年后才能真实发生的自己死亡的“表象”与现在的好好活着的自己进行了“联结”，“生”的表象与“死”的表象构成了整体，稳定而持续地存在于内心，尤其当父母过世或自己大病的时候，这种“联结”造成的恐惧足以将人压垮。所以，成也萧何败也萧何，“意识统一性”让我们营造出完整的内心世界，同时让我们活在各种实际并不存在的恐惧当中；“意识统一性”让我们具有了很强的“表象”联结能力，使我们成为“造物主”，成为自己世界的“上帝”，也让我们深陷孤独和痛苦之中；“意识统一性”让我们因为表象“联结”而具有了超强思维能力，从而创造出无数新的物品，也让我们整日妄念丛生，不得安宁。所以，心理学家荣格说：“意识是最大的善，也是最大的恶。”当然，准确地说应该是指“意识统一性”。

四、自我意识

“意识统一性”在佛门里的说法其实就叫“执着心”，所以，佛门里讲“断执着”就是要人学会砍断思维的链条，正如禅宗六祖惠能所言：“前念今念及后念，念念相续。”这正是烦恼的根。所以六祖惠能才讲“无念为宗”。何谓“无念为宗”呢？六祖惠能将其解释为“于念而无念”，即不是什么念头都没有，而是不要念上生念，也就是让念头生起后自然灭掉，不要跟着前一个念头又生起下一个念头，形成念头的链条，要斩断这相续不断的念头的“联结”。念头可以有，压也压不住，但都应该是当下情境的反应，而不应该是离开当下情境而追随前一个念头来产生后一个念头，用佛门的话说，这些念头都应该是各自独立的只与当下的情境对应的念头，这叫“当下一念”，情境变了，念头不要跟着前面的念头走，而应该与后来的情境对应，这叫“活在当下”，每一刻的情境都是变化无常的，相应的念头也必然是生灭无常的，没有念头之间的相续不断和“联结”，这叫“无住为本”。

意识保留了自身，却放下了或者说减弱了它的“统一性”，这意味着人的“平等心”起来了，因为“表象”之间由于“意识统一性”形成一个链条或者一个系统，各个“表象”之间是不平等的，它们归于一个中心，这个中心就是“自我”，所以“意识”也被称为“自我意识”，意味着“自我”一定是意识链条或者说“意识统一性”的中心。康德说，“一切可能的现象作为表象，都是隶属于整个的可能的自我意识的”“一切经验性的意识又都与一个先验的（先行于一切特殊经验的）意识有一种必然的关系，这种先验的意识就是作为本源的统觉的对我自己的意识。所以，在我的知识中一切意识都属于一个（对我自己的）意识”。康德的意思是，自我意识是人的一切意识的“本源”，“意识统一性”正是从这个“本源”出发来统一和整合所有“表象”的，或者说“意识”正是从这里出发来统摄所有意识活动的，所以康德也把“自我意识”称为“统觉”，因为它有统摄作用，它是意识活动的必然的中心和控制者乃至统治者。人类意识活动的自我中心是“意识统一性”的第一原则，康德的原话是：“所有各种经验性的意识都必须被联结在一个唯一的自我意识中，这个综合命题是我们一般思维的绝对第一的综合原理。”很明显，康德指出，人类思维的出发点必然是也只能是“自我”，这是对笛卡尔提出的“我思故我在”思想的呼应。在笛卡尔看来，“思维”是“我在”的证明，“思维”是第一性的，是一切“现象”存在的基础。康德把笛卡尔的思想更往内深挖了一下，挖到了“思维”的中心这里。每个人“思维”的中心都深藏着一个端坐着的“自我”，这个“自我”是“思维”活动的原点、中心、统治者，是先于一切其他“表象”而存在的“表象”，所以康德也把它称为“先验的”意识。也就是说，我们在经历各种事情之前，即产生各种经验性的“意识”之前，“自我意识”就已经存在于我们内心，并且成为我们整合各种经验的基础，成为我们“统一”各种经验性“表象”的中心意识。

不过我们要知道的是，这个“自我”并不是一个真实的直观性的存在，而只是思维中的存在。人的身体是一种直观性的“表象”，人的“自我”却不是，康德说：“对我自己在我这个表象中的意识根本不是什么直观，而是对一个思维主体的自动性的某种单纯智性的表象。”何谓“智性的表象”呢？它与“直观的表象”有什么区别呢？“直观的表象”代表外部实体直接作用于感官而产生的“表象”，所以康德表示“自我”并不是一个实体。身体是实体，也能作用于感官产生感性的直观，但“自我”并不是“实体”，也无法直接作用于感官产生感性的“直观”，它只是一种思维中的存在，作为思维的“主体”而存在。但其实这种“主体性”的存在是一种虚拟的存在，是我们为“思维的统一性”或者说“意识统一性”设定的一个载体，所以康德说它是“单纯智性的表象”，因而它是虚幻不实的。这与佛门的“无我”论思想完全一致，佛门正是基于“我”的非实体性、非实在性而提出“无我”概念的。《金刚经》的核心是“无相”，而“无我相”又是核心中的核心，正是因为“我”纯粹只是人心里的“相”上的存在，正如康德讲的“单纯智性的表象”，既然虚幻不实，为何要认为它是实有而执着呢？放下“我执”，即放下对“我”的执着便是“无我相”。

人的“意识统一性”带来了“表象”的联结，也带来了人的“思维活动”，对此康德一言以蔽之：“综合的统一成为一切思维的条件。”康德这里讲的“综合的统一”当然讲的是意识的综合统一，正如他在同一页讲到的“意识的综合统一是一切知识的一个客观条件”一样。“意识统一性”其实正是思维本身，因为人的“思维”活动正是“表象”在人的内心的“联结”过程，这一“联结”过程也正是“意识统一性”的呈现和证明。但这种“统一性”必然以“自我”为中心和归属是有利也有弊，利的是它能让人拥有其他任何生命都没有的超强的思维能力，构建起一个强大的内心世界，模拟真实世界的变化，让我们的人生具有了极大的创造性、预测性和活力，让我们成为自身命运的主宰，但也让我们失去了与当下的一体性与和谐性，从而让我们陷入无休止的对抗和割裂当中，让我们拥有得再多都无法获得内心的宁静，因为我们失去了内心宁静的基础：平等和一体。“意识统一性”让意识统一于“我”，让“我”成为一切“表象”的归属，思维活动只有在这样的前提下才能展开，但一个高高在上处于中心的“我”，必然与其他的

“非我”处在既不平等又相互对立之中，“我”不同于“非我”，“我”必高于“非我”，“我”与“非我”便会在依托于“我”而构建起来的精神世界里展开一场永远也不会停息的战争。“我”输了自然很痛苦，很沮丧，“我”赢了呢？对，“非我”输了，但“非我”仍然在“我”构建的精神世界里待着，他们也是这个世界的一员，准确地说他们还是“我”，所以“我”还是痛苦，还是沮丧。因此，一个有“我”的世界，就不可能是一个“我”可能幸福的世界，这恐怕正是佛门强调“无我”的原因吧。因为佛门深知，思维或者说“意识统一性”，即“执着心”带来了“我”的中心意识，也带来了“我”与“非我”的差别，乃至对立、对抗，这正是不平等导致的永远的不幸，哪怕再怎么高高在上都难以避免这种不幸，这恐怕正是佛陀放弃王位而探求佛法的原因，也是他以“无我”“无相”为缘由而弘法的悲心所在。

意识和它的“统一性”能否分开呢？当然可以，正如“意识”可以和“思维”分开一样，“意识”还在，正如念头还在，但念头的链条断开了，“表象”的联结切断了，思维停息了，这正是佛门讲的“狂心若歇，歇即菩提”。因为链条断开，联结断开，自然也就不需要一个处在中心位置的“我”来统领这一切了，“自我意识”弱化了，不平等的根源消失了，没有一个高高在上的“我”需要极力去维护维持了，我们的“心”就会放下来，就会轻松起来。即便我们的功夫还不够，链条和联结断得还不彻底，“我”还有一点点在，但也没关系，因为“我”可能只是一个“在”，而少了很多的“是”，不再有权、有钱、有名等，可能这些权力、财富、名声依然在，但自己的感觉淡了许多，不再纠缠其中，社会的身份感弱了，生命的存在感反而起来了，执着心淡了，平等心必然起来，统一性弱了，纯意识更为清晰，这就是佛门讲的“转第六意识为妙观察智，转第七末那识为平等性智”，也叫“转识成智”。在佛门中第六意识代表分别心，第七末那识代表执着心，其实都源于“意识统一性”。放下这个“统一性”，意识就能成为“纯粹意识”，也就接近了“觉性”，妙观察的智慧和平等性的智慧就生起，内心的世界与本体的世界就接近一体，“意识统一性”构建起的虚幻世界就逐渐归于本体世界，人在每一个瞬间的当下活着，想得少了，体验真了，如此才不枉一生。

五、知性为自然立法

“意识统一性”其实就是康德讲的“知性”，康德对“感性”和“知性”是这样定义的，“人类知识有两大主干，这就是感性和知性，通过前者，对象被给予我们，而通过后者，对象则被我们思维”“通过我们被对象所刺激的方式来获得表象的这种能力，就叫做感性。所以，借助于感性，对象被给予我们，且只有感性才给我们提供出直观。但这些直观通过知性而被思维，而从知性产生出概念”“对感性直观对象进行思维的能力就是知性”“无感性则不会有对象给予我们，无知性则没有对象被思维”。由此可见，在康德看来，“知性”是紧紧与“思维”联系在一起的，“知性”代表人的思维能力。而“思维”的本质是“表象”的联结，就是“意识的统一性”，那么显然，“知性”就是指“意识统一性”，是指“统一性”而非“意识”本身。“统一性”是可以和“意识”分开的，因此“知性”也可以和“意识”分开，它并不能与“意识”画等号。

康德在谈到“知性”时，也多次对它的“统一性”功能进行阐述：“知性本身无非是先天地联结并把表象的杂多纳入统觉的统一性之下来的能力，这一原理乃是整个人类知识中的至上原理。”康德之所以把“知性”的统一原理称为“整个人类知识中的至上原理”，是因为人类的一切知识都是基于知性的“统一性”之上。“知性”把感性带给我们的杂乱无章的表象“联结”起来，并把这些“联结”起来的表象置于一个“自我意识”之下，形成一个统一的整体，康德把这个过程用他的语言表述为“先天地联结并把表象的杂多纳入统觉的统一性之下”。“统觉”在这里代表的就是“自我意识”，因为它是一切意识的中心，正如康德所言，“经验性意识是从属于一个先天的纯粹的自我意识的”，所以“自我意识”具有先天的统摄一切“表象”的作用，故而康德把它称为“统觉”，意思是正是它提供了知性的“统一性”，因而“知性”具备了把感性提供的杂乱无章（杂多）的表象统一起来的能力。

那么“知性”统一感性表象的方式是什么呢？是范畴以及范畴代表的规则。康德说，“我们的知性只有借助于范畴、并恰好只通过这个种类和这个数目的范畴才能达到先天统觉的统一性”“每个人类知性的知识都是一种借助于概念的知识”。所以，“范畴”或者说“概念”就是集合性的“表象”，它既是我们通过感性直观产生的“表象”的集合，又是“知性”自身产生的东西，所以，“知性”也被称为产生“表象”的能力，康德的原话是：“自己产生表象的能力，或者说认识的自发性，就是知性。”正是因为人类的“知性”有自发产生表象的能力，并且用这种概念式的“表象”来整合杂乱无章的感性直观的“表象”，人才具有了与一切动物不同的“意识统一性”这种能力，并最终通过“自我意识”的表象来完成这种“统一”。当然，人的内心产生这些范畴或概念的“表象”时，本身就包含了一定的规则，因为如果不是这样，“统一”是无法实现的。范畴或概念自身包含的规则是我们为了实现内在的“统一”而由“知性”自己制定的，它的目的和标准只有一个，就是完成“统一”，也就是“自洽”，或者叫自身的“合逻辑性”，这是人类知识的唯一准则。所以康德说：“概念按照其形式任何时候都是某种共相的东西，它被用作规则。”因为概念源于“意识，把杂多逐步地，先是把直观到的东西，然后也把再生出来的东西，都结合在一个表象中”。当我们的知识出现内在冲突时，我们就会用新的更高的范畴和规则在更宽的层面上完成“统一”。所以，康德说“知性给予我们规则”“现在我们可以把知性的特征描述为规则的能力”。康德甚至更为彻底地说：“规律是先天地从知性本身中发源的，它们不是从现象中借来的，毋宁说，它们使这些现象获得了合规律性，并正是由此而必然使现象成为可能的。所以知性并不仅仅是通过对诸现象的比较来为自己制定规则的能力，它本身就是对自然的立法，没有知性，就任何地方都不会有自然。”

康德为什么说“没有知性，就任何地方都不会有自然”呢？这是因为康德认为“自然界无非是现象的总和，因而并非自在之物，而只是内心表象的一个集合”。前面已经论述过康德的观点，“现象本身无非是感性表象”“现象不是自在之物本身，而只是我们表象的活动”。所以康德并不认为自然是外在于我们的存在，而是我们“内心表象的一个集合”，那么它必然遵守知性统一性的规则，从而喊出了知性“为自然立法”的口号。人类知性“为自然立法”标志着一个新时代的来临，如果说笛卡尔提出“我思故我在”的观点，将“我思”作为一切的核心，将“思维”定义为先于一切的“第一性”概念，拉开了人类觉醒的序幕，那么，康德通过将“知性”即“思维”定义为“为自然立法”，则是将人的觉醒推向了第一个高潮，因为人凭借着“知性”“思维”成为世界的“立法者”，真正宣告了人的“造物主”的身份，从此，人内心中存在了上千年的上帝，作为外在于人的世界的主宰力量，真正让位于人自身了，让位于人的知性及理性。总之，西方人第一次把人在世界中的位置摆正了，从而极大地开发了人的创造力，人类的历史才真正进入科学时代，进入现代社会。

科学往往给人一种错觉，或者说不了解科学的人往往对科学有一种误解，以为科学完全是基于实验而获得的真理。首先，科学以实验为基础，这似乎确保了科学的真实性；其次，科学以逻辑为证明，这又似乎确保了科学的准确性。这一方面让我们以为凡科学的都是真理，都是正确的，从而导致对科学的迷信，其危害性绝不亚于对宗教的迷信；另一方面让我们在已有的科学面前不敢越雷池半步，只能成为科学的信徒，而出不了科学领域的新领袖，只能步人后尘，以致无论我们在技术及产品上如何追赶，甚至诸多领域都已进入世界前列乃至领先，但在科学原理和知识体系的创新上，我们仍然对人类贡献甚微，其根源就在于我们不理解何谓科学，反而深陷科学的迷信中不能自拔。

真实的科学是一种什么情景呢？我们先回顾一下历史，众所周知，近现代的科学以牛顿力学的出现为标志，而牛顿力学是怎样一回事呢？它主要包含牛顿三定律以及万有引力定律，其实无论是牛顿三定律还是万有引力定律都不是牛顿的实验结论。万有引力定律基于开普勒三定律，而开普勒三定律是天文学家开普勒对天体运行观测后总结出的结论，这样的观测结论与万有引力定律根本就不是一回事，可以说，仅凭开普勒三定律我们只能知道行星绕着太阳运行的轨迹是怎样的，这跟古人通过观测天象来指导其设计“历法”和进行农耕一样当然是有意义的，但也只有经验性的指导意义，并且古已有之，并不能作为近代科学的发端。牛顿三定律的出现也与其有相似的情景，牛顿之前的伽利略就对物体的惯性有所研究，并且在比萨斜塔上做了著名的自由落体实验，但这一切跟实验或观测相关的研究，如果没有牛顿把它们提炼概括为力学三定律，恐怕它们更多只有智力游戏的意义，或者说它只能证明伽利略的观点比古希腊亚里士多德的更为正确，因为亚里士多德认为不同重量的物体会先后落地。这也同样不能认为科学就此诞生，还必须等待一个并不是以实验见长的牛顿出现。

六、科学的真相

牛顿出现的意义是什么？牛顿三定律出现的意义又是什么？为什么说牛顿三定律的出现意味着力学作为科学才真正出现？这是因为力学中的核心概念“力”的定量的定义，恰恰是牛顿三定律中最为核心的第二定律的主要内容。很多学过力学但对科学迷信的人，都以为牛顿第二定律是关于“力”“质量”“加速度”三者之间关系的规律，从牛顿第二定律的公式来看，的确是这样，力等于质量乘以加速度（$F = ma$），但如果“力（F）”是单独定义测量的，即它是先于这个公式而被定义和测量的，物体的“质量（m）”和物体运动的速度变化率“加速度（a）”也是单独定义测量的，那么这个公式就是一个巧得不能再巧的事情了，因为单独定义测量的“力”竟然刚好等于单独定义测量的“质量”和“加速度”的乘积，这几乎是不可能的事，无论怎样它们之间都应该有一个系数，而这个系数不可能刚好是“1”。一个物理定律只能描述各个物理量的定量的相关性，比如成正比或成反比等，而要把它们的正比或反比关系写成等式，则必须有相关系数，没有相关系数却完全相等，那只有一种解释——这个定律或公式既描述了我们熟知的一些概念之间的相关性，又一定是某个物理概念的定量的定义，也就是说是某个物理概念准确的定义，比如牛顿第二定律就是力学的核心概念“力（F）”的定义公式，所以它的公式中没有系数。

为什么作为物理量的定义公式不需要系数呢？这是因为假如有系数我们也可把它包含在这个物理量的定义内，用原来的量除以这个系数作为新定义的量，系数自然能够消除。或者也可以这样理解：我们知道物体之间相互作用的力与受力作用物体运动的量的变化成正比，但我们不知道如何测量这个“力”的大小，既然它与物体运动的量的变化正相关，那么我们正好可以用物体运动的量的变化来衡量“力”的大小，也就是直接令它们二者相等，这就是“定量定义”，这恰恰就是牛顿的想法，由此他给出了代表“力”的定量定义的牛顿第二定律。物体运动的量的变化率正好是质量乘以加速度，于是“力”当然就等于“质量”乘以“加速度”，即 $F=ma$。这就是牛顿第二定律的由来。

牛顿第一定律是关于“力”的定性定义，它的表述为：物体保持静止或匀速直线运动的状态，直到受到外力的作用。这个定律将“力”也就是物体之间的相互作用作为物体状态改变的原因，也就是关于“力”的定性的定义，因为这里没有定量的内容。牛顿第三定律则是关于“力”是相互相等的描述，即相互作用的物体，两者的受力大小相等，方向相反。其实如果将两个互相作用的物体作为一个统一的物体，则牛顿第三定律完全是牛顿第一定律的推论。所以，牛顿三定律其实是关于“力”的定性直至定量的定义和推论，正是牛顿围绕着“力”而进行的定义和推论构建起了力学的大厦，成为整个物理学的奠基之人。

对于牛顿三定律的回顾让我们看清了一个事实，即科学作为知识体系而非经验汇总，它是从定量的“定义”开始的。何谓定量的“定义”呢？就是量化的范畴和概念的提出，但正如康德所言，范畴和概念是人类“知性”用来统一杂乱无章的“表象”的工具，经验带来的诸多杂乱无章的“表象”只有靠“知性”自发产生的以范畴和概念形式而存在的“表象”，才能统一而成为知识体系。也就是说，再多的经验“表象”，如果没有恰当的范畴、概念“表象”来综合，那么这些经验“表象”将毫无意义。实验和观测带来的只能是经验性“表象”，正如开普勒观测得到的和伽利略实验得出的一系列结论一样，如果没有牛顿的工作，它们绝对不可能形成人类的知识体系。在康德的年代这些事情都已经发生了，康德正是基于这一切的事实才得出他的结论，别忘了，康德不仅是哲学家，而且是科学家，他正是天文学星云理论的提出者。那么牛顿究竟比伽利略和开普勒多做了什么呢？如果说开普勒和伽利略做得更多的工作是观察、收集、整理信息，那么牛顿所做的则是构建性工作，观察、收集、整理信息依然是以外在的物体为主体的工作，因为一切信息都是这个主体给我们的，我们也只能从这些信息中猜测、描述或者说理解这个主体的行为。而牛顿自创了一个主体，这个主体恰恰是我们的“知性”，为何这样说呢？因为现象界虽然有相互作用，但这种相互作用从来没有过定量的描述，对它的定量描述只能是我们“知性”的行为，将这种定量的描述与物体运动的量的变化相关联，更是只有在我们的“知性”之内才能完成也才能存在的事。由此，牛顿通过“力”的定量定义，并且在这种定义下创造了一个“规则”，即牛顿第二定律，将物理世界的重心由外在搬到了内在，创造了一个崭新的世界：力学的世界。真正意义上的近现代科学由此诞生。力学世界既是外部世界，又不全都是外部世界，在这里存在的没有大小、形状和体积而只有质量的“质点”，是力学世界的基本物质，一切的定律都基于其上，而且事实上牛顿三定律也只是对质点行为的描述。但这样的“力学世界”是真实物理世界的模板，力学这门科学的突飞猛进正是基于此。从牛顿定律到拉格朗日方程再到哈密顿原理，一切在发展进化，但不是以自然的物为主体的进化，而是以人类“知性”为主体的进化，这就是人类觉醒的价值和意义，因为真正的造物主终于醒了！

那么，在万有引力定律中是否也发生同样的事呢？万有引力定律基于开普勒三定律没有错，但二者的根本区别在于“万有引力”概念的提出。虽然，开普勒找到了行星绕太阳运转的规律，但他解释不了为什么会这样。而牛顿受到苹果落地的启发，想到了这应该由太阳与行星之间的相互作用力引发，并推而广之地认为这是任何两个物体之间都存在的相互作用力，牛顿把它称为“万有引力”，并根据开普勒三定律推导出万有引力的公式，找到了万有引力的定量定义。曾经一段时间内，人们以为牛顿发现了原本存在于自然界的“万有引力”，直到爱因斯坦广义相对论的出现，人们才发现牛顿只是在当时提出了一个非常有用的叫“万有引力”的概念，并用其很好地归纳整合了很长一段时间内人类观察到的各种相关“表象”，但仅此而已。广义相对论把天体运行所存在的规律，即观测到的各种“表象”，不是用天体的引力来解释，而是用天体周围的“空间弯曲”来解释，而且“空间弯曲”比“万有引力”解释的范围更广。也就是说，爱因斯坦广义相对论里的“空间弯曲”概念比牛顿的“万有引力”概念更进一步，能统一整合更多甚至包括迄今为止所有观察到的相关“表象”，而牛顿“万有引力”概念已经做不到了。比如光线在太阳周围发生的弯曲现象，用万有引力公式便无法解释，因为光子是没有静止质量的，根据万有引力公式它不应该受到太阳的吸引而发生弯曲，但事实上弯曲发生了。而用爱因斯坦广义相对论的“空间弯曲”概念能很好地解释这一现象，因为光子经过太阳周围的弯曲空间时其轨迹必然弯曲，观测到的“表象”与广义相对论预测的“空间弯曲”完全吻合。所以，“万有引力”概念被“空间弯曲”概念取代或者说整合。也就是说，一些恰好有用的范畴、概念，可以用来整合统一我们的相关“表象”，从而形成知识体系。而这些范畴、概念产生的主体并非外界存在的所谓的“物”，而是我们的“知性”，说得直白一点，科学的知识体系从来都是以人类“知性”为主体，以范畴、概念为工具建立起来的内在的世界。

讲到这里，似乎近现代科学为什么没有首先在中国出现的疑问就不难理解了。很简单，我们没有对范畴和概念进行定量定义的传统，这就是答案。比如“力”的概念，早在公元前，墨子就提出了“力，形之所奋也”的说法，这与几乎同时代的古希腊哲学家提出的“力是运动的原因”的说法相似，但更接近于今天的牛顿第一定律。牛顿第一定律表述的并不是“力是运动的原因”的观点，而是“力是运动状态改变的原因”。代表运动状态的是“速度”，代表运动状态改变的是“加速度”，而力与加速度相关。可见古希腊哲学家的表述并不准确，而墨子的表述基本准确，因为

“形”代表“物”，“奋”代表“状态的改变”，合在一起应该是“力是物体状态改变的原因”，显然，这比将力作为运动的原因离牛顿第一定律更近。但为何我们产生不了牛顿三定律以及力学科学呢？不是因为没有牛顿，而是因为我们不会对“力”进行定量的定义。中国文化的很多概念都很高深，也的确很本质，其所达到的境界的确超越了西方哲学，但遗憾的是我们太不注重定量的定义。比如“道”“阴阳”的含义都很深刻，但缺乏定量定义，结果众说纷纭，莫衷一是，个个都认为自己知道别人不知道，结果谁都不知道究竟谁知道。哲学成了“玄学”，思想成了“游戏”，智者成了“大师”，为什么？

康德的说法是，“真理或幻象并不在被直观的对象中，而是在关于被思维的那个对象的判断中”“真理也好，谬误也好，诱导出谬误的幻象也好，都只是在判断中，即只有在对象与我们知性的关系中才能发现”。判断是“知性”本身的事，离开“知性”便没有判断，而离开判断便没有真理，当然也没有了谬误，因为“感官不犯错误，但并不是由于它们任何时候都正确地作出判断，而是由于它们根本不作判断”。笛卡尔带给西方人的思想就是凡事都要以自己的眼光和思维重新审视，怀疑一切，除非自己的思维认可了它。这就是“我思故我在”的核心意义。以“我”的眼光和思维来重新审视一切，这极大地开发了每个人的“自性”，于是牛顿出现了，他提出了一套能自圆其说的基于牛顿三定律的经典力学体系。之后拉格朗日出现了，他克服了牛顿力学的局限性，将力学的对象从单个粒子或几个粒子扩展为一个包含 N 个粒子的系统，以拉格朗日方程代替了牛顿定律中简单的力与运动量的改变之间的关系，因为此时从粒子之间的相互作用出发来研究整个系统的状态和变化已经毫无意义。之后哈密顿出现了，他将拉格朗日方程往前推进，找到了所有物理系统都必须遵循的规则，并将其称为哈密顿原理，这就远远超出了力学范畴，通过“作用泛涵”的概念，找到了所有物理系统变化都必须遵循的原则：使“作用泛涵”取最小值。所以哈密顿原理也叫“最小作用量原理”。比如，光的折射和反射轨迹都是为了满足“时间最短”或“路径最短”这一符合“最小原理”的要求。

总之，在世界近现代史上，以西方人为主掀起的这场名为“科学”的运动风起云涌，大师辈出，形成你方唱罢我登场、各领风骚数百年的局面。原因何在？就是因为自笛卡尔之后，尤其经过康德的系统总结，西方思想进入了以自己的思考构建知识体系即构建自己世界的时代。这一点从哲学本身来看也十分明显，康德以“感性、知性、理性”为三维坐标构建了自己全新的精神世界，之后的黑格尔以“意识、自我意识、理性、精神、绝对精神”五个阶段构建了自己的精神进化论，而同时代的叔本华以“表象、意志”两个层次重新解读了世界，到了海德格尔这里，则以“存在”为本体和基础，以“此在”为原点和中心，以“存在者”为表象构建起了他的精神世界。虽然海德格尔、叔本华甚至黑格尔都结合了东方文化尤其是佛教文化的思想，但这些思想家都是用完全属于自己的语言来重新解读世界和前人思想，仿佛人类思想在他们面前都被重新思考和解构，然后他们每个人都创立了一些全新的基本概念、范畴，以此构建起一套全新的语言体系、思想体系，你会真正觉得他们是自己思想体系、知识体系的“造物主”。他们为什么要这样？也许他们的回答是：我们为什么不这样？或许这就是答案。是的，在他们心中任何一个人都可以从“0”开始构建自己的宇宙，从事“造物主”的工作，或许这就是那么多科学家、哲学家、艺术家不断智慧喷发、彼此超越的内在动力，这是一个心智觉醒的时代。

一切的觉醒都离不开心智的觉醒，什么时候科学研究者、哲学研究者觉得自己应该创造一个属于自己的世界和历史，什么时候心智就觉醒了。

七、意识的本质

当然这绝不是说西方的哲学思想就远远领先于我们，而是说它们在某些方面比我们做得更好，比如在“思维”领域，在意识的“统一性”或者说“知性统一性”上比我们发挥得更到位，但在“意识”的本质性上一直没有办法超越我们，这是佛道的看家本领。“意识”的本质性也就是“意识”本身，康德实际上从来没有将“意识”与“意识统一性”分开来谈，也就是没有将“意识”从“意识统一性”中剥离出来，而是把“意识”与“意识统一性”当作一回事来对待，或许康德认为“意识”的本质特征就在于它的“统一性”吧。但事实上不能这样看，从康德之后的黑格尔将“意识”独立出来，先于自我意识和思维意识来谈，就可以看出黑格尔发现了康德的这个问题，并试图纠正康德的看法。因为黑格尔谈精神进化的五个阶段时，是将“意识”作为起点或者说原点来对待，其后才是“自我意识”和“思维意识”。也就是说，在黑格尔的体系中，意识并不等于“思维”，也并非以“自我意识”为中心和起点；相反，“意识”本身是先于“自我意识”或者说“思维”而存在的，而“思维”及“自我意识”代表“意识统一性”。这说明在黑格尔看来，“意识”是可以与“意识统一性”分开的，并且先于它的“统一性”，即“意识”先于“思维”，先于“自我”，先于“知性”，因为“知性”也就是“意识统一性”。黑格尔的这种看法更接近于东方文化中的佛道思想，尤其是佛法。

佛法最核心的智慧叫“大圆镜智”，这是从“佛法八识”中的最后一识，即“阿赖耶识”转化而来的，前面我们讲过佛法的前七识，眼识、耳识、鼻识、舌识、身识称为前五识，它们负责让人产生视觉表象、听觉表象等，即让人的感官发挥作用，产生感性直观，形成我们所认知的各种“表象”，这前五识类似于康德讲的“感性”。第六意识代表“分别心”，第七末那识代表“执着心”，二者的结合就是康德讲的“知性”，即“意识统一性”。人的“自我意识”和“思维活动”就是分别依托于“分别心”和“执着心”而进行的。“执着心”正是以“自我”为中心，它的活动就是“自我意识”，它起着“统一”一切表象的作用，所以也被称为“意识统一性”。而“分别心”是“思维活动”，即通过分析、比较、综合等活动来完成以“判断”为结果的思维过程，这也正是人的“知性”活动。佛门把它分成了两种心性，而康德则把这两种心性统一为“意识统一性”或者叫“知性”，这没有本质的区别。但第八阿赖耶识是康德并未涉足的领域，由此他也就无法将“意识”与其“统一性”分开来看，即无法将“意识”与“知性”分开，尽管康德在谈到人的“理性”这一心性时接近了“意识”本身，但仍然没有到达这里，关于这一点我们后文再论。

在佛法中，第八阿赖耶识意味着人累生累世积累沉淀的业力，它是人的“执着心”和“分别心”产生的根源，要彻底消掉人的“执着心”和“分别心”，最终要靠消掉人的“业力”，也就是让“业力”显现为“果报”，当然这是一个让人极端痛苦的过程，因为人必须承受这些落在自己身上的“报应”。当然，西方哲学思想不会认为人的“分别心”和“执着心”是坏事，就像康德把这二者结合形成的人的“意识统一性”，作为人优于其他动物的一个优良品性来对待的，也正如我们前面谈到的，这的确是西方科学界、哲学界能够不断推陈出新的内在动力，是人类现代化的心智基础。但凡事有一利必有一弊，康德包括西方哲学看到了“意识统一性”或“知性”的益处，看到了人类“思维活动”及“自我意识”的积极意义，对文明的现代化起了积极的进步作用，但也带来了显而易见的文明的副作用，这就是后世的海德格尔等哲学家对整个西方哲学重新思考和审视，提出“存在主义”哲学的由来，“存在”成为一切的前提，这又是一种超越。所以，“意识”与它的“统一性”的分离是有现实意义的，这种分离能让我们在“意识统一性”起积极作用的时候重视它、用好它。正如我们在必须发挥自己思维力的地方，如科学研究、技术运用、管理活动、财富增值等有价值的社会活动与实际生活中，发挥好“知性”与“思维”的作用，而在它发生负面作用的时候懂得“知止”，让“意识统一性”回归“意识”本身，减少“统一性”给我们带来的“控制欲”和对“自我”的执着，以及因此而生的负面情绪及对他人的伤害，学会“知道而不评价”地放下，“知道”就是“意识”还在，“不评价”就是放下了“统一性”，如同一面镜子，只是如实照见，却绝无自己的好恶评判，故称为“大圆镜智”。有了如实照见，自然了了分明；没了评判控制，当然轻松自在，这就是回归“意识”本体的妙用。儒家强调君子绝四：“勿必、勿意、勿固、勿我。”正是此意。

康德没有将“意识”与“意识统一性”剥离，即没有将“意识”与“知性”剥离，与“思维”剥离，直接导致的结果就是康德在“本体论”上的不可知性，这也是整个近现代西方哲学的困境，以致到了现代科学这里，会因为缺乏“本体论”的支持而陷入逻辑上的矛盾，尤其在量子力学的前沿“量子纠缠”领域。而在现代哲学领域，由于“现象学”及维特根斯坦等语言分析学派的兴起，“本体论”逐渐淡出哲学的核心领域，导致哲学思想的“空心化”，既不能为科学提供坚实的“本体论”基础，又不能为大众带来心灵的归属感，哲学逐渐失去昔日的荣光，以至于东方文化的复兴成为西方哲学重振雄风的契机，真可谓“三百年河东，三百年河西”。事情为何会发生如此的变迁呢？笛卡尔“我思故我在”的思想确立了“思”的第一性地位和“我”在“思”当中的中心地位，带来了人性的启蒙和觉醒，康德“知性为自然立法”的思想将人的“知性”即“思维”推上了顶峰，它的历史进步意义毋庸置疑，然而，作为哲学核心的“本体论”思想在这场波澜壮阔的人的觉醒运动中悄无声息地消失了。这是因为“本体”既不可能成为“感性直观”的对象，也不可能成为“知性思维”的对象，它只能消失，这成为近代哲学出现以来的最大悲哀。追根溯源，问题恰恰出在哲学大家康德这里，而且出在他对“意识”与“意识统一性”的合而为一的认知上。

何谓“本体”？康德认为：“我假定诸物只是知性的对象，但仍然能够作为这种对象而被给予某种直观，虽然并非感性的直观（作为智性的直观的对象），那么这样一类物就叫做本体（理知的东西）。”显然在康德看来，“本体”首先必须是可以“直观”的，但又不是可以“感性直观”的，因为“感性直观”带来的只能是“表象”以及它们的集合“现象”，而“本体”概念恰恰是作为与“表象”和“现象”不同的概念被提出的，所以，“本体”需要“直观”但不是“感性直观”，这是康德这句话的第一层意思。康德把这种非感性的“直观”称为“智性的直观”，以与“感性直观”相区别，这是康德这句话的第二层意思。然而康德又否定了所谓的“智性的直观”的存在，他说：“理知的东西将会要求我们一个我们所不具备的完全特殊的直观，而没有这种直观它对我们来说就会是无。”如前文所言，康德讲的“理知的东西”就是“本体”，所以，康德立马否定了感性直观以外的“直观”的存在，因而否定了“本体”的可知性。康德甚至直截了当地说，“如果我们把它理解为一个非感性的直观的客体，那么我们就假定了一种特殊的直观方式，即智性的直观方式，但它不是我们所具有的”“智性的直观完全处于我们的认识能力之外”。不仅如此，康德还带着调侃的语气说：“要求我们拥有一种与人的认识能力不仅在程度上，而且甚至在直观上和种类上都完全不同的认识能力，因而要求我们不应当是人。”显然，康德认为人不具备对“本体”的“知”的能力，因为人没有相应的“直观”能力。

为什么“本体”必须以“直观”为基础？思维或者说“知性”为什么不能成为“本体”存在的依据？既然从笛卡尔开始，“思维”就成为第一性的存在，那为何“思维”不能成为“本体”存在的前提而必须“直观”地介入呢？在康德看来，“思维”只是表象的运动，并且以“自我”这个表象为中心，如果我们认同了“思维”可以作为“本体”存在的依据，也就意味着“自我”成为“本体”存在的依据，“自我”各不相同，“本体”也必然各不相同，这各不相同的“本体”当然失去了“本体”一词本来的意义。所以，“思维”作为第一性的存在，只能相对于“自我”以及基于“自我”所构建的每个人的世界而言，它并不能作为超越个人世界的共性存在的依据，即“本体”存在的依据，尽管每个人的个人世界对于他自身而言就是全部。但“本体”的概念之所以被我们关注和思考，正是因为我们坚信无论怎样世界应该有超越自我的存在，只是我们不知道这一存在的依据是什么。

对于“思维”或“知性”不能离开“直观”而独自成为“本体”存在的依据，康德是这样说的：“思维就是把给予的直观和一个对象联系起来的行动。”显然，康德认为的“思维”活动是不能离开“直观”而进行的，因为他认为“只是那能在直观中被给予的东西得到了思维”。他甚至尖锐地指出“一个概念的这种完全没有任何可指出的直观与之相应的对象就等于无”。“概念”是思维的单元，失去与之相应的“直观”的对象，“概念”将没有任何意义，因而思维也没有任何意义，这就是康德的观点。对于“知性”与感性和直观的关系，康德也旗帜鲜明地说道：“知性先天可以做到的无非只是对一般可能经验的形式作出预测，由于凡不是现象的东西，都不是经验的对象，知性就永远不能跨越感性的限制，只有在感性对象中才被给予我们。”知性绝不可以跨越感性，知性的对象只能存在于感性中，这是康德的忠告，而感性带给我们的就是“直观”，所以，“知性”必然以感性“直观”为基础。我们在经验中似乎觉得“思维”是可以不受感官限制的，因而觉得它是自由的，但康德指出：“思维虽然本身并不是感官的产物，并且就此而言也不受感官的限制，但并不因此马上就有自己特有的纯粹的运用而无须感性的参与，因为这样一来思维就是没有客体的。”显然，康德认为，思维可以不受感性限制而获得自由，但会因此而失去客体，变得毫无意义。所以，离开感性的“直观”，思维或知性是不能作为任何事物存在的依据的，当然也不能成为“本体”存在的依据。

感性的“直观”尽管可以作为“客体”存在的依据，却无法作为“本体”存在的依据，因为感性的“直观”带来的一定是“表象”以及作为它们的集合的“现象”，而“本体”恰恰是作为非“现象”的存在而提出来的，如果“本体”就是“现象”，显然“本体”就是一个多余的词，所以，“本体”既需要“直观”，又不需要一个类似于感性的“直观”作为基础和依据，这就是康德提出“智性的直观”这一概念的缘由，但他自己又否定了这一概念的真实性，因为他实在想象不出这是什么样的一种“直观”，他甚至认为这不是人类所拥有的能力。很遗憾，康德的思想就卡在了这里，他不知道，如果他能从“意识统一性”中单独把“意识”抽离出来，或者说能把“意识”和“意识统一性”分离开，那么他立马就可以得到那难得的非感性的“直观”了，那被他寻寻觅觅的“智性的直观”当下便会显现，佛门把这叫“觉知”，它超越了康德的感性、知性与理性。它既是“直观”的，又是“无相”的，因而它能亲证“本体”，因为本体“无相”。这一从“意识统一性”中剥离出来的“意识”便成为“纯粹意识”。

第二章

何谓理性

一、理性完备性

有了感性和知性，为何还需要理性？即有了感觉和思维，我们还需要什么？在康德的世界中，世界是由三根支柱支撑起来的：第一根支柱是时空先验性，第二根支柱是意识统一性，第三根支柱便是理性完备性。时空先验性是指时间、空间都不是外在事物的属性，也不是我们认知外在事物的过程中产生的观念，而是先于我们的认识活动存在于我们自身的主观的心智属性，所以，康德把它称为“先验”的，意味着它是先于“经验”的，而且是“主观”的，意味着它是非外在的。总之，我们内在的时间、空间这一主观条件的存在，才是我们能感觉外在及内在的万事万物的前提，因为一切的事物都是存在于时间、空间中的，离开时间、空间，任何事物都无法存在。而时间、空间又是主观的，所以，万事万物都不可能是离开主观的客观存在，都只能存在于“主观”当中，存在于我们“自身”内。

康德世界观的第二根支柱则是“意识统一性”，所谓的“意识统一性”是指凡是进入我们“意识”中的事物，都不可能是支离破碎的。中国有个成语叫盲人摸象，意思是不同的盲人触摸大象的不同部位，因为眼睛看不见仅凭触觉便会对大象作出不同形状的判断，比如摸到大腿的人会认为大象是圆柱形的，而摸到大象肚子的人，则可能认为大象是一个大平面的形状。这个成语的寓意是我们认知的局限让我们获得的都是外部世界的片面的知识，这是很多人的世界观。然而康德的“意识统一性”颠覆了这种观念。在盲人摸象的说法中其实隐含着这样的世界观，即世界本身是外在于我们而存在的，我们可以通过自己的努力逐渐认识它，哪怕每次认知的都只是它的某个局部，但认知的部分越多就会越接近于事物的真相。但康德的世界观并不是这样，它的“时空先验性”已经堵死了世界外在于我们的认知通路，世界已经是且只能是存在于我们“自身”内的“主观世界”，离开我们“自身”，离开“主观”，没有什么能被我们认知的“世界”存在。所以，在康德看来没有盲人摸象，因为离开“盲人”没有“大象”。

也就是说，我们每一次认知的都是完整的“对象”，尽管每个人认知的这个完整的“对象”可能不尽相同，但没有谁的“对象”会处于更优的位置，它们是平等的“完整”。每个人在不同的时期可能认知到的完整的“对象”也会不同，但同样这些完整的“对象”也没有谁比谁更完整，只是在不同条件下呈现为不同的“完整”而已，正如男人和女人各不相同，却都是完整的人一样。每一次的“认知”必是“完整”的认知，这是康德“意识统一性”的关键点，因为康德既然已经树起了世界只能存在于我们“自身”内、只能是“主观”的存在的观念，那么，这个“世界”就必然是“完整”的世界，因为它已经不是我们理解的“主观世界”了，所谓的“主观世界”已经就是真实的“客观世界”，它怎么还可能残缺呢？残缺就无法真实存在，正如同桌子一定会摆在地上，或挂在空中，而不会没有任何支撑地悬浮在空中一样。离开我们的“主观”世界，并没有另外的“客观”世界，那么每个人的认知就都是唯一的、正确的，没有一个可供比较的客观存在的“大象”，那每个人认知的当然就是真实存在的“大象”，尽管这些“大象”不尽相同，但都是完整的、准确的，因为世界就是我们内在的存在。所以，康德确立了世界的“主观性”，他就必然要维护主观世界的“完整性”，因为世界不完整便无法“真实”存在，而离开“主观世界”并没有别的“真实”世界，所以，“主观”的世界必然是“完整”“统一”的世界，这应该是康德“意识统一性”的逻辑原点。

要确保我们的认知世界是“完整”的，不仅需要它具有内在的“统一性”，还需要它具有自给自足的“完备性”，也就是它成为自己的“原因”和“条件”，而无须从它自身以外寻找“原因”和“条件”。如果说人的

“知性”为这种“统一性”提供了心理基础，人的“理性”则是“完备性”的心理基础，也就是说，人内心先天具备的“知性”和“理性”这两种心智能力，为人搭建起内心的世界提供了两种重要的工具：统一性和完备性。感性则为我们提供了搭建内心世界的素材：表象。关于“知性”所带来的“意识统一性”是怎样工作的，我们前面已经讲了很多，接下来讨论的是“理性”是怎样在我们内心世界构建中发挥它的作用并体现其价值的。

正如我们所说，“感性”提供的是内心世界构建的素材，也就是“表象”，而“知性”将这些素材“表象”统一起来。它统一这些素材的方式主要有三点：一是确保感性形成的“表象”与内心已有的“表象”有关，这就是康德讲的：“意识的综合统一是一切知识的一个客观条件，不仅仅是我自己为了认识一个客体而需要这个条件，而且任何直观为了让我成为客体都必须服从这个条件。”言下之意很明白：统一不了的东西无法成为“直观表象”，或者说有“直观”无“表象”，中国人的说法就叫“视而不见”。总之进入不了我们的“内心世界”。康德在别的地方对此也有更明确的阐述：“同一性是一切表象的可能性的必要条件（因为这些表象毕竟只有凭借它们和另外的表象都属于同一个意识、因而至少必须在一个意识中结合起来这一点，才能在我里面有所表现）。”所以，“意识”或者说“知性”就是一个过滤器，只有彼此内在统一的“表象”才能在我们的内心存在，进而构成我们的“内心世界”。二是在于它以“自我”为中心，所以，每个人的“内心世界”里“自我”一定是这一切的主宰，以“自我”为中心也理所当然地成为常人思维活动的规律。三是它的“概念性”，“概念”是知性自身派生出的“表象”，具有很强的概括性，可以作为各种具体的感性表象的“母体”，对各种具体的感性表象给出它们的“规定性”。比如“人”是一个概念性的“表象”，而张三、李四则是一个个具体的感性表象，但是“人”这个概念表象给出了张三、李四这些具体的人的“规定性”，叫“人性”。由此我们就可以由一般而特殊或者由特殊而一般地进行思维活动了。再加上我们形成各种“表象”时它们内在的“统一性”的存在，就使得这些“表象”无论在“感性直观”层面还是在“知性概念”层面，都必然存在某种关联，只要我们明确这种“关联”，事物的“因果性”或者说“规律性”就被我们找到了。表面上看是我们找到了外在事物的“规律”，其实是它们成为我们的“内在”表象时的相互关联性呈现了出来而已，如果它们没有这种内在关联，就根本不可能一起呈现在我们内心。因此康德才说“知性为自然立法”。如果这个“自然”是纯粹的外部“自然”，那康德的话就是妄语，如果“自然界”就是“现象界”，而“现象”只不过是“表象”的集合，“表象”的集合必然有内在的关联性，否则无法集合形成“现象”。那么，对已经存在了的因内在关联性而聚在一起的事物，把它们的这种“关联”找出来，这有何奇怪呢？毕竟，这种“关联性”是先存在于我们“意识”当中的事情，所以，康德才敢说是我们“放进去”的。

有了感性直观带来的“表象”材料，有了“意识统一性”或者说“知性思维”带来的“逻辑”结构，有了材料和结构，就可以建造房屋了。但究竟建成怎样的房子呢？无论是建高楼大厦还是低矮平房，只有完整的房子才能住人，所以，“完备性”是构建内心世界必不可少的一环，于是“理性”当仁不让地出场了。这是康德哲学三大支柱的缘由。

问题在于，为什么“意识统一性”不能直接提供内心世界的“完备性”呢？“统一”与“完备”相比欠缺了什么？这是要害，也是“理性”不能归为“知性”的原因。

其实，这个世界看似是逻辑的，但如果只有逻辑这个世界就无法存在，或者说存在也无法理解。正如 1 + 2 + 3 + 4 + 5……一直无限地加下去，其和是多少呢？只懂逻辑思维的人绝对认为无论怎样它都一定是个很大的正数，但数学家欧拉会证明给你，其和等于“ - 1/12”。这是一个常人凭逻辑无法理解的结论，却是数学中 200 多年前就被证明了的事，所以，逻辑并不是世界的最高法则。那么世界的最高法则是什么呢？这就是“理性”试图回答的问题。如果说“知性”或者说“意识统一性”营造了世界的“因果链条”，那么“理性”则试图终止这根“因果链条”。因为在“因果链条”中，任何一个事物得以产生的条件就称为“因”，比如爹妈就是孩子的“因”，而爹妈的爹妈又是爹妈产生的“因”，以至于无穷。这样追寻下去世界就是无止境的，我们的世界也就不是完整的，我们的世界就是我们认知的世界，除此以外的存在我们并不知道，因为它进入不了我们的世界。所以，我们的认知世界必须是完备的，只有完备的世界才能真实存在。要确保我们认知世界的完备性，这根无休无止的逻辑链条就必须有一个终止的地方，也就是说，事物产生的条件在我们一层层追溯更前一层的条件时，必须有一个“无条件者”来终止这根链条。这个“无条件”的存在者终止了一根逻辑的链条，因而成为这根链条上的“完备者”，带给了这根链条所有环节上的存在者以“完备性”，尽管这些环节上的存在者本身并不完备，但它们因为与完备者在一根链条上，或者说有一个极限式的完备者存在，使得它们的总体成为没有残缺的“类”，它们成为这一完备的“类”中的一员，从而让人们的世界成为一个“完备”的世界。尽管人们自身还未到达完备的点，但他们生活在完整的世界中，并且有努力的方向，这就够了。世界已经是完整的了，不管怎样，上天给了人这样做的心智能力，给了每个人营造自己完整的内心世界的能力，他们就一定会这样去做，这一心智能力就叫“理性”。

为这个有条件的存在着的世界寻找无条件的存在者，恰恰是宗教的起源，上帝就是西方宗教中的无条件的存在者，也是使一切存在得以存在的存在，所以，上帝是“存在”这根链条上的终极存在，因为我们可以问一切的存在从哪里来，但我们无法问“上帝”从哪里来。如果“上帝”有一个来处，那么这个“来处”就成了“上帝”得以存在的“条件”，那“上帝”也就不是“无条件”的存在了。所以，“上帝”是“存在”这根链条的终极存在，一切为“上帝”创造，由此，信基督教的人们得到了一个完备的“内心世界”，或者说活在了一个完备的“世界”中。尽管每个信徒自身都是不完备的，但他们的“世界”是完备的，这是一个人一生当中莫大的安慰。由此，人的心也就有了归属和安宁，这个他们生活在其中的完备的世界就是他们的归属。这就是基督教拥有广泛信众的缘由。佛教当然也是如此，只不过佛教这里的“无条件者”并不是具象的外在的人格化存在，而是每个人自身的属性，佛门称之为“自性”或“佛性”。将人的“本质”属性作为最终的“无条件者”对待是一个突破，它让佛教更多具有了哲学的意味，并且从实践的角度来说它让人更注重向内的追寻和修炼，这样一来，此时“存在”更多的并不是实体性的存在，而是心性上的存在，这样一个有条件的存在者链条也更多的是心性的链条，世界因此而直接回到了内心世界，这与康德的思想不谋而合，只不过佛法早了2000年。在佛法的世界中，“自性”或者说“觉性”即是一切的源头，所以禅宗六祖惠能说：“何期自性，能生万法。”六祖惠能将“自性”视为一切的源头，即一切原因的最终的那个“因”，而它本身不需要任何的“因”，所以六祖惠能说：“何期自性，本自具足。”可见，在佛门中，“自性”或者说“佛性”就是一切存在背后的最终的那个“无条件”存在者。

一切的宗教都是人类构建完备世界的作品，可见，构建完备世界是人自始至终的追求。再以儒家为例，儒家并不是真正意义上的宗教，而更多属于伦理道德的范畴，那么儒家的世界又存在怎样的无条件的完备者呢？实际上，“圣人”便是儒家世界的完备者。明白了儒家的“圣人”概念只是作为真实存在的人的极限概念而存在，我们也就明白了对着“圣人”概念追问它的真实性是毫无意义的举动，正如你对着神父说“如果你能把上帝请出来我一定信上帝”一样，毫无意义。因为“圣人”只是作为“人”这根链条上的“完备者”而存在的，真实存在的“人”各式各样，都是有原因、有条件的，我们的“心智”让我们一定会抛开这些具体的条件，寻找一个“无条件”的存在，因而是“完备”的存在，来置于“人”的世界当中，以让这个由“人”构成的“世界”变得“完备”。所以，无论“圣人”是否真实存在，他都必然“存在”，在文化中“存在”，在人“心”中存在，由此，我们的内心世界才会“完备”。这就是中华文化传承几千年的原因。

“理性完备性”在科学上的表现如何呢？爱因斯坦在坦陈自己提出相对论思想背后的动因时，讲过支撑自己研究的动力是他认为“真理是简单的”这样一个信念。在爱因斯坦提出相对论思想时，一切物理现象层面的发现以及归纳整理这些物理现象的理论公式都已经存在了，物理学家洛伦兹提出来的“洛伦兹公式”已经涵盖了当时已知的超越经典力学的物理现象，也就是说，人们发现了一些用牛顿的经典力学无法解释的物理现象，但洛伦兹通过他的“洛伦兹公式”解决了这些问题，可爱因斯坦坚定地认为事情应该还有更简单的解决方式，因为“洛伦兹公式”太过复杂。正因为有这样的信念，使得既不在任何大学也不在任何科研机构工作的爱因斯坦，发起了对这些无法在经典力学范围内得到解释的物理现象的研究攻关。但他的攻关是从放弃时间、空间的绝对性这一观念开始的，所谓的时间、空间绝对性是牛顿经典力学的基本假设。牛顿认为时间、空间是事物自身的属性，不依赖于观察者而存在，即时间、空间是事物的客观属性，无论观测者处在什么状态，或者说无论观测者依据什么样的参照系来观测一个事件，该事件的时间、空间均不变。而爱因斯坦颠覆的恰恰是这一观念，他认为事件发生的时间和空间都与参照系本身有关，即与观测者所处的状态相关，时间、空间不再是一个纯客观的存在。否定了时间、空间的客观性、外在性、绝对性，爱因斯坦很简单地由光速不变和一切参照系等价这两个基本假设推导出了复杂的“洛伦兹公式”，进而推出了极为简单而直观的质能转化公式“$E = mc^2$”，这一公式为原子能乃至原子弹的开发研究奠定了理论基础。

反观爱因斯坦与洛伦兹的区别，我们不得不说从根本上而言是观念上的区别，也就是基本假设上的区别。所谓的基本假设就是“无条件”的存在者，正如“上帝”是基督教的“基本假设”，“佛性”是佛教的“基本假设”，“圣人”是儒家的“基本假设”一样，这些“存在”都是无须证明也无法证明的“存在”，即不证自明的“存在”，是信则有不信则无的存在，是靠信仰而非观察也非论证而存在的“存在”，也就是“无条件”的存在，数学上的公理也类似。所以，人类一切的认知，无论宗教的、哲学的、道德的、科学的知识，其最终的根基只是“信仰”，而非其他。这个信仰对应的就是我们各种各样的“基本假设”。爱因斯坦就是用时间、空间的相对性和光速不变、一切参照系等价这两个“基本假设”支撑起了现代物理学的半壁江山。

“基本假设”是人类一切认知体系的基础，或者说我们一切的认知其实追根溯源都隐含着某种不证自明的假设，哪怕在生活当中都是如此。我一个朋友过马路时听到旁边几个同时等红绿灯的女人在谈论一个男人，这个男人是这几个女士某一位女友的老公，那位女友因病离世了，但她的老公不到一个月就再婚，由此几个女士感慨道“男人真没一个好东西”。很显然，这些女士的这句话是一个“假设”，因为这句话并非来自这几位女士对全部男性的调查归纳，所以没有足够的事实根据，也不是来源于某个确切无疑的关于“男人是个什么东西”的定论，因为世界上还没有这样的理论，那它就成了“无条件”的存在，但这个“无条件”的存在在这几位女士心中成为不证自明的东西，并且会成为她们思考男性问题的出发点。所以，凡是“无条件”的存在者，也就是“基本假设”，往往会成为我们思维的原点，成为一切需要条件才成立的事物的终极条件，人们正是由这个“终极条件”推论出一切知识。正如欧氏几何学的一切知识都建立在几个基本公理的基础之上，都是这几个基本公理的推论一样，这几个基本公理成为几何学成立的终极条件，而这几个基本公理无需任何条件即成立，成为“无条件”的存在者，所以也可以称为不证自明的“基本假设”。

二、理性如何统一知性

人类拥有这种不证自明的“基本假设”的能力就是人类“理性”的本质。所以，“理性”并非指我们的思维能力，与思维能力对应的是我们的“知性”，“理性”指的是构建我们的思维前提的能力，因为任何思维活动都是由某个前提出发的推理活动，无论你是从直观的前提出发还是从理论的前提出发。而完整的逻辑判断的最终前提一定是某种“基本假设”，完全从实践出发或从直观出发的逻辑判断一定是不完备的，因为任何时候实践或直观到的事实都是有限且不充分的，除非我们根据有限的事实做了一个无限的推论，那么这个推论本身就成了一种“假设”，而后我们根据这一“假设”进行更多的推论，知识系统基本上是这样形成的。无论怎样，“假设”都是我们思维的出发点，因而也就成了思维的原则，于是康德将“理性”定义成了构建“原则的能力”，康德的原话是：“把理性称为原则的能力。”所谓的“原则”是指为“知性”的思维活动提供“原则”，即提供思维活动的出发点并以此来统一我们的思维活动。在讲到“意识统一性”时我们谈到了人类思维活动的特点，即“统一”，康德甚至将其作为“第一原理”来对待，并且视之为一切思维活动的条件，康德的原话是：“综合的统一成为一切思维的条件。”但为什么我们的思维活动能保持“统一”呢？是什么在确保我们思维活动的“统一”呢？这就牵涉“意识统一性”由什么来保障的问题，或者说人类“知性”以什么为基础的问题，而这恰恰是“理性”需要回答的。这也就是为什么康德的系统中有了“知性”还必须有“理性”概念，因为两者都是围绕着思维活动而展开的概念，常人很容易将它们混同，以为都是指思维能力，但显然康德的理解不是这样：“知性”是指人的思维活动本身的“统一性”，“理性”是指人的思维活动“统一性”的前提，即“统一性”从何而来。如果说“知性”告诉了我们人的思维活动的主要特征是“统一性”，那么“理性”则回答了我们为什么能保持这种“统一性”，这是因为我们人有构建思维“原则”的能力，思维“原则”的构建确保了我们的思维活动是“统一”的。

用康德的话说就是：“一般理性所特有的原理就是为知性的有条件的知识找到无条件者，借此来完成知性的统一。”康德的这段话最容易让人理解的部分应该是“完成知性的统一”，意思很明显，“理性”的任务就是为“知性”的统一服务，那么“理性”是怎样完成这一任务的呢？“为知性的有条件的知识找到无条件者”，何谓“无条件者”？前面已经讲过：不证自明的存在。因为不证自明、无须证明也无法证明，故而称为“无条件者”，它存在却没有来源，无需原因，没有条件，故而称为“无条件者”。它们是自己所代表的认知体系内的一切的原因，但唯独它们自己的存在没有原因，或者说它们同时是自己的原因，这就叫“无条件者”。除了它们，相应的认知系统内的一切都可以直接或间接由它推出，故而都只能称为“有条件的知识”，这些“有条件的知识”便属于“知性”，而“无条件者”的存在便属于“理性”，因为“理性”借此“完成知性的统一”，实践的说法就是由“无条件者”推论出一切“有条件的知识”。无论是以宗教信仰的方式，还是以哲学思辨的方式，又或是以科学论证的方式，再或者是以生活中巧言令色的方式，总之，由一个无可争辩、不容争辩的“假设”开始推论出一切其他的存在，这就是人类的“心智模式”。为何这个“无条件者”只能称为“假设”呢？

因为“无条件者”的存在既非以“感性直观”为依据，也非以“知性思维”为依据，用康德的话说就是：“绝对无条件者在经验中是根本找不到的。”而“经验是唯一能够给予我们的概念以实在性的东西，没有它一切概念都只是理念，是没有真实性和一个对象的关系的”。正因如此，康德才认为：“圣贤是一种理想，即一种仅仅在思想中实存的人。”但他同时指出：“我们所具有的衡量我们行动的标尺，无非是我们心中这种神圣的人的行为，借此我们对自己进行比较、评判并由此而改进自己，虽然这个标尺是永远也不可能达到的。”“理性需要关于某个在其种类中完全完备的东西的概念，以便评估和测量不完备的东西的程度和缺陷。”显然，康德在这里为这个并不真实的“无条件者”存在的价值和意义进行了申辩，它的价值并不在于它的真实性，因为它既不在经验范围以内，也不在逻辑范围以内，没有任何逻辑能推论出它的存在，它的“无条件”性自动宣告了它的存在是没有任何前提的，因而是逻辑推论不出来的。探讨它的真实性尽管失去了意义，但它与生俱来自带的完备性为我们的思维活动树立了标杆，给我们带来了自我矫正及保持统一的尺子。“无条件者”非现实的“完备性”是我们“意识统一性”的源头，是我们内心世界的“顶层设计”，而除了内心世界我们并不知道其他世界，因而这也是每个人自己的“真实”世界的最高原则。所以，康德说其实每个人都活在幻觉当中，他的原话是：“人们把只是在思想中实存的东西物化了，并且在同一种性质上把它当作了某种外在于思维着的主体的现实对象。”他甚至断然地说：“当这个世界无非是在我们主体的感性中的现象及这主体的表象之一种时，假如我去掉了思维着的自己，整个物体世界就必然会消除。”也就是说，离开我们的内心世界，并没有我们能认知的其他的“世界”，而如果我们的内心世界消失，我们所知道的、所生存的世界也就消失了，其他的“世界”无论存在与否对于我们而言都没有意义。

其实，康德在讲“时空主观性”时就明确说过：“空间和时间两者都不是对自在之物的规定，而只是对我们感性的规定，因此，凡是在空间时间中的东西（现象）都不是自在的某物，而只是表象，这些表象如果不是在我们里面（在知觉中）被给予出来，是任何地方绝不会遇到的。”所以，世界只能存在于我们里面，在内不在外，这与佛门讲的“尽虚空遍法界是一个自己”不谋而合，因为“在我们里面”就意味着一切都是我们自心的呈现，呈现出来的也只能存在于自心，所以佛门说“万法唯心”，王阳明说“心外无物”。这就是我们见一切都是见自己的原因，也是我们说“见一切就是见自己”便是“开悟”的原因，因为我们在此见到了世界的“实相”，见到了“本来面目”。既然我们认知的世界本只是我们的“心中事”，所谓的“真实性”也就失去了原本的意义。“真实性”便不再与非主观的“客观性”同义，而只代表着它有感性的或者说有经验的直观“表象”做依托而已，“无条件者”的非真实性也无非表示我们的经验和感性产生不了这样的直观“表象”，正如我们见不到“上帝”一样。但这并非意味着这些“无条件者”不存在，因为现在“存在”的证明在内不在外了，一切都只是内心的“存在”，你内心给了它存在的“空间”，它就可以“存在”，而这个“空间”便是信仰的领地，正如“假设”的成立也只能来源于我们的“信”一样。所以，人类的知识结构靠感觉、思维、信仰三根支柱支撑，对应的就是“感性、知性、理性”三支柱，只不过我们需要知道的是“理性”的终极本质是“信仰”。理性构建的所谓的“无条件者”只能在“信仰”中存在，这恐怕是“信仰”之于人不可或缺的原因，因为人缺失了“信仰”就意味着缺失了内心的“无条件者”，一切的思维都失去了原点和归属，也失去了内在的“统一性”，心将无法安定，无法内在地统一，充满了矛盾和冲突，注定会是苦难的人生。

三、理性的理念

“理念”这个词是贯穿西方哲学思想的一个非常重要的概念，但它与普通的“概念”并不相同，甚至在2000多年前的柏拉图看来，“理念”才是这个世界本源性的存在。康德在《纯粹理性批判》中谈道：“柏拉图这样来使用理念这种表达，以至于人们清楚看到，他是将它理解为某种不仅永远也不由感官中借来，而且远远超出亚里士多德所研究的那些知性概念之上的东西，因为在经验中永远也找不到与之相符的东西。理念在他那里是事物本身的蓝本，而不像范畴那样只不过是开启可能经验的钥匙。”首先，康德的这段话让我们首先明白了“理念”的非现实性，因为它“在经验中永远也找不到与之相符的东西”，而且不来自“感官”。其次，“理念”是“事物本身的蓝本”，正如同设计师的图纸是建筑房屋的“蓝本”一样，又或者如编剧手里的“剧本”是一出戏的“蓝本”一样。总之，康德告诉我们，世界在柏拉图这里并不是杂乱无章的存在，或者是随机显现的存在，而是有“蓝图”在先的存在，或者说是“设计”在先的存在，而所有的事物只不过是这一“蓝本”或“设计”逐渐呈现出来的“环节”或“过程”而已。这一思想也被后人称为“理念论”，我们今天的科学研究以及哲学思想对真理或者说对规律的不懈追寻，毫无疑问是受了这一思想的极大影响。但问题在于，为什么世界存在这样一个先于事物的“蓝本”呢？就如同房屋建好之前存在“设计图纸”一样。这个“图纸”是谁“设计”的，这个“蓝本”是谁“描绘”的？难道真有外在于我们这个世界的、先于我们这个世界而存在的“力量”做了这一切？如果柏拉图真是这样认为的，那么古希腊出的就不应该是哲学而应该是宗教，类似于基督教的宗教，因为这股“力量”就是基督教里的“上帝”。但古希腊并未产生宗教，而是产生了哲学，基督教产生于中东、盛行于罗马，这绝非毫无意义的区别，说明柏拉图的“理念”思想并不需要一个外在于这个世界或者先于这个世界的存在。那么，究竟谁才是这个“蓝本”的设计者呢？这是一个非常有意思的话题。

当年的柏拉图也没有讲清楚这个“蓝本”的设计者究竟在哪里，直到2000多年后的康德才给了世人一个交代。显然“蓝本”的设计者在哪里这个问题是与“世界”究竟在哪里这个问题连在一起的，如果“世界”在我们以外，那么这个“设计者”也只能在我们之外，它就成了宗教里的“神”，所以宗教才说“神创世纪”。如果“世界”在我们里面，那么我们就不需要一个在我们之外的“神”存在，我们自己就是那个“神”，如果一定还要说“上帝”存在，那么“上帝”也就存在于我们心中。康德的原话是：“理性的理想的那个仅仅处于理性中的对象，也被称为原始存在者，就它在自己之上没有任何东西而言，称之为最高存在者，而就一切事物作为有条件者从属于它之下而言，则称之为一切存在者的存在者。”“一个这样的存在者的概念在先验的理解中来思考，就是关于上帝的概念。”所以在康德看来，“上帝”只不过是“理性的对象”，是一个“理性的理想”，其作用就是让“一切事物”作为“有条件者从属于它之下”。何谓“从属于它之下”呢？意思是可以从“它”这里找到“出处”，可以视为从“它”这里而产生，“它”是一切事物的“母体”。其实这还是“神创世纪”的概念，只不过康德的“神”在内不在外，在“理性”之中，作为“理性”的一个极致，一个“理性的理想”而存在，正如我们的“理性”一定会构建一个“无条件者”来作为“有条件者”的终极归属和出处一样，这是我们“理性”的能力和特征，是“理性”在先，“神”在后，或者说“理性”创造了“神”，然后才有“神创世纪”，这就是康德的关于“神”的逻辑。所以，康德并没有取消“上帝”的存在，只是把“上帝”放到了“理性”之下，当然这样的“上帝”就不再是“实体性”的存在。因此康德遭到了基督教罗马教廷的多次围剿，但他依然对自己的信仰坚信不疑，他认为：“如果要问，是否这个存在者是实体，具有最大实在性，是必然的等等，那么我的回答是：这个问题完全没有意义。”因为“理性对于一个作为至上原因的最高存在者的设定只是相对地、为了感官世界系统统一而思考的，它是一个单独在理念中的某物，我们对它自在的是什么没有任何概念”。而“理念，是没有真实性和一个对象的关系的”。所以，康德心中的“神”或“上帝”离开人类的“理性”，便没有任何意义和真实性，它们并不是真实存在的“对象”。那它们存在的意义何在呢？

关于这个问题，康德在上面的言论中已经做了回答：“为了感官世界系统统一。”也就是说，这是我们构建内心世界的需要，没有这样的绝对存在者，我们的内心世界就无法完备，就是残缺的，我们就一定会去继续努力，直到完备为止。正如康德所说："从有条件者开始，借助于一切相互隶属的条件而向无条件者进发，虽然这个无条件者是永远达不到的。因为绝对无条件者在经验中是根本找不到的。"寻找"完备"是我们不可能终止的努力，而现实中又不存在这样的"完备"，或者说找不到这样的"完备"，于是，完备的绝对的存在者就必然作为一种"理想"而被我们的心智"构建"出来，并且被置于逻辑链条的顶端，被作为"无条件者"而存在，并由它推论出其他一切的存在，同时完成"知识的统一"。这就是"理念"，作为"理性的理想"的"理念"。所以康德说"理念设定了知性知识的完备的统一"，并对理念的统一做了更为详细的说明："理性统一性任何时候都是以一个理念为前提的，就是说，这种理念有关知识的一个整体形式，这整体先于各部分的确定知识，并包含有先天地确定每个部分的位置及其对别的部分的关系的那些条件。"是先有"理念"这一与整体相关的知识，才有被"理念"统一起来的各个部分的确定知识，这与真实的科学发展相吻合。无论是牛顿的经典力学还是爱因斯坦的相对论，都不是经验积累的必然结果，而是由先进"理念"的出现引发。牛顿的与物体的运动量的变化相关的力的概念、万有引力概念以及爱因斯坦的光速不变概念等都是非常好的"理念"，正是这些理念"构建"起了经典力学和相对论的大厦，正如普朗克的量子概念的提出奠定了量子力学的大厦一样。如果没有这些"理念"，科学就还只是在经验的素材积累阶段，在"有条件"的存在者不断被发现却无法统一起来的阶段，这就是牛顿出现之前、爱因斯坦出现之前、普朗克出现之前的阶段。我们提不出有价值的"理念"，就无法将这无数的经验现象统一起来，找不到"理念"所代表的"无条件者"，就不能由它推导出那一个个孤立存在的"有条件者"，它们就会一直是孤立的存在，我们就无法设计或者预计未来，当然也就无法创造任何新的未来，现代就只是过去的重复。正是在这个意义上，说"理念"先于事物而存在，是"事物本身的蓝本"，一点没错。

所以，"理念"就是"无条件"的存在者，正如康德所说："理念的终极意图本来是无条件者。""一个纯粹理性概念一般说可以用无条件者的概念来说明。""理念"也如"无条件者"一样，并没有经验的"对象"，康德说："我把理念理解为一个必然的理性概念，它在感官中是不能有任何的与之重合的对象的。""理念的特点正好在于永远不可能有任何一个经验能够与之相一致。"正是因为"理念"的非现实性，它才能具备"完备性"的特征，扮演一个绝对的存在者的角色，进而成为一切现实的存在者的"母体"，从它这里引申出一切现实存在者存在的理由和条件。现实存在者都是"有条件"的存在，因而是不完备的、残缺的，依赖于他者的存在。而"理念"所代表的"无条件者"是"无条件"的存在，自己是自己存在的原因，佛门把这叫"不依他起性"，六祖惠能把这称为"本自具足"的"自性"，也叫"佛性"，是世界的"本来面目"。到了这里，其实我们也就明白了"本来面目"的含义：世界是依赖于我们的"理念"作为原则和一切事物的前提而"构建"起来的存在，而"理念"本身并无"实在性"，只是一个"理性的理想"，世界本身就只是我们心智活动的结果，这就是世界的真实面目，也叫"本来面目"。最终康德所代表的西方哲学和佛法所代表的东方文化在世界观上达到了高度一致，都认为世界的存在或者说我们认知的世界在"内"而不在"外"，我们自己是这个世界的"主宰"，因为这个世界因"我"而生。当然无论康德哲学还是东方佛法，都没有把这个"我"理解成由欲望构成的"自我"，康德把它理解成由"理性"构成的"我"，佛法把它理解成由"觉性"构成的"我"，也叫"大我"或"无我"。

四、理性的局限

由"理性"构成的"我"和由"觉性"构成的"我"有什么区别呢？首先，在世界的"主观性"上二者是一致的；其次，在世界的"本体性"上，它们有着本质的差别。由此构成了东西方文化在境界上的区别，这种区别也就是"理性"和"觉性"的区别。

东方文化中"理性"的概念并不浓郁，正如"觉性"的概念在西方文化中有时无法翻译一样，我们可以先从西方文化的演变来看一看"理性"的本质特征。我们前面讲过"理性"的特征就在于为我们的内心世界找到一个绝对的无条件的完备的存在者，以此作为这个世界的逻辑起点，让这个世界其他的一切都成为这一起点的推论，而这个“完备者”为这一切其他的事物存在提供产生的条件，但“完备者”自身不需要条件，由此其他的一切事物皆是“有条件者”，而“完备者”当然是“无条件者”，这就是“理性”的意义。在中世纪，西方文明称这一“完备者”为“上帝”，尽管“上帝”并不源自古希腊的哲学思想，而是来源于古罗马的基督教思想，但在漫长的中世纪柏拉图的哲学思想并没有主宰欧洲，所以，柏拉图心中的“完备者”——哲学的“理念”没有成为世人内心世界的制高点，这一位置被“上帝”牢牢地占据着，中世纪的西方成了宗教的世界、神学的世界。但依康德的说法，这仍然是人类“理性”的行为，只不过盘踞在“完备者”位置上的是一尊神而已，但这个“完备者”的位置始终是“理性”建造的。

随着社会的发展，宗教自身的异化，让代表“上帝”的教廷和僧侣们，在世界的至高无上的位置上做了一些让信众觉得有背教义的事情，教士们的日子越过越好，信众们的日子越过越差。于是，人们希望与“上帝”直接对话，从而让“上帝”周围的人逐渐从“完备者”的位置上走了下来，但“上帝”依然还待在“完备者”的位置上，这就是历史上的宗教改革事件。随着资本主义的发展，中世纪的基督教说“上帝”希望人们放弃世俗的欲望而清修赎罪，即便赚了钱也应该供奉“上帝”而将钱捐给教会。这些观念阻碍了资本主义的发展，通俗地说就是让人赚钱没有正义感、道德感，于是，人们又说“上帝”是喜欢人们赚钱的，只要你不过分贪图享乐就行，等等，这就叫新教伦理，由此给资本主义注入了宗教合理性，带来了资本主义的发展。社会学家韦伯对此写了一本书，即《新教伦理与资本主义精神》。

从这段历史中我们可以看出，笛卡尔、斯宾诺莎等人思想的出现，以及启蒙运动等社会思潮的进一步发展，人们逐渐在做一件事：从广泛的社会层面，作为“完备者”的上帝正被另一个“完备者”替代，这个“完备者”的名字叫“自由”。尽管在宗教领域“上帝”依然在“完备者”的位置上，但在普通人的心中，每个人生而为人的“自由”成了每个人心中那无需条件的“存在”，成为人的一切行为的无条件的原因。今天虽然很多人还是信仰“上帝”，但他们认为这只是自己的“自由”，是他们行使“自由”权力的表现，其实，这本质上成了自由第一。“完备者”发生了转换，这就是西方思想的演变，“理性”没变，但被“理性”推上位的“主”变了。

康德对于“自由”有过一段精彩的论述，他说：“发生的事情的条件就叫原因，而在现象中原因的无条件的原因性就叫自由，反之有条件的原因性在更严格的意义上就叫自然的原因。”所以，何谓“自由”？用康德的话说就是“无条件的原因性”，当然这与“无条件者”是有所区别的：“无条件者”是指一个“主体”，哪怕这个“主体”只是“理性的理想”，并非现实的存在；而“无条件的原因性”是指“主体”的某个属性、能力或权力，“自由”就是这样的一个“理念”。但作为“无条件”而言，它们是没有区别的，它们都是事物的终极原因，是无须解释和证明的，是“完备”的。正如一个人说“这是我的自由”，这句话就给出了“无条件”的理由，也就是说，除了这个理由，无须再给别的理由，说明这个理由就是充足的、完备的。所以，“自由”是从人的角度出发的主宰其行为的“完备”的条件，而它本身不需要条件，因而被称为“无条件的原因性”。

西方社会近现代“自由”概念的提出和强化，是它由宗教社会转向世俗社会的标志，因为宗教社会中“上帝”是每个人心中的“完备者”，它给出每一个人生命的终极原因和归属，但它的“主体”并不是我们，因而我们是被动的。而“自由”作为无条件的完备的“原因性”，在于它是从属于人的，因而我们是主动的，是“自主”的，这为人的创造力的发挥提供了前所未有的条件，极大地促进了社会的发展。正如康德所言：“自由在这里只是被作为一个先验的理念来对待的，理性通过它而想到凭借这个感性上无条件者去绝对的开始现象中的那个诸条件序列。”康德之所以称“自由”为“感性上无条件者”，是因为“自由”是属于人的，因而具有“感性”的外表，但它仍然是“理念”，具有“无条件”性，可以“开始现象中的那个诸条件序列”，即可以产生一系列的行为，并且为这些行为提供它们的合理性，成为这些行为唯一的最终原因和“条件”。尽管这些行为是以自由为条件、为前提的，因而这些行为构成一个“诸条件序列”，但“自由”作为这些“有条件”行为的最终原因和条件，其自身无需原因和条件，成为一个无条件的完备的“理念”。

问题是在西方如此受推崇的“自由”理念为何没有像在它的发源地那样，在中国近现代的思想发展史上呈现为一种至高无上的绝对价值观呢？当然，现代年轻人给人的感觉仿佛也是“自由”的绝对崇拜者，从求学、择业、恋爱、婚姻、生育等问题上都尽情地展示出了这种对“自由”的追求，但是，他们很多在这些问题上展示出的与其说是“自由”，不如说是“任性”甚至是“幼稚”。因为他们的“自由”带给他们的往往是自己不愿承担也无法承担的后果，或者说他们这样“自由”地走过了若干年以后，才发现自己的人生错了，自己走进了人生的泥潭，但只能硬着头皮走完人生。我接触过许多年轻时自由自在、我行我素走到今天的人，晚年或接近晚年面对的孤独无助感，让他们觉得自己年轻时的所作所为其实只是不负责任的“任性”而已，他们觉得自己成为“自由”的受害者，他们到了这个年纪已经“自由”得很累了，但只能继续毫无归属地“自由”下去。令他们没想到的是：怎么“自由”的人生一不小心就变成了最终没有归属感的“流浪”人生了呢？老了爱去哪儿就去哪儿、爱干吗就干吗的“自由”，其实只意味着孤独和流浪。于是，他们使劲抱团取暖、抱团养老，哪怕放弃一些年轻时视为宝贝的“自由”，遗憾的是多年形成的“任性”的习性让他们享受了几天的温暖以后彼此又矛盾重重，最后只能解体而重归各自的“自由”——其实是“孤独”与内心的“流浪”。对“自由”的追求，竟然导致他们成为老年的孤独的流浪者，这恐怕是他们当初想象不到的，却是今天老龄化社会一个现实的问题，如何化解？

依照康德的理论，“自由”既然是“完备”的“原因性”，那它带给人们的就应该是“完整”的人生，为什么年轻时的“自由”带来的却是老年时的“孤独”与无助呢？自由的“完备性”去了哪里呢？其实，作为一个完备的“理念”，我们是不能把“自由”具象化的。

当然这只是一个抽象的讲法，具体到实践当中，那就是当一个人视“自由”为“我”的自由时，“自由”就不再是一个“完备”的理念，而成为一个属于“我”之下的概念了，“我”成为“自由”之后的原因和条件，康德讲的“无条件的原因性”消失了，“自由”当然也就消失了。所以，当我们把“自由”置于“我”之下时，真正的完备的“自由”是不存在的，或者说我们其实不可能拥有真正的“自由”，这样的人生当然也不可能是真正“自由”的人生。正如很多人到了晚年觉得自己简直是“鬼使神差”过了一生似的，背后有一种不为自己所知的力量操控了自己的一生才是这些人的真实感受，哪是真正“自由”的一生呢？但表面上又的的确确每时每刻都是自己做主，只不过如果真是自己做主，为何自己要这么折腾自己呢？这是为何？

所以，“自由”在“我”之下便没有真正的“自由”，或者说便不是真正的“自由”，而只是“任性”“放纵”，正如把“上帝”放在“我”之下便不可能是真正的“上帝”，没有“我”的“自由”正如没有“我”的“上帝”一样。就像一首诗说的：“生命诚可贵，爱情价更高。若为自由故，二者皆可抛。”生命和爱情都属于“我”，因而在“我”之下，但“自由”在“我”之上，所以，面对“自由”，二者皆可抛。“自我”之上的“自由”绝不是那些一天到晚把“自由”挂在嘴边的人所讲的“自由”，因为他们会觉得既然不是“我”的“自由”，那与“我”有什么关系呢？他们只能接受置于“我”之下的“自由”，因此他们的人生才过成了自己不希望的样子，只是无法推倒重来。

五、整体的意志

为什么“自由”一定要在“我”之上呢？其实所有的“理念”都在“自我”之上，这是“理念”的一个根本特征。我们在谈到“意识统一性”也就是“知性”时，谈到了“意识统一性”以“自我”为中心的问题，即“意识统一性”统一于“自我”的问题。那么，“理念”也是完成“知性”统一的，正如康德所言，“使知性的一切可能的经验性行动成为统一性系统化的，这是理性的工作”，以及康德直接肯定了的“理念设定了知性知识的完备的统一”。这些都表明知识的“统一性”与理念或者说理性相关，那么，理念、理性与“自我”在这个“统一性”上的作用有何异同呢？弄清楚这一点我们才能明白为何“理念”会处于“自我”之上。从笛卡尔说出“我思故我在”开始，“自我”就作为思维的“主体”而存在了，尽管这一思维的“主体”并不是“实体性”的存在，并不具有真正的“实在性”，正如康德所说“我实存于进行思维时”，意思是离开思维活动的“我”是无法实际存在的，“自我只是我的思维的意识”，是“思维的那个持久不变的逻辑主词”，“但这并不意味着能思的我是一个单纯的实体”，因为“实体概念总是与直观相关的”。所以，康德认为当我们意识到思维活动的存在时，我们必定会为思维活动设定一个“主体”，人的这种思维特性其实不难理解，正如今天的人看到一辆汽车在动，我们一般就会认为有人在驾驶汽车一样，但其实完全有可能是无人驾驶，所谓开车的“主体”很有可能是一套软件程序。特斯拉的无人驾驶汽车已经成为普遍的现实，它的“主体”就是真实的“智能软件”，是“非实体性”的存在，这样的“主体”本身也无法进行“直观”，你只能看到它运作的结果。正如康德所说，“我们思维着的主体是没有形体的”，因而“在外部现象中永远也不可能有思维着的存在者作为自身出现在我们面前”。也就是说，我们永远也见不到这位“思维着的存在者”，见不到思维的“主体”。

那我们平时见到的“人”是什么呢？是“身体”或者说“肉体”，但它并不是思维的“主体”。如果“身体”是思维的“主体”，那身体的强健就应该与智商的高低成正比，事实上显然不是这样，甚至很多残疾人的智商远超常人，比如物理学家霍金。其实把康德的话仔细回味一下你会发现，康德事实上否定了这一“主体”的真实存在，或者叫“实体性”存在，他甚至使用了“逻辑主词”这样的概念来称呼这个“主体”。何谓“逻辑主词”？就是一句话的“主语”，比如“水往下流”，“水”就是主语、主词，当然这里的“水”是“实体性”的。但我们也可以说“夜已深了”，“夜”是这句话的“主语”，但它不是“实体”，因为天亮了，“夜”并没有“藏”起来。正如同光明来了，“黑暗”并没有被吓“跑”一样，因为“黑暗”并不是“实体”。这里的“黑夜”“黑暗”代表的都是“状态”。还有些主词连状态都不是，比如“龙的传人”，“龙”是主词，却只有象征意义。所以，思维的“主体”之所以存在，正是因为我们的思维具有“统一性”，我们需要为这种“统一性”设定一个持续的存在，仿佛一切的思维活动都是因为它并且围绕着它而进行的一样，我们把“它”设定为意识活动的“中心”、思维活动的“中心”，并形象地称之为“主体”。其实正如康德说的“我实存于思维进行时”以及“自我只是我的思维的意识”那样，离开了“思维活动”，哪里有一个“自我”呢？所以，是先有思维活动以及它的“统一性”，才有“自我”意识的存在，而不是反过来。思维的“统一性”为“因”，“自我”是“果”。这就是康德在论述理性时对他自己的超越，因为他在谈到“意识统一性”时，始终将“自我”放在一个中心及原点的位置上，仿佛一切都源于此。但他在确立了“理性”的无条件的完备性地位后，为“意识统一性”“思维统一性”找到了真正的源头，从而将“自我”视为一个仿佛处于中心的虚拟化存在，成为一个只是“意识性”的存在，成为“自我意识”，由此达成了知性和理性的前后统一。

理性的“理念”统一了“意识”和“思维”，“自我”就只是一个“虚拟”的存在了，所以坚信“理念”的人本质上是“无我”的，因而也不存在“我的自由”或者“我的上帝”之说，而是把“理念”视为“命令”，把这个虚拟的“自我”视为执行的“主体”，这就是“理念”在“自我”之上的意思。王阳明在《传习录》中说的“以其理之凝聚谓之性，以其凝聚之主宰谓之心”应该也是这个意思，他认为“理（天理）”是每个人内心的主宰，是凌驾于“自我”之上的力量。王阳明所说的“天理”就是绝对的无条件的完备者，也就是康德的“理念”。它们在统一着人的意识和思维，构建着人内心的“统一性”，进而构建着人的内心世界，又因为除了人认知的世界之外并不存在其他的什么世界，因而它们也构建着整个的世界。

正因如此，作为一个处于“自我”之上的“自由”的理念，所代表的就绝不是个人的“意志”或个体的“意志”，而必然是整体的“意志”，因为只有总体才具有完备性，任何个体都是有条件的存在，也是不完备的存在。在康德看来，“理念”就是针对整体的概念，他说“一切现象的这个绝对的整体就是一个理念”。绝对的完全的“自由”只能是对整体而言，它是用来统一整体的理念，对个体的限制和约束就自然包含其中，所以，真正的“自由”的社会必然也是“法治”的社会，真正追求“自由”的人也必然是懂得“自律”的人，这恐怕也是佛门提倡“持戒”、儒家提倡“克己”的原因。因为只有这样才能真正获得整体的统一的“自由”，才能让个人过好一生。由此可见，自由不是任性，它只代表一个整体之上再无别的力量主宰着我们，一切取决于我们自己，但这个“自己”既是个体更是整体，正如黑格尔所说：“我是我们，而我们是我。”

处于“自我”之上的“自由”理念是否就真的至高无上了？并非如此。一方面，西方近现代的核心价值观被某些人错误地解读和接受，从个人的角度去理解、阐释一些针对整体的所谓普世价值观，以图为己所用，比如将“自由”置于“自我”之下，导致自我膨胀、唯我独尊，置一切社会规则于不顾，发生许多无视社会公德的现象。另一方面，不懂得真正继承传统文化中的精华，一味地对一些明显落后于时代的做法和概念生搬硬套，以复古的方式来复兴传统文化，导致受过良好现代教育的人对此反感，由此形成尖锐对立的两派。如何吸收先进的西方文化并与优秀的传统文化结合便成了当务之急，因而也必然成了我们这代人的使命。

要很好地解决这个问题，前提是必须明白东西方文化各自的优劣。康德是西方近现代文化的一个代表性人物，他提出的“感性、知性、理性”三阶段或者说三支柱模式，系统地阐释了人类心智构建的秘密，正如他自己所说：“一切知识都开始于感官，由此前进到知性，而终止于理性，在理性之上我们再没有更高的能力来加工直观材料并将之纳入思维的统一性之下了。”他还说：“人类的一切知识都从直观开始，从那里进到概念，而以理念结束。”康德的这两段话表明，“感性、知性、理性”是人的认知的三种基本能力，也是我们构建自己认知世界的三根支柱。而对应的“直观、概念、理念”则是我们构建认知世界的三类基本材料和要素，“感性直观”提供基本素材或者说原始“表象”，“知性概念”通过自己产生的综合性“表象”来统一原始“表象”，“理性理念”则是由理性形成的非现实的绝对的无条件者，其本身尽管没有现实的经验性的感官对应物，只是“理性的理想”，但因其无条件的“完备性”而具有了为知性的统一提供原则和前提的能力，或者说成为“知性统一”的前提条件，其自身的存在没有条件，而只是源自人类“理性”。显然，康德的“三性”是圆满的、自洽自足的，却是不透彻、不究竟的，因为无论怎样他始终是在“相”的层面，而这就为西方思想的进一步发展预留了空间，同时为西方思想在实践中的运用带来了困惑。当然，如果不真正掌握东方传统文化的精华是理解不了上述内容的，或者说不知道我们在讲什么。我们再来看看东方文化，东方文化最本质的特征就是“无相”，佛法的核心经典《金刚经》通篇讲的是“无相”，《金刚经》思想的浓缩版——《心经》通篇讲的也是“无相”：“是故空中无色、无受想行识、无眼耳鼻舌身意、无色声香味触法、无眼界乃至无意识界、无无明亦无无明尽乃至无老死亦无老死尽、无苦集灭道、无智亦无得……”这一系列的“无”归结起来就是“无相”。所以说佛法的核心是“无相”应该没错。

那么西方的“有相”思想与东方的“无相”思想的本质区别究竟在哪里呢？甚至有人说康德的“理念”不也是“无相”的吗？它不是没有感性的对应物，也无法在经验中找到吗？“理念”的确不是感性的“表象”，也没有经验作为基础，但康德自己也承认：“理性的理念就是一个感性图形的类似物。”只不过他讲的是“类似物”，也就是说，“理念”不是感性的“表象”，也不能说是以感性“表象”为基础，但仍然具有“相”的特征，因为它具有“图形”的特征，比如“上帝”就有“相”，尽管它是完备的“无条件者”。“相”成了西方文化难以突破的瓶颈。其实，“有相”的存在就不可能是真正意义上的绝对完备的无条件的存在，所以西方的许多“普世价值观”就一定不可能是放之四海而皆准的绝对真理，实践上已经证明了这一点。比如“自由”，真正实现了的绝对的“自由”存在吗？无论对个体还是对整体来说都不会真实存在，为何呢？因为它有具体的形式，只要它有具体的形式，它就是残缺的，就不可能是完备无缺的，或者说它就一定是二元对立的，不是这种形式的其他形式就一定是这种形式的对立面，从而让其失去绝对的“完备性”。这是“理性”自身存在的缺陷，只不过被康德说成“二律背反”，即“理性”的东西往往正反都对，所以他说：“我们既不能把世界的量看作有限的，也不能看作无限的。”他通过严谨的逻辑证明了，如果说“世界是有限的”是真理，那么“世界是无限的”必然也是真理，这就叫“二律背反”，也叫理性的“悖论”。为什么理性的“理念”会导致“悖论”呢？因为“理念”是与“一切现象的绝对的整体”相对应的，而我们没有任何能力可以与这个“绝对的整体”相对应，所以“理性”本身是会犯错的，因此康德才说“理性必须在一切活动中都把自己置于批判之下”。可以说“理性”用一个虚拟的完备的“相”作为“理念”来统一我们的世界，因为我们的确需要它，它也的确很有用，但它自身存在的问题和缺陷只能靠批判和实践来矫正。如何突破“相”的局限成了康德之后黑格尔乃至海德格尔等哲学家努力的方向。

那么东方文化是怎样来构建这种“完备性”的呢？西方哲学是基于“理性”构建完备性的，东方文化则是基于“觉性”构建完备性的。理性是“有相”的，觉性则是“无相”的，所以觉性的“完备性”正是体现在一个“无”上，正如《金刚经》所言，“一切贤圣皆以无为法而有差别”，“一切有为法，如梦幻泡影，如露亦如电，应作如是观”。我们可以在这里把“有为法”与“无为法”简单地理解成“有相”和“无相”，所以佛门认为凡是“有相”的东西都是虚幻不实的，故《金刚经》言“凡所有相，皆是虚妄”，而世界的“本体”是“无相”的存在，所以《金刚经》说“离一切诸相即名诸佛”，又说“以无我、无人、无众生、无寿者修一切善法，即得阿耨多罗三藐三菩提”。“阿耨多罗三藐三菩提”译成现在的语言就是“无上正等正觉”，《金刚经》的意思是“无我相、无人相、无众生相、无寿者相”，总之，离一切“相”，即成“无上正等正觉”，便能亲“见”世界的“本来面目”，因而世界的“本来面目”一定是“无相”的存在，能“见”这“无相”存在的只能是这“无上正等正觉”的“觉性”，又称“佛性”。

提出了一个“无相”的存在概念是佛法也是东方文化有别于西方哲学的

非常重要的世界观，当然到了西方哲学的海德格尔这里，“存在者”与“存在”也区分开来，“存在者”即是“有相”的存在，而“存在”本身则是“无相”的存在，是使有相的“存在者”得以存在的“存在”，但其本身“无相”可言。可以说西方哲学经过若干代智者的不懈努力，终于触及了“无相”的“本体”的境界，当然这是后话。

佛门有了以“觉性”为依托的“无相”的本体论世界观，立马可以让西方哲学基于“理性”的“有相”的世界观发生突破。当然，后期的黑格尔、海德格尔是否受佛法的影响以及影响程度多大其实并无定论，但与黑格尔同时代的叔本华明确表示佛法深深影响了他的思想，在其名著《作为意志和表象的世界》中有明确的表述，无论怎样，东西方文化都是相互影响的人类文明，这是基本的事实。回到“完备性”的构建角度来看，东方文化因为有以“觉性”为基础的“无相”世界观，其在“有相”的层面并不执着于绝对的“概念”，反而体现出一种相互矛盾的价值追求，比如有“宁为玉碎不为瓦全”的充满气节的豪言壮语，也有“好死不如赖活着”的生存哲学，都对又都不对，完全因时因事而定，所以西方人觉得中国人无原则。其实这是不懂中国的文化，中国人的骨子里既然是“无相”的世界观，一切“相”上的东西都是梦幻泡影，有何执着的呢？所以，他可以两极穿梭、多极穿梭，深信“觉性”，保持“觉知”就好，需要时自然知道怎么做，这叫活在“当下”。这恐怕是这个民族生存能力超强，也是这种文化绵绵几千年不绝的原因。

有了“无相”的世界观，一切也就无所谓绝对的好与坏，所以我们提倡一切都是“对”的观点，至少认为一切都有因缘，并且提倡随顺因缘，这就带来了“欣赏”的心态，所以，“欣赏”而不是“自由”成为我们最为推崇的方法论。而这种“欣赏”是无条件的，也就是说，我们推崇的是包容的慈悲的“欣赏”，因而这种欣赏也就成为一种“理念”，一种做人的境界。所以，中国文化从思维方式上来说充满了辩证法思想，从行为方式上来说则充满了艺术性，从语言方式上来说又充满了灵活性，其背后都是“无相”的世界观在支配，都是“觉性”在起作用。中国人的内在是矛盾的、艺术的，又是十分灵活的，总之是充满审美的。而恰恰康德认为“只有人，才审美”，这是他在其第三大批判《判断力批判》中的名言。可见在康德看来“审美”是可以作为人之为人的标志，因而崇尚审美的人自然是对得起“人”这个称呼的人。

第三章

为意识的存在

一、人生的方向

现在人们都流行谈“开悟”，但谈到“开悟”，很多人想到的是：什么是开悟？怎样才能开悟？很少有人会问：人为何会开悟？这可能是因为对于知道“开悟”这件事的人而言，他不会想我为什么会知道这件事，因为他更关心怎么达成这件事，或者更关心这究竟是怎样一回事。而对于不知道或不相信“开悟”这件事的人而言，他更不会去思考“人为什么会开悟”这个问题，因为这个问题对他而言就不存在。所以，“人为何会开悟”成了一个无论修行人还是非修行人都不去深刻思考的问题了，但其实它是一个非常重要的问题，它是修行和不修行的一个分水岭。不明白这个问题，即便修行也是偶然的因缘造成的，并且会一直将信将疑，引你进入佛门的人一直让你深信你就会一直修行，一旦那个人自己的修行出了问题你就会放弃修行，或者你觉得修行能给你带来利益时你会坚持修行，而一旦修行过程中出现了一些违缘的坎，让你遭受巨大的痛苦或利益损失时，你就会放弃修行，而这些在修行过程中是一定会遇到的事情。无论是你的接引人还是你自己的利益和觉受，都会在修行过程中出现断崖式的变化，上师可能让你非常失望，利益可能遭受巨大的损失，感觉可能变得非常糟糕甚至生不如死。这些都很正常，因为这就是破相乃至离相和最终放下的机缘，没有这类事情你会认为修行是为了得到一个更好的“相”，为此你当然愿意作出一些牺牲，如同生意场上的投入产出一样。

可修行不是这样，修行是一件在“相”上几乎只有投入而没有产出的事情，在这一过程当中的一些所谓的产出——暂时的轻安、愉悦，或者其他的好处等，都只是让你继续向前的诱饵，绝不是修行的最终目的。修行的最终目的是离相。这就是《金刚经》讲的：“离一切诸相即名诸佛。”所以，“离相”是修行成就的标志和目的。故而《金刚经》又说：“菩萨应离一切相，发阿耨多罗三藐三菩提心。”“阿耨多罗三藐三菩提心”即是无上正等正觉，而《坛经》说：“佛者觉也。”所以，得到无上正等正觉即是见性成佛道，而它的前提是“离一切相”，简言离相。要“离一切相”，当然包括离上师的“相”，离轻安的“相”，离喜悦的“相”，离烦恼痛苦的“相”，离生不如死的“相”，离利益的“相”，离损失的“相”，离成就的“相”，离学佛的“相”，乃至离“佛”的相。怎么“离”？不是脑袋中知道了你就“离”了，这样的“离”是“假离”，心里知道遇见了却做不到，所以要“真离”，何谓“真离”？在喜悦当中离开“喜悦”，在痛苦当中离开“痛苦”，在生不如死当中离开“生不如死”，在师父面前离开“师父”，在成就当中离开“成就”，在修行当中离开“修行”，不是人离开，而是心离开，心能静下来，平下来，而人还在这些境中待着，就“离相”了，这叫“于相而离相”，意思是眼中有“相”，或感受中有“相”，但心不为其所动，只是“知道”，而不为其“动念”，这也是《金刚经》中“若见诸相非相，即见如来”的意思。

“若见诸相非相”是两段话，前段是“见诸相”，这也就是六祖惠能讲的“于相”，即把自己置于事当中、“相”当中；后段是“非相”，这即是六祖惠能讲的“离相”，这个“非”字并不是彻底地否定“相”的存在，“相”当然是存在的，但也只在“相”上存在，如同看电影时幕布上的影像当然是“有”的，但你看电影时认为的战争中的拼杀场面或爱情中的恩爱场面只存在于你观影时的“心”里，而没有真实存在于电影院的任何一个地方。所以可以说，“相”既是真的也是假的，光和影是真实存在的，而你认为的那件事是不存在的，是假的。“非”否定的正是你认为的“那件事”，而不是“光和影”。正因为“那件事”不存在，所以我们的“心”遇到“光和影”时，不要习惯性地根据这些“光和影”来造出“那件事”，即使造了出来自己也要心里有数，知道是自己“造”出来的，而不是正在发生的“事”，正如你看电影时不会认为自己真在战场上一样。有“光和影”的“相”，不要有“敌人”的“相”，产生了“敌人”的“相”，也要知道并非真实存在而让内心“离”开它，这就叫“离”相，也叫“非相”。这种功夫要在“相”当中，也就是“事”当中才能练出来，因为内心要完成一个身临其境的“于相”和知其虚幻的“离相”二者分离的动作，要逐步训练才能熟练自如，要成为一种非大脑的身体记忆和能力才靠谱。

知道了“离相”是修行的最终目的，也就明白了修行的最终结果在“相”上是无所得的，所以，凡是想通过修行得到某种看得见或能感觉到的利益，最终都是会落空的，或者说都修偏了，因为这些都在“相”中，都未“离相”。那修行究竟能给我们带来什么呢？很多人会认为如果修行的结果看不见或说不明，那我为什么要修行呢？“离相”或者不“离相”又有什么关系呢？不照样过一辈子吗？这样想的人其实是认为修行不修行或离相不离相是我们自己做主的事，是我们的自由意志在决定的事，甚至他认为那些修行的人是因为他们信了这件事，而我不信这些事当然可以不做。他们就不想想为什么修行的人会信这些事，包括那些信了这些事的人也不知道自己为什么信了这些事，当“相”上的东西支持他们信这些事的时候他们就还会信下去，也就是有好处的时候他们就会坚持，当然这些好处都是也只能是“相”上的东西，一旦最终进入“离相”的区间他们就会傻眼，因为此时已无所依托了，正因如此，《金刚经》才说“应无所住而生其心”，因为你最终是会无所依托的，即无所住的，此时你还往前走吗？停住了，前功尽弃；往前走，深不见底。此时修行的“心”还能升起来才能真正地走过去。尽管走过去在“相”上来说未必有什么新的甚至好的事情出现，但你自己知道在接近目的地，因为你已经知道无论你修行还是不修行、离相还是不离相，这些事情都在发生，也就是说“离相”不是你的主观意志在决定，而是不以你的主观意志为转移地在发生。你的意识和行为只是恰巧暗合了一件一直发生在所有人身上的事：离相。当你明白这一点的时候你就知道自己做对了，你就不会在乎你能得到什么而义无反顾地往前走了，因为人生的方向只有一个，那就是

“离相”。

“离相”最终能得到什么呢？如果告诉你什么都不能得到，你会很失望，但如果要告诉你真能得到什么，那又是不真实的。怎么办？其实问题出在这个“什么”上，因为这个“什么”是用来描述具体的某种事实上的存在，即“相”上的存在，它可以是某个“物”或某种“感受”，总之一定是一个“相”。而“离相”告诉我们，离相的“果”一定不在“相”上了，所以不可能是某个“物”或某种“感受”，但并非没有，而是不可言说，不可指定，不可描述，故佛门只能用“空”这样的词来勉强代指。但“空”这个词只表达了这个结果“无相”的一面，并不能表达“它”的全部。很多人顺着“空”这个词联想就得出了什么都没有的结论，当然这是一个让人沮丧也不准确的结论，因为“离相”以后的结果并不是什么都没有，而是回到了“无相”的本来状态。这个状态是“无相”的，但依然是“存在”的，是没有“样子”的存在。为了让人们不要把这个“空”误解成什么都没有，故佛门说“色不异空，空不异色，色即是空，空即是色”。也就是说，这个“空”不是不存在的“空”，而是“存在”着的“空”，但没有具体的东西存在，只是一个“存在”，无相的“存在”。

得到这个“空”有什么意义呢？对于我们个体来讲似乎没有意义，因为我们认为这个“个体”是属于自己的，从这个角度来说，得到这个“空”似乎是没有意义的。但如果我们知道这个自己并不是无缘无故出现在世间，是有来源的，也是往下发展的，那么我们就不要把自己当成完全独立的个体，而要想一想从哪里来，到哪里去。站在这个角度来看，事情就会变得不一样，起码我们会发现这个“个体”未出现之前，与这个“个体”相关的许多事物都是“存在”的，而且这个“个体”消失以后，与这个“个体”相关的很多事物依然“存在”，所以，“存在”是一个比“个体”大得多的似乎是“永恒”的概念。当然这样的思考并不能推论出什么，但至少让我们知道自己这个“个体”只是一系列不断变化着样子和形态的永恒“存在”的事物的一部分，这些事物会生生灭灭，但不管怎样，由这些事物构成的这个“存在”本身不可能突然不存在了，它会永恒“存在”着。那么我们能否思考一下，一直都在的这个“存在”是否也会通过我们这些“个体”展示点什么呢？或者说我们这些各不相同、生生灭灭的“个体”，是否也在完成着这个看不见却一直都在的“存在”的某个“任务”呢？又或者说这些生生灭灭的一切事物只是这个“存在”自身的一种“演化”呢？只不过我们不知道这个“演化”的方向和方式而已。但有一个人试图揭示这个方向和方式，这个人就是黑格尔，是200多年前的德国哲学家，让我们看看他究竟是怎么做的。

二、成功之后

在谈黑格尔之前我们先看一些生活中的例子，很多人打拼了多年结果一事无成，沮丧之余往往会感慨人生之无意义，这是绝望的人发出的声音。但其实他们不知道的是，很多功成名就的人也会在他们的巅峰时刻觉得人生毫无意义，至少觉得人生不过如此。这是很有意思的殊途同归，这是为何呢？首先我们看一看功成名就者的心态，他们在奋斗的过程中一直是有所追求的，所谓的追求就是前方有一个更大的更吸引他的“相”在。但当他不断获得这些“相”以后，会发现他停留在“满足”感中的时间越来越短，满足的强度越来越低，除非又有新的更大的目标吸引他，否则他会觉得越来越难以兴奋。下面是我20年前在东莞见到富豪刘永行的时候听到的一句话，他说：“我挣钱最开心的时候是20世纪80年代赚到10万元的时候，那时候觉得有钱真好，现在我对钱的增加已经没什么感觉了，只是觉得是些数字，是可以用来做事的东西。”很多人不相信有钱人是这样看待钱的，但当刘永行对我讲这些的时候我信，而且在我完成原始积累并获得财富自由以后，我更加相信他说的是真话。的确，“钱”只是一个“相”，它给人带来的兴奋感并不是无条件的，穷的时候“钱”能让人兴奋甚至是唯一让人兴奋的东西，因为我们被“穷”这个“相”困住了，当然这种“困住”是真实的，让人一筹莫展甚至举步维艰，“钱”是突破这种困境的“相”的唯一力量，这时候的人对“钱”这个“相”顶礼膜拜是情有可原的，因为它能让我们离开一贫如洗或囧困难当的“相”。但当你获得了财富自由，或者收入的增加不可能再给你的生活方式带来太大的改变时，“钱”这个“相”给你带来的兴奋感肯定会下降，正如同一个游戏玩久了你不可能一如当初地保持那种热情一样。这时要么有更大的目标吸引你，要么有更新鲜的目标吸引你，否则你很难再保持高的兴奋度。

这更大或更新鲜的目标当然还是“相”：或者是一件更大的事，或者是一个能让自己更兴奋的人，或者是能赚更多的钱，总之，要能把以往的那点钱的“相”破掉才能让人兴奋。于是，赚了一千万元的人，下个目标瞄准的是一亿元，赚了一亿元的人，下个目标一定是几亿元，这是很多企业家的正常心态，表面上看他们是追求更大的“相”，但其实只是为了突破已有的“相”。有的人也会在金钱的目标以外附加一些别的目标，比如考虑突破原有领域，再高尚点的就是附加更多的社会效益，这些都是真实的想法，尽管不到这个位置的人不信，因为你要突破的“相”还在他们曾经的起点那里，而他们今天这样想和做其实也不奇怪，只是为了突破他们现在已有的“相”而已。当然，有的人不在钱上或事业上去破“相”了，而是在感受上不断地突破已有的“相”，比如豪赌玩刺激。我认识的企业家当中也有这样的人，只不过结局都不好，他们的问题就是不知道自己真实的目的，只是想“离相”而已，但为了“离相”用得着这么折腾自己和家人吗？因为真正“离相”的方式并不是这样。靠一个更大更刺激的“相”来离开原来的“相”是不可能成功的，因为还在“相”中。所以有很多把企业做大了的企业家最终会因为投资失误或一味扩张求大而身陷危机或破产倒闭，究其根源是被一股莫名的力量推动而不自量力，功亏一篑。这样的企业和企业家在改革开放几十年里如走马灯一样层出不穷，如三株、爱多等。当人被一股无形的力量控制而不自知时，人生就危险了。

那些未倒下看起来依然如日中天的企业家们的真实状况又如何呢？他们远没有外界认为的那么潇洒，不错，他们的确一掷千金，但他们在这一过程当中所获得的快乐是普通人日常消费所获得快乐的一千倍、一万倍吗？没这样的事，若果真这样，就不会有那么多的豪门丑闻，这些有钱人也就不会经常犯一些低级错误而让自己的事业受损或家庭不安。其实要看这些富豪究竟过得怎样，最好的方式是看他们的家庭，看他们的父子关系、母子关系、夫妻关系，而从这个角度看很多有钱人的幸福指数绝对不在社会平均水平之上。可以想见，一个事业有成并且在社会上很受人尊敬和羡慕的人，回到家里却不得不面对天天只会花天酒地或看自己似仇人一般的子女，他的成就感一定荡然无存。看了上述内容，你还会觉得钱能带给你一切吗？或许钱的确能带给你几乎一切，但偏偏就带不来那个天天花你钱的孩子的尊敬，以及真正爱你的女人或男人，此时你还会觉得自己无所不能或钱这个“相”无所不能吗？再想一想你为了得到这些钱所付出的和不得不继续付出的代价，你恐怕只会觉得：“这一切究竟有什么意义呢？”恭喜你，你离开悟不远了，因为，你经历了这么多的酸甜苦辣、悲欢离合、起起落落，你终于觉得这一切的“相”其实没有你当初为了得到它时想得那么美好、那么有力量，正如同穷时想到钱立马就有了方向和目标一样，因为钱当然能解决穷的问题，但现在有钱了你才猛然发现很多问题并没有解决，而且似乎钱也无法解决，以至于你要发出这样的感慨：能用钱解决的事儿那都不叫事儿。穷的“相”用钱给破了，钱的“相”用有钱以后的无奈、无助感和无意义感给破了，也就是说，人生其实只干了一件事，那就是不停逐“相”、离“相”，循环往复，了此一生。

很多有钱人明明通过有钱后的无奈、无助和无意义感走到了即将开悟的边缘，但最终还是与开悟擦肩而过，这是为何呢？因为他们在无奈、无助的同时有着自己光鲜亮丽的一面，他们在社会上依然是让人羡慕的，他们依然可以拥有很多社会资源而让自己享受万众瞩目或一言九鼎，当然也享受着荣华富贵，尽管这并不能给他带来心灵上更多的满足，因为他已经习惯并变得麻木，但他从比他差的人眼光中还是能享受到拥有这一切的荣耀。于是他在两个世界摇摆，在无奈无助和无所不能之间摇摆，在灵魂深处的毫无意义和感官刺激的颇有意思之间摇摆，在这样的摇摆中人生也就顺着惯性结束了。命运没给这种人停下来好好回看自己的机会，他也没有真正地停下来回看自己，停不下来是这种人的悲哀，也是他们错失开悟良机的原因。所以，尽管他们有时候觉得这一切的“相”都没意思甚至没意义，但他们不知道怎么办，第二天又会因为忙各种事情而不去想这个问题。讨厌着这些“相”，却又离不开这些“相”；讨厌着很多人，却又离不开这些人；讨厌着很多事，却又离不开这些事：这就是很多有所成就的人的心态。讨厌，意味着“离相”的心；离不开，意味着执着于“相”。所以，很多这样的人往往有太多的人生体会，可就是一辈子无法开悟，但这不妨碍他们永远地在“悟门”前晃悠，直至死去。

那么那些在生活中自认为失败得一塌糊涂的人呢？他们又是怎样的心态呢？首先看一个极端：遭受命运的打击彻底绝望而放弃生命的人，也就是通俗说的“自杀者”。其实“死亡”只是“离相”的极端方式而已，死亡意味着一了百了，“一”是这条命，“百”是所有的人和事，即所有的“相”，“命”也是个“相”，所以，所谓的“一了百了”，只是通过离生命这个“相”的方式来“离一切相”而已，只可惜这种“离一切相”的方式成不了佛，因为这种“离”本质上是“弃”，是失去了“知”的遗弃。为何六祖惠能要讲“于相而离相”，因为只有“于相”才能“在场”，才能有“知”，“知而不执”才是真正的能成就的“离相”方式。问题是，那些在绝望中放弃了生命的人为什么要这样做呢？归根结底还是出于他们对“相”的厌恶。他们是从另一个极端产生对“相”的厌恶。如果说成功者是因为拥有了足够多的他期望的“相”以后，发现这些拥有的“相”并未给他带来真正属于内心的满足，相反还给他带来了其他麻烦和他并不希望的东西而他又无能为力，以致产生了对他曾经梦寐以求的“相”的失望，觉得不过如此，或者没啥意思甚至没有意义，从而心生厌离情绪，那么对那些失败乃至绝望的人而言却是从另一端出发产生对“相”的厌离。

这正如生活中很多人表现得那样，比如没钱人会发自内心地对那些显摆财富的人说：有什么了不起？也如同没权的人对那些耀武扬威的官员会从心里说：有什么了不起？还如同普通人对名人会说：有什么了不起？人们会说这是吃不到葡萄就说葡萄酸的心态，但那些人不会接受，因为那是他们发自内心的声音。问题是，明明他们曾经也热爱，也追逐这些钱、权、名的东西，怎么就突然不屑一顾了呢？当然这不是真正的不屑一顾，而是认为这些东西与自己无关了，也就是把自己与这些“相”做了一个区隔，这是“离相”的一种，这种人当中也不乏豁达善良的人，因为他们放下了。有时候一个家庭中往往是这种人让大家觉得最温暖，尽管他在社会上很“没用”，但在家庭里往往成为人们的避风港湾，就因为他们的放下、“离相”。当然这种人并不是彻底“离相”，所以他们往往会执着于情感和家人，或者是别的他们认为的最后一根“稻草”，而这最后一根“稻草”一旦失去，他们就会彻底绝望，甚至选择轻生，以此彻底“离相”。其实对于他们而言真正开悟的机会又来了，只可惜情绪的“相”牢牢绑住了他们的心，让他们与开悟擦肩而过。这就是佛门经常讲的“在极致的生命体验中觉悟”，此时所有“相”的虚幻性都在人面前充分展示了出来，只要我们坚持在那里，便能看清一切，从而得以解脱，只可惜我们不能坚持住，任由心随着情绪波动，被情绪的“相”裹挟而随波逐流，最终错失良机。

三、完美存在吗

“离相”成了所有人忙忙碌碌的方向，这是为何？当然无论事业有成者还是一事无成者，他们并不知道自己的这一方向，他们的内心往往只会通过“厌离”这样一种情绪给到他们“暗示”，但很多人把这种情绪对象化，以为是某个人、某件事让自己产生的“厌离”情绪，于是他们会让这个人或这件事从自己身边离开，或自己主动选择离开。情人分手，夫妻离异，打工跳槽，辞退员工，重新创业……都属于这一类针对某种对象的“离相”行为。但结果呢？我们发现离开了原来的配偶，避开了他的问题，却又摊上了别的事情，因为新人有新人的问题和麻烦，一点也不比原来的省心。经过多次尝试以后，你会发现没有更好，只有不同，除非你把心安下来就这样过下去，否则跟谁这一辈子都难以到头。所有到得了头的夫妻，都不是完美无缺的爱人的组合，都不是因为找到了理想的完美的那一个，而是知道这世界上不存在理想的完美的那一个，于是，在婚姻爱情上放弃了对理想和完美的追求，下定了决心就跟眼前的这一个过下去了，这才有了许许多多可歌可泣的关于爱情和家庭的故事，其实当事人自己心里清楚得很，哪有外人看到的那么美，照样一地鸡毛。而那些仍然坚信理想完美爱情和婚姻的人，就只好在无休止地分分合合的爱情婚姻游戏中，或誓不妥协的独身生活中了此一生。

人们在对待工作的态度上与此有着几乎完全相同的模式，打工人中流行着一句话，叫东家不打打西家，东边不亮西边亮。但事实是凡是有这种心态的打工者，几乎很难在一个企业长期地待下去，即便你的条件优秀起点很高，但缺乏在企业里的实际历练，要想在一个企业中取得一定的职位几乎是不可能的，尤其在成熟的企业。即使在小企业取得了高位，老板也不会把权力真正交给你，因为他对你不放心，只是试一试你而已，他真正信任的还是那些看起来位置不高权力不大的老员工。所以，在企业与老板或同事没有长时间的磨合，再有本事的人也难以获得真正的权力和利益，这样打工怎么可能有前途呢？问题是自身条件优秀的打工者为何要频繁跳槽呢？很简单，他们心中有理想，有完美的人设，他们希望找到理想的老板和企业，然后士为知己者死。然而现实并不存在这样理想的完美的企业和老板，于是，跳槽便成了他们“离相”的方式，很多人跳槽几十家，最终发现：天下“乌鸦”一般“黑”。于是，要么自己创业做那只“黑乌鸦”，要么找一家企业不再挑三拣四地安心干下去。这与婚姻爱情中人的行为殊途同归。

从老板角度来看情况也非常类似。例如，很多老板觉得张三工作能力不错，可惜人际关系处不好，经常要协调他与别人间的矛盾，久而久之认为不太理想而放弃。新来的李四工作能力突出，人际关系处理得也好，但时间长了发现这人很有野心，可用不可靠，于是留了心眼来使用。李四感觉到了这一点，发现老板不相信自己，总是留一手防着自己，此时稍受外界的诱惑便飞往他处。王五倒是一个老老实实踏实肯干的人，没有野心任劳任怨，与大家也都处得不错，但就是脑袋瓜子不够灵活，遇事不能独当一面地处理到位，工作能力一般。对这种人老板可以视为家人却无法仰仗，这是老板总想着找到能人后替代的人，当然对这种人老板会经常想着给他们一条后路以让其生存下去。总之在老板的眼中也没有理想的人，往往走马灯式的人员流动后，老板会放弃换人的想法。

老板的创业经历其实也一样。很多人刚创业时往往踌躇满志，把自己投资的项目或引导他人投资的项目想得非常美好，这种情况我们只要看一看那一本一本的项目计划书就十分清楚了。当然有的人创业更多凭热情和直觉，如果是自己投资或几个好友投资往往就省略了这些形式上的东西，但热情掩盖下的美好的想象是一定存在的。只可惜所有的创业都充满了艰辛，所有的项目都是人的思想或想象所能及的，因此很简单，你能想到的凭什么别人就想不到？这也就意味着几乎所有的创业项目都是“红海”，甚至人山人海，竞争之激烈可想而知，难度之大可想而知，于是，失望、挫折、亏损、煎熬接踵而至，此时大部分人会放弃当前的项目而寻找更好的领域，当然理由千奇百怪，目的却只有一个：离开一个不理想的，去找一个理想的。但有那么容易吗？肯定不容易，于是新的项目又有新的困难，新的挫折又带来新的煎熬，除非你突然有一天明白了，没有更好，只有不同，死活就是它，或许才能绝处逢生。这时你的内心其实是近乎彻底“离相”了，至少你是“法法平等”了，也就是说你放弃了对理想的完美的“相”的执着，而这近于“开悟”。所有的“相”都是残缺的，世界上不存在完美的“相”。佛陀在2500年前说出“凡所有相皆是虚妄”时，就已经告诉了世人在“相”上去寻求完美是荒谬的，因为虚幻的东西怎么可能完美呢？“相”上的一切都是有条件的，比如一张桌子能立住，那是因为它有四条腿，去掉一条它就会倒掉。

知道世界上所有的一切事物包括人本身都是有条件的存在者，都是有条件才能存在的“相”，这其实临近“开悟”。这是因为，“相”的有条件性正是“相”的不完美性、残缺性，“相”的有条件性意味着“相”的依赖性，女人的美依赖着年轻，男人的美依赖着健壮，学者的美依赖着知识，智者的美依赖着智慧，而这一切的一切都依赖着时间。人会随着时间衰老，女人的美、男人的美都会褪去，知识会随着时间更新，学者必须与时俱进地更新自己，智者也会随着时间的步伐走到生命的尽头。所以，一切有条件的存在都会随着条件的变化、消失、减少而显现自己的不足，这就是残缺，所有你认为的美好都只是昙花一现，因为至少时间是一个我们谁都无法左右却能改变一切的力量。所以，即便有些事物在某个时间点上像是具备了所有的条件，仿佛成了上帝的宠儿，但那也只是一瞬间的事，因为时间一定会让这恰好万事俱备的条件发生变化，这也是盛极而衰的原因，更何况绝大多数情况下那些存在的事物绝对做不到所有的条件都恰好具备，所以我们才说“人生不如意事十之八九”，也才有“人比人气死人”的说法。“相”的不完美、“相”的残缺性是这个世界的本质特征，无论我们怎么折腾，怎么抛开一个不好的“相”去努力追求一个好的“相”，都是白费力气，因为所有的“相”都自带残缺，如爱情、婚姻、工作、事业、友谊、财富、权力、名誉等，都是残缺的，得到了的那一天就是你看到它缺陷的那一天。明白这一点你就会放弃折腾，因为你近于“开悟”了。

但近于“开悟”不等于“开悟”，只有你充分意识到并且深刻理解“相”的不完美但为何人一直追求“完美”这个问题。的确，既然“相”是不完美的，那为什么所有人总是前赴后继，哪怕遍体鳞伤也无怨无悔地去寻求完美呢？除非“完美”存在，否则无法解释。但“完美”不在“相”上在哪里呢？只有一个解释：“完美”是“无相”的存在。“相”上的存在是“存在者”，但世界的本来面目是“无相”的存在，“无相”却“存在”，这就是佛门讲的“空”，不是什么都没有的“空”，而是尽管“无相”但存在的“空”，只是没有样子的“存在”而已。量子力学以及量子纠缠不是已经告诉我们世界的本来面目，即我们不去观察它时，它就是没有“样子”的吗？所以，面对一个“无相”的即没有“样子”的存在，我们还有必要感到不解和惊恐吗？因为它就是世界的本来面目呀，正是我们未观察它时的状态呀。而这个没有“样子”的“存在”在我们的观察下可以呈现为一切可能的状态，即生出一切可能的“相”来，六祖惠能把这叫“何期自性，能生万法”，老子在《道德经》里把这说成“天下万物生于有，有生于无”，“道生一，一生二，二生三，三生万物”。总之先哲们说的这个“无”或“空”是能生出一切“相”来的，尽管它本身是“无相”的，这与量子力学的说法不谋而合。所以，世界的本来面目是“无相”的存在，却能生出一切的“相”来。只有这“无相”的存在是“完美”的，毫无残缺的，本自具足的，它本身无需条件而存在却能生出一切，能为一切提供条件，西方人因而取其名为

“上帝”，东方人取其名为“佛”。无论怎样，先人们都深信这“无相”的存在是真的“存在”，只是取名不同而已。常人怎么“知道”它的存在呢？凭着人类几千年来不屈不挠对“完美”的追求，人的内心一定“知道”它存在，因为他们来自那里，那同样是所有人的灵魂的出生处，回归那里是心灵的本能。这一本能驱动着人的进化，也驱动着人的不断“离相”行为，直至“觉醒”。当然，如果这种心灵的声音不能被“意识”和“思维”准确地把握住，则这种“觉醒”当然不能真正发生，人就白活了一生，无论你享受了怎样的荣华富贵都是白过了一生。而如果通过不断“离相”，你最终发现“相”上任何的完美都不存在，并终于意识到了“无相”的存在，你就“开悟”了，你就踏上了灵魂归家的心安之旅，你的“心”就彻底地无条件地“安”下来了。恭喜你！

四、意识先于万物而存在

对于人类精神的进化或个人内心的“觉醒”，德国古典哲学集大成者黑格尔曾经从系统的角度进行了深入的研究，当然他并未使用东方佛教的譬如“觉醒”“开悟”等词语，而是使用了西方哲学的一套常用语言，如“意识、自我意识、理性、精神”等，对人的这样一种类似于“觉醒”的心路历程进行了清晰的描述。总之，在黑格尔这里，无论整个人类还是其中的个体，他们的精神世界都是一个逐渐演变和进化的过程，每个人的一生或整个人类历史都是这种演变和进化的显现。也就是说，无论我们觉得自己的一生有多么精彩或无聊，有多么成功或失败，历经了多少坎坷和荣耀，归根结底都是在进行心灵的进化。而且，这种进化不以人的意志为转移，无论你以为自己怎么样了以及怎么想的，主导你行为和念头的驱动力都只是那股进化的力量，无论你给自己确定了怎样的人生方向和目标，你都只是行进在“心灵进化”的这个方向上，人在这个过程中经受的一切磨难恰恰是实现进化必需的过程和手段。当然，没有谁能保证每个人都能完成这种进化，事实上绝大多数人是这一过程的半成品，好在这一进化的过程并没有完全寄托在一代人或几代人身上，而是由人类生生不息地繁衍来完成，这是黑格尔的历史观，也是他的世界观。他的这个观点恰好从哲学的角度较好地解释了佛门的很多见解，只是更为逻辑化和理性，对于我们前面讲到的诸多生活中的现象也给出了更为深刻的理性的解释。因此我们不妨用黑格尔的这套“精神进化”理论来审视一下有关“离相”“觉醒”“开悟”的话题，算是将东西方文化进行一次协调运用吧。

在中国文化的演变历史中，中外文化的融合一直是本土文化进化的驱动力之一，无论佛法的中国化还是近现代科学的本土化都是如此。遗憾的是近现代以来东西方哲学思想的融合一直不尽如人意，西方的哲学家未将中国的儒释道视为哲学，只是视儒家为伦理道德的学问，当然伦理道德也是哲学的一部分，只是非本体论的部分，因而康德、黑格尔等都认为中国的儒学不能被称为严格意义上的哲学体系，这其实是一个误解。中国的儒释道是一个整体，中国哲学思想的本体论部分是由佛道两家承载的，儒家更多承载的是方法论部分，因而显现为道德伦理学的形式，或者说是哲学的社会实践部分，正如康德的《实践理性批判》更注重道德伦理的论述一样。而更多地承载了哲学本体论部分的佛道两家，要么被西方哲学家视为宗教而未视为完整的哲学思想来对待，要么因为佛道两家在本体论上所达到的高度已经超越了西方哲学的高度而不被西方人理解，总之，结果就是西方哲学对中国哲学失去了主动融合的动力。当然，这里讲的“失去了主动融合的动力”主要是针对中国研究西方哲学的学者而言的，因为这种融合你不能期望由西方哲学家来完成，而只能寄希望于由研究西方哲学的中国人来完成，其中自然也包括研究中国传统文化的人。然而很不幸的是，大多数研究中国传统文化的人，尤其是对佛道精通的人只知道我们在本体论上的优势，而不知道我们在方法论乃至认识论上的劣势，对西方哲学缺乏系统深入的了解，单纯执着于老祖宗的智慧，这成了东西方哲学融合的阻碍，因此才造成了长时间的东西方哲学思想的互相否定和排斥。面对此种现实我们能做的就是尽可能地从具体的哲学思想入手，找到它们的相通和互补之处，以促进这一文化进化的完成。

那么，黑格尔究竟是怎样用他的思想和语言来阐释人的“精神进化”或

“心灵进化”过程的呢?《精神现象学》是黑格尔的成名之作，他在此书中将“精神的进化”分成五个阶段，即意识、自我意识、理性、精神、绝对精神。其中前三个阶段“意识、自我意识、理性”又统称为“主观精神”的阶段，意指“精神进化”的“主观”阶段，到达“理性”阶段后，精神进化的“主观”阶段就算完成了，这大体类似于佛门的“开悟”阶段或“觉醒”阶段。但是佛门有“悟后起修”的说法，意思是“开悟”只是修行的中间过程，“开悟”之前的修行只是积累修行的资粮，即打个基础，还无法正式修行，因为你还不知道“修”什么，怎么“修”。所以在修行的五个次第，即五个阶段里面，把“开悟”前的两个阶段分别称为资粮道位、加行道位。“道位”是指阶段，“资粮道位”是指打基础积累修行的本钱阶段，这一阶段重在“持戒”。“加行道位”是指有了一定时间的持戒行为，获得了一定修行的资粮和本钱，打下了一定的基础，就可以进入修行快车道了。这些快车道意指修行的各种专业法门、方法，可以跟着师父选择一个适合自己的法门来做功课，比如内观禅、动中禅、净土法门等，原则是“相应”。到了一定的阶段学有所“悟”，便到了修行的第三个阶段“见到位”。“见到位”的意思是你已经知道了修行的目的，知道了因何而修，要修什么，怎样来修。因为你已经知道并确信世界的本来面目不在“相”上，是“无相”的存在。

到这里只是完成了修行的“主观”部分，即“开悟”，还必须进入修行的“客观”部分或者叫“实践”部分，即“悟后起修”，这一阶段叫“修道位”。悟后起修属于“悟了自度”阶段，六祖惠能在五祖弘忍处得了衣钵便离开师父，离开寺庙进入世俗间来完成这一“悟了自度”的过程。这是一段非常艰难的历程，六祖惠能九死一生才渡过了这一难关，最终得以修成正果，进入第五个阶段“无学道位”，在广州法性寺（今光孝寺）出家弘法。佛门开悟以后一定还要进入社会实修，“开悟”只代表修行在“主观”上完成了，但“客观”上并未完成，“社会实践”是完成这一过程的必经阶段。现在很多人有所“悟”以后就四处弘法是不可取的，因为并未成熟。黑格尔也恰好将精神的成熟划分成了两大阶段，“主观精神”包括“意识、自我意识、理性”三阶段，到达了“理性”这里，精神进化或成熟的“主观”阶段（黑格尔也把它直接叫“精神”）完成，从而进入“客观精神”阶段（黑格尔也将其称为“绝对精神”阶段，类似于佛法的“无学道位”）。这就是东西方文化的巧合之处。

我们还是具体看看黑格尔是怎样展开他的思想体系的吧。在黑格尔这里，意识是一切的原点，他将一切的存在都称为“为意识的存在”，意思是一切的存在都是相对于“意识”而存在的，或者说都是因为意识“意识”到了它，它才显示为“存在”的。其实这是很显然的事实，因为我们谈论的是我们确知的“存在”，无论它本来怎样，我们只有在确知它存在的条件下才能谈论它，否则是没有意义的。这就是西方哲学自笛卡尔之后，通过康德直至黑格尔形成的一个传统，即用主体作为衡量客体的尺度和标准。笛卡尔的“我思故我在”的思想是用“思”作为一切的尺度和标准，康德的“人为自然立法”的思想是将人的先验“感性、知性、理性”作为一切的尺度和标准，而黑格尔是把“意识”作为一切的起点和存在的根据。用“意识”来定义存在便是黑格尔的思维原点，“为意识的存在”中的“为”应该读第二声，“因为”的意思。

黑格尔的原话是，“意识一方面是关于对象的意识，另一方面又是关于它自己的意识”“两者都是为意识的”。黑格尔是想说，无论作为意识的“对象”，还是“意识”本身，它们存在的前提和根据都是因为它们被“意识”到了，否则它们无所谓“存在”或“不存在”，也就是说“意识”是一切的原点，是一切的存在之所以存在的根据，包括主体（意识本身）和客体（对象）。黑格尔进一步说：“对于意识来说，对象就只是意识所认识它的那个样子，意识似乎不可能窥探到对象的不是为意识的那个本来面目或自在的存在。”“意识因而就发现，它以前以为是自在之物的那种东西实际上并不是自在的，或者说，它发现自在之物本来就仅是对它（意识）而言的自在。”显然，黑格尔首先是用“意识”作标准否定了离开“主体”的纯粹客体，即“自在之物”的存在，因为一切都是相对于“意识”而言的，或者说只有在“意识”中存在的东西才是有意义的，如果把“自在之物”视为独立于“意识”之外的存在，那么这样的“自在之物”便不会被“意识”窥视到，因而谈论它们是毫无意义的。紧跟着黑格尔又保留了“自在”的概念，因为这在我们的思维方式中仍然是一个很有用的概念，只不过他把这种所谓的“自在”本身也纳入了“意识”之中，认为它之存在也是相对于“意识”而言的。所以他说：“意识知道某种东西，这个东西、这个对象是本质或自在，但它也是为意识的存在。”“这个自在的为意识的存在就是真实的东西，但这又等于说，这个自在的为意识的存在就是本质，或者说，它就是意识的对象。”

理解黑格尔必须以一切存在都是以“意识”为前提，或者一切存在都是“意识”中的存在，都是以“为意识的存在”这一基本假设为基础。黑格尔的辩证法是充满了矛盾和运动的法则，谁在运动？谁在矛盾？主体是谁？不懂得“意识”是这一切的“主体”，我们将很难理解黑格尔辩证法中的矛盾运动。如果我们把一切的运动和矛盾理解成物质性的或实体性的，仿佛有一个“物”在那里运动和相互冲突，我们就必然掉入机械的思维中，就会觉得黑格尔的辩证法是如同变戏法一样的思维游戏，或者说语言游戏，这正是很多人因为不理解黑格尔的辩证法而对黑格尔有各种各样的误解和批评的原因。要理解黑格尔必须紧紧抓住黑格尔以“意识”为原点和主体的思想特征。注意，黑格尔的以“意识”为主体的思想，并非讲的是人的“意识”，如果“意识”归属于“人”，那么“人”就是一切的“主体”，“人”可以归为“物质性”的存在和“自我性”的存在，将“物质性”的存在作为世界的本源和主体显然不符合黑格尔的思想，因为黑格尔辩证法中的矛盾运动无法基于“物”这种实体而进行，而“自我”在黑格尔这里只是“意识”发展的下一个阶段，叫“自我意识”。“意识”既不属于“自我”，也不属于“物质性”的实体，它不是“物”的属性。“意识”是这一切的源头，是一切的“主体”，因而不能说人的“意识”或“我”的“意识”，而是人、我乃至万物都是“意识”的呈现和演变。

“意识”是自在的，也是自主的，所以黑格尔说：“自在的存在就是意识。”所谓“自在”的存在，就是“无条件”的存在，它不依赖于一切其他的外界条件而存在，它同时为其他的一切存在提供条件，这就是黑格尔把其他的一切的存在都视为“为意识的存在”的原因。因为“意识”为它们提供了“存在”的原因和条件，“意识”成了一切存在得以“存在”的最终“条件”，其自身的存在不再需要其他的条件，它成了无条件的“存在者”。所以，黑格尔说，“意识自身给它自己提供尺度”“意识是自己在考察它自己”。正因为它是无条件的存在者，是一切存在得以存在的最终条件，它本身便是一切的尺度，再没有任何其他的东西可以为它提供尺度，所以，它只能自己给自己提供尺度，因而也只能自己考察自己。这就是整个黑格尔思想基本的立足点和出发点。

五、意识的演化

理解了黑格尔的这一思维的基点我们才能理解黑格尔的辩证运动的思想，黑格尔的辩证运动最经典的表述是：“存在着的东西的运动，一方面，是使自己成为他物，因而就是使它成为它自己的内在内容的过程，而另一方面，它又把这个展开出去的他物或它自己的这个具体的存在收回于其自身，即是说，把它自己变成一个环节并简单化为规定性。在前一种展开运动中，否定性使得实际存在有了区别并建立起来，而在后一种返回自身运动中，否定性是形成被规定了的简单性的功能。”这段话包含了黑格尔辩证法思想的几个关键概念，一个是“使自己成为他物”，另一个是“展开出去的他物收回于其自身”，“使自己成为他物”是第一次“否定”，而“收回于其自身”是第二次“否定”，这就是我们熟知的“否定之否定”规律，这恰恰是辩证法思想的核心。为什么事物的“存在”都有“展开运动”和“返回自身”这样两个阶段呢？“展开运动”阶段是“自己成为他物”，这是对“自我”的否定阶段，是“否定之否定”的第一次“否定”，否定了“自己”；“返回自身”阶段是对自己已经变成了的“他物”的否定，是“否定之否定”的第二次“否定”，否定了“他物”。为何会有这两次的“否定”呢？

如果我们把辩证运动理解成“物”的运动，或者说把“物”作为辩证运动的“主体”来看待，那么，我们根本无法理解“使自己成为他物”这句话，因为“花朵”凋谢了，“果实”出现了，你不能说是“花朵”变成了“果实”。“花朵”是“花朵”，“果实”是“果实”，这是不同的“物”，它们谁也没有成为谁。那么要理解“返回自身”的运动则更为困难，因为“果实”中的“种子”又掉在土壤中发芽长大，它成为新的“花朵”和“果实”，从“物”的层面讲这些新生成的“物”显然只是“他物”，何曾“返回自身”呢？花朵和果实之间还有一定的因果关系和因果循环，而黑格尔的辩证法是针对所有一切的事物而言的，他认为一切的事物都是“这种自己变成他物，或变成它自己的对象和扬弃这个他物的运动”。所以一切的事物“既是它自己又是它自己的对象”。以“物”为“主体”的思维是很难把这种“成为对方”和“返回自身”，以及“既是它自己又是它自己的对象”统一起来的，因为“物”就意味着“分别”“差异”。那么究竟是什么才能将它们统一起来呢？

黑格尔讲的“自己变成他物”和“扬弃这个他物”返回自身，既不是指物理的变化，也不是指化学的变化，当然也不是指生物的变化，而是一种哲学意义上的思辨。物理的、化学的、生物的变化都是指“物”的变化，都是以“物”为主体的变化，尽管这些变化理所当然也符合哲学上的辩证法的概念，但不是辩证法本身。唯物辩证法假定了“物”的第一性，然后来谈辩证法，无法解释“意识”的产生及来源，形成了“物”和“意识”的二元思维，更为重要的是它无法解释为什么一切的事物都会沿着“成为他物”和“返回自身”这样一种“否定之否定”的轨迹运行，这条轨迹内在的动力和原因是不可能由“物”本身的存在来解释的，这正是黑格尔思想的精髓之处，也是他提出辩证法的缘由。

黑格尔提出了“意识”作为一切存在的原点和条件的概念，但同时他认为这个“意识”并不是一个僵化的死板的东西，反而是一种不断进化演变的东西，世间万事万物恰恰是这种演变过程的显现，或者说是演变着的“意识”所呈现出来的“相”而已。首先是“物”的“相”来源于这种演变，“意识”演变的第一步就是“对象化”，也就是“使自己成为他物”，这里的

“自己”并不是某个“物”，而是“意识”本身，只有通过“意识”本身的“对象化”，“物”才能存在。这也就是前面提到的黑格尔讲的：“一方面，是使自己成为他物，因而就是使它成为它自己的内在内容的过程。”为什么黑格尔要将“自己成为他物”视为“它成为它自己的内在内容的过程”？因为“意识”只有通过“自己成为他物”才能“对象化”，才能化为一个具体的存在，才能具有这个具体存在的具体内容，才能成为一个“物”，这就是“否定之否定”中第一个“否定”的确切含义：通过“意识”的对象化，“意识”获得了具体的存在形式，这是对没有具体形式的“意识”的“否定”阶段。通过这一次否定，“物”出现了，“物的世界”诞生了。《道德经》称之为“天下万物生于有，有生于无”，佛门称之为“相由心生”。

“意识”继续演化，完成第二次的“否定”，这一次的“否定”是“扬弃这个他物”而“返回自身”，通过第一次的“否定”，“意识”物化了，对象化成了“他物”，继续的演化则是“扬弃这个他物”，因为“意识”要通过这一“扬弃”以及“收回于其自身”，把自己“简单化为规定性”。通过第一次否定“意识”成为“物”，而通过第二次否定“意识”赋予了“物”以“规定性”，让“物”成为具有某种特性的存在。这样，“物”就不仅仅是某一个特定的“相”，而是可以呈现为不同的“相”的存在。比如，人可以有不同的样子，但都是“人”；一个人也可以有不同的样子，但都是这个“人”。通过“意识”的这两次“否定”，也就是“否定之否定”，千变万化的万事万物，以及由它们构成的“世界”便栩栩如生地存在了。这便是黑格尔辩证法的真正含义和价值。为什么一定要通过第二次“否定”才能最终完成这个过程呢？因为只有通过第二次“否定”，“意识”扬弃这个他物，返回自身，才能摆脱具体的某个特定的“相”的束缚，“意识”才能在变化流转的“相”当中注入某种相对不变的“性”，也称“规定性”，事物才能具有“变”的能力和依托。这就相当于《圣经》所讲的上帝用泥土捏出了人，最终还要吹一口气一样。上帝用泥土捏人相当于意识“使自己成为他物”，而吹一口气相当于“返回自身”，让人真正活起来。因此，“否定之否定”才是这个世界万事万物都遵从的规律，因为它们都是根据这个规律通过两次否定而从“意识”那里诞生的。

六、意识中的共相

其实，佛门的说法与黑格尔的辩证法是不谋而合的。我们都知道佛门有言“相由心生”，但“相”是如何由“心生”的呢？在佛门里面“相”的生成也是通过两个阶段完成的：“一合相”阶段以及“分别相”阶段。“一合相”是《金刚经》提出来的概念，原话是“若世界实有者，即是一合相”，“一合相者，即是不可说”。“一合相”为什么不可说呢？因为“一合相”是由直接“感知”而成的“相”，是没有分别和判断的直接的“感知”，它是一个“整体”，还没有分化，而且是一个随生随灭的存在，它就是当下我们的心“因缘和合”形成的东西，一个瞬间生出来，下一个瞬间又灭掉了，下一个瞬间生出来，下下一个瞬间又灭掉了。所以，它是随生随灭、随灭随生的“存在”，每个瞬间各不相同，但每个瞬间又都是一个整体，这是“相由心生”的第一步：成瞬息万变而又自成一体的“一合相”。如果人活在“一合相”当中是没有烦恼和痛苦的，因为这就是“当下”。所以，活在“当下”不是活在绝对的“无相”当中，而是活在每一个瞬间生灭却又各自完整的“一合相”当中。因为瞬间生灭，所以过去了的我们不会挂念，“心”即刻放下，未来的我们不会期盼，因为它还未成“相”，“心”还未生起。又因为每一个当下的“一合相”都是各自完整无缺的，都是一个“整体”，我们的内心是“知足”的，因而内心生不起“贪、嗔、痴”的念头，这就是活在“当下”的状态。所以，六祖惠能在讲禅宗的修法时特意强调“无相”不是没有“相”，而是“于相而离相”，即随时在“相”中，但又随时要随着“相”本身的“生灭”而将“心”息掉，让“心”离开那已经息灭了的“相”，全身心又处在新生起的“相”当中，如此不停地生生灭灭便叫“于相而离相”。

那常人为什么做不到“于相而离相”，不能够活在“当下”呢？因为常人的“一合相”生起以后立马会进入第二个阶段：分别相。“分别相”来源于我们的大脑思维对“一合相”的分别和肢解，本身“一合相”是一个整体，是我们“感知”的直接作用。在这种作用里，还没有好和坏、善与恶、我和他等的标签代入，所有的一切都还没有被贴上“标签”，也就是“名”还没有介入，这就是《道德经》讲的“无名天地之始”的阶段。而我们的大脑不会停留在单纯的直接的“感知”状态，它一定会让思维介入，而思维的介入就意味着“概念”的介入，意味着“名”的介入，意味着贴“标签”活动开始。于是，整体被分拆，当下的整体的世界被分成了好和坏、大和小、长和短、前和后、高和低、善和恶、我和他等，这就是《道德经》讲的“长短相形，高下相倾”。于是，万物便出现了，正如《道德经》说的：“有名万物之母。”所以，天地之始是“一合相”，是“无名”时的状态，“相”有了，但思维还未介入，“概念”也就是“名”还未给这整体的“一合相”贴上标签，“万物”便还未分开，“分别相”还没有形成。而随着思维、概念、名的介入，“分别相”便形成了，万物也就形成了，因为“物”就是“分别相”。神话故事把这说成“盘古开天地”。

“分别相”形成之后便不会随着“一合相”的生生灭灭而自然地随生随灭了，“一合相”在每个瞬间都是各不相同的，尽管每个瞬间生出的“一合相”的确大同小异，但它并不是同一个“相”的持续存在。而“分别相”的出现改变了这一切，因为它并不与每个当下相对应，它是被我们的思维从“一合相”中取出来的“相”，比如我、你、他这一个个的人，以及一棵棵的树，一张桌子或一把椅子。这些本来都是“一合相”中的整体统一的存在，随着“一合相”的整体生灭也刹那生灭着，但现在的“分别相”被我们当作不是时刻生灭的东西来对待了，因为每一次灭了之后又生起的这个“分别相”几乎毫无差别，于是我们就把这些个“分别相”当成持续存在着的、不曾生灭的东西来看待。就如同一个人其实时时刻刻都是不同的样子，尤其时间长了相貌变化是非常明显的，但我们还是会把他当作一个“同一”的人看待，其实除了“名字”相同，其他的“相”根本就不同了，而且时刻在变，这就是“名”带来的一个“假象”，仿佛有一个持续存在的“相”一样。所以，《金刚经》说：“凡所有相，皆是虚妄。”

有了持续存在的“相”这样的一个“假象”或者说幻觉，“物”或“实体”的概念就会出现，因为所谓的“物”和“实体”其实就是一个“持存”的概念，康德在其《纯粹理性批判》中对此有详细的分析，此处我们不做过多的探讨。总之，有了“持存”的“相”，即不是刹那生灭的“相”，我们的思维就会为这个“持存”的“相”寻找一个离开我们“人”这个主体而独自存在的“存在者”。这样的“存在者”就被我们称为“物”或者“实体”，世界便由一个个独立于我们之外的“物”或“实体”构成，但事实上这些“物”或“实体”完全是依附在这些持续存在的“分别相”上，而这是彻头彻尾的错觉、幻象。所以，《金刚经》说：“一切有为法，如梦幻泡影，如露亦如电，应作如是观。”关键是一旦我们认为这些“物”或“实体”是独立于我们之外的真实存在，我们就会执着于它们，好的就害怕失去它，坏的就恐惧它的到来，就像我们怕“死”一样。因为我们已经把自己的这个“相”当成了实实在在的一个独立的实体性的存在了，但事实上不是这样，我们的这个“相”是刹那生灭的，根本不是持续存在的，因而也没有一个独立的实体性的存在，所以佛门说“无我”。所谓的独立的实体性的存在只是一个幻象，故佛门说“不分别、不执着”，就是希望我们不要活在幻觉当中，知道所有的“相”都是刹那生灭的，就能活在当下，活得真实而宁静喜悦了。

佛门讲的内容和黑格尔讲的有什么关联呢？其实，黑格尔讲的“使自己成为他物”就是佛门的“一合相”的生成过程，因为黑格尔的“自己”是无形无相的“意识”，它只有对象化或者说外化成为“他物”才能具象地存在，因此，“成为他物”必然是“意识”演化的第一个阶段，这一阶段是对象用“他物”的具象性“否定”了“意识”的无相性。当然这里的“他物”只是一个没有任何特定属性的“相”上的存在，没有任何特定的属性，因而它是不可以持续存在的。持续存在的任何东西都有自己的属性或个性，生物体有自己的属性，比如人有人性，无机物也有自己的属性叫物性，比如水有流动性，石头有坚硬性，等等。所以，“意识”的第一次演化只是有了“相”

的内容，但并没有内在的属性，即没有黑格尔所说的“规定性”，这就相当于佛门讲的“一合相”阶段，有了“相”却没有可以让它们产生区别的各自的“属性”（个性）。没有“个性”的存在，就不是真实的存在，这时候“相”上的存在完全依附于“意识”，因而是随生随灭的。

所以，“意识”还必须完成它的第二阶段的演化，赋予这些“相”以“规定性”。谁来赋予“相”以“规定性”呢？当然只能是“意识”自身，所以“意识”演化的第二阶段就是扬弃他物“返回自身”。哲学上的“扬弃”并不是指抛弃，而是如同农村收获季节里的“打扬”一样，把有用的和无用的分开，有用的留下，无用的舍弃，这叫“扬弃”。所以，“扬弃他物”是指把“他物”中非主要因素与主要因素分离开，把主要因素抽离出来由“意识”赋予“他物”，从而使“他物”具有了它的内在“规定性”，也称“属性”或“个性”。这就是黑格尔的“意识”演化第二阶段的特点，通过“否定”这个“他物”返回于“意识”自身，而将事物的“属性”赋予这个“他物”，最终让“他物”成为“实体性”存在，这与佛门讲的“分别相”的形成同步。为什么“意识”不一次性地完成这一切呢？这是因为“意识”第一次形成的“相”只能是单一的“相”，这种“相”同样来源于“感知”，也是刹那生灭的，而当“意识”进行第二次演化时，它不再针对每一个刹那生灭的单一的“相”来作为，而是任由这单一的“相”在那里刹那生灭，返回了自身的“意识”可以将前后相继的“相”视为一个“整体”，虚拟出一个“共相”，然后将某种“规定性”赋予这个虚拟的。“整体”和“共相”，以此完成“意识”的第二阶段的演化，最终完成“创世纪”的工作。为何说这个“整体”或“共相”是虚拟的呢？就如同一个人，比如张三，关于张三的个性或者说属性一定是跟这个人联系在一起的，而张三这个人有幼时、童年、少年、青年、壮年等，这些“相”绝对各不相同，但我们对“张三”有一个总的印象，张三的“属性”属于这个总的印象，这个“总印象”就是“共相”，但它不能真实地存在，因为小时候的张三与长大后的张三是不可能并存的。正如“一天”包含了上午、中午、下午、晚上，但这些时间不能并存，因而“一天”也是虚拟的。但这丝毫不影响我们把它们视为“真实”存在。其实我们认为的“实体”的“相”都是“意识”中的叠加态，因而都不能真实存在，只能在“意识”中存在，但这丝毫不影响我们看到这个世界栩栩如生，这可能正是黑格尔把世界定义为“为意识的存在”的原因吧。

第四章

认知的本质

一、意识本身就是真理

在我们的习惯说法中，仿佛有一个独立于“意识”之外的由“物”构成的世界存在，黑格尔通过将“意识”设定为先于一切“物”而存在的“存在”，把这个“物”的世界变为“为意识的存在”，即因“意识”而存在的“存在”，这一思想被称为唯心主义，与其相对的思想则称为唯物主义。有人喜欢说“真理是唯一的”，而我更愿意说“智慧是同一的”，因为没有这同一的“智慧”，何来同一的“真理”，更不用说那唯一的真理了。究竟什么是“真理”？黑格尔有一句十分痛快的话：“意识本身就是真理。”也就是说，黑格尔不认为“真理”是一个“对象化”的东西，它既不是一个有关对象的“知识”，也不是对象本身，而只是“意识”这个主体自身。黑格尔为什么不把我们对于对象的认知当成真理呢？这可以理解为我们所有的认知都是有局限性的，不具备绝对的真理性，但他否定的并不是我们认知的局限性，而是认知的客观性，或者说真理的客观性。也就是说，他认为我们所有的知识其实都不是关于外界的知识，因为根本就没有一个独立于“意识”之外的“世界”存在，一切都是“意识”的呈现，包括“物”的世界，当然也包括存在于“物”的世界的所谓的“真理”。那么在黑格尔心里，他对这个世界的认知究竟是怎样一回事呢？

黑格尔通过意识“成为他物”和“返回自身”的运动解释了“意识”造物的过程，这代表了智慧的“同一性”，或者说在某种程度上印证了黑格尔思想的“真理性”。但黑格尔的思想怎样与我们的认知经验相统一呢？正如同佛法的智慧也牵涉与认知经验相统一的问题，佛法靠的是修行，最终让我们看破“凡所有相，皆是虚妄”而亲证“相由心生”的真谛，让我们的认知超越了经验，获得了“证悟”。而西方哲学并不强调修行，也不是以修行为基础，那么黑格尔要让我们相信一切都是“为意识的存在”，相信是“意识”的否定之否定的辩证运动创造了万物乃至世界，必须有一套他的方法，否则就变成了猜想而失去说服力，黑格尔当然也就不可能成为恩格斯所讲的德国古典哲学的集大成者，只是很多人并不愿意跟随他的思路细心地走一遍，因而对他充满了误解。我们不妨耐着性子跟随他的逻辑从“意识”出发徒步于他的世界。

如同所有的哲学家一样，探讨人的认知总是要从“感性”入手，因为它是我们获取信息的来源，佛门讲“眼、耳、鼻、舌、身、意”六根，前五根讲的就是“感性”，康德讲直观表象的来源也是通过“感性”，所以“感性”可以说是认知的入口，谈认知当然得从“感性”谈起，黑格尔也不例外。只不过在黑格尔看来“感性”的意义和价值非常简单，简单到几乎没有什么“认知”意义，也就是说几乎没有包含什么“知识”。黑格尔的原话是：“它对于它所知道的仅仅说出了这么多：它存在着。而它的真理性仅仅包含着事情的存在。”“它存在——这对感性知识说来，就是本质的东西。”黑格尔的意思是“感性”只告诉了我们事物的“存在”，除此之外“感性”再没有提供更多的“知识”。这与我们的经验是不符的，因为在我们的经验中，我们会认为通过眼睛的“看”，世界在我们的眼里显现出五光十色、千姿百态；通过耳朵的“听”，世界在我们的耳中才出现欢声笑语、风声雨声，“看”和“听”不都是“感性”吗？世界不正是因为“感性”而显现出万事万物吗？其实事实还真不是这样。佛门认为眼睛看到的和耳朵听到的“相”，都绝不单单是眼睛和耳朵自己的事，都离不开一个“识”字，“眼、耳、鼻、舌、身”只是五根，这五根离开五识是无法看到什么和听到什么的，“眼根＋眼识”才能看到万事万物的“相”，同样，“耳根＋耳识”才能听到万事万物的“声音”。“识”是什么呢？“识”就是识别、分别，它属于“心”的功能，眼睛、耳朵接收到的刺激要通过“心”的“识别”功能才能形成各种各样的“相”，单纯地靠眼睛或耳朵接收信息是没有认知能力的。正如黑格尔讲的它只是让我们知道了“存在”，但是什么样的“存在”，即是什么样的“相”，我们对此一无所知，“感性”无法提供更多的“知识”给我们。这就是黑格尔对“感性”的理解，与佛门也是不谋而合的。

我们前面讲过佛门的“相由心生”是分两步：一合相与分别相。在“一合相”阶段事物是没有分别的，世界是未曾分开的，处于一个整体或者说混沌状态，没有各自不同的事物，只有一个笼统的混沌的“存在”。思维的作用让这一片混沌成为一个个栩栩如生的分开的事物，也就有了“分别相”，而思维就是那个“识”。在纯“感性”这里，在“识”未启用的情况下，眼睛也好，耳朵也罢，通过它们我们只能得到“一合相”，这是没有具体事物、没有具体样子，但“存在”的状态。这恰好是黑格尔讲的“感性”的状态。其实用黑格尔的否定之否定辩证法的两步骤来说，它就相当于第一个否定阶段：意识“使自己成为他物”。这一阶段只是完成了“意识”显现为“存在”的使命，从“无相的存在”成为“相上的存在”，而“存在”要成为“存在者”，成为什么样的“存在”，则有待于第二个否定阶段的完成：“意识”扬弃这个他物，返回自身。也就是“分别”“判断”等思维意识活动要介入，即佛门讲的“识”的介入，万物才能呈现，不加区分的“相上的存在”才能显现为各自不同的“存在者”，认知的世界才真正诞生，或者说世界才有了“认知”的意义。

那么，“识”是怎样起作用的呢？黑格尔在描述这个问题时用了“感性确定性”这样的一个词，即在“感性”的基础上加了“确定性”，以表示这里发生的变化，他的原话是：“在这种直接感性确定性里纯有立刻就分裂为前面已提到的两个‘这一个’：作为自我的这一个和作为对象的这一个。”所谓的“纯有”是指单纯的无分别的感性带来的“存在”，即佛门的“一合相”，这是纯“感性”的对象。而“识”的介入则对感性的对象进行了分别、分解，这就是黑格尔讲的“感性确定性”的意思，准确地说它对应着“意识”对于这个它自己形成的“他物”的再次进入，黑格尔称之为“意识”扬弃这个他物，返回自身。然而正是“意识”的再次进入给“感性”

带来了“确定性”，并使得那笼统的混沌的“存在”一分为二，成为两个“这一个”，一个是“自我”，另一个是自我的“对象”，即“非我”，“分别相”自此产生。

“自我”和“非我”产生以后，五彩缤纷的“世界”便产生了，这倒符合《道德经》讲的“道生一，一生二，二生三，三生万物”。“道”是“意识”本身，“意识”使自己成为“他物”，这个混沌的仅仅只是一个未分化的“存在”的“他物”，便是“一”。而“意识”再次进入这个“他物”，给“感性”带来了“分别”，即“确定性”，形成“自我”与“非我”的“分别相”，这便是“二”。意识与“自我”和“非我”就构成了“三”，只不过这个“三”并不是静止的“三”，“意识”再次进入“自我”与“非我”的“分别相”，执着于这些“分别相”，便会生出与这些“分别相”对应的“实体相”，仿佛它们是一个个“实体性”的独立的存在，万“物”便从此产生，这便是“三生万物”。其实“非我”本身就包含着无尽的“对象”，只是借助于“意识”的再次进入完成它们的“实体化”而已，也可以说是“物体”化的过程，于是形成了“万物”的世界，世界就是这样来的。这既是佛道的创世纪思想，也是黑格尔的创世纪思想，佛门把这一过程称为“无明实执”，意思是因为不明了这一过程中内心的活动，便把外在的虚幻的“表象”当成了“实相”，并执着于它。佛道与西方哲学的同步恰恰说明了智慧的“同一性”。

二、存在不可说

“实体相”都一定是“共相”，黑格尔认为“共相是知觉的本质”，并且他认为“自我仅仅是共相”“对象和自我都是共相”“我所说出的，永远只是一般的东西或共相”。何谓“共相”？“共相”其实就是“一合相”的叠加，如同我们看电影时，1 秒钟内有 24 张静止的胶片连续出现在我们眼前，这 24 张胶片每一张本身都是静止的，即每一张胶片上的人和物本身都是不动的，这就相当于“一合相”。而这些胶片连起来又先后在我们眼前出现，我们的眼睛和意识便会将这些连续出现的“一合相”胶片进行叠加，形成“共相”，最终产生胶片上的人和物在运动的错觉。所以，“共相”是一个“叠加态”，如同你心里有关张三这个人的“相”，一定是你对他的各个时刻的“相”的叠加，以及时间的“相”也是各个时刻的“相”的叠加，比如“1 分钟”包含 60 秒，而这 60 秒里的每一秒是不可能同时存在的，所以，“60 秒”完全不是真实的存在，真实的你只能面对每一个瞬间，这些瞬间连 1 秒都不到，所以真实的“1 分钟”是不存在的，“1 分钟”的“相”是意识中形成的叠加态，故称为“共相”。

那么我们直接面对的“这一个”或“这一刻”难道也是“共相”吗?其实只要我们有“这一个”或“这一刻”的概念或“相”出现，它就只能是“共相”，除非去掉“这一个”或“这一刻”，回归混沌一体的没有分别的“存在”，回到无任何认知意义的单纯的“感性”，“意识”一旦进入有认知意义的“知觉”中，就只能跟虚幻的“共相”打交道了。

为何“这一刻”“这一个”也是“共相”呢?先看“这一刻”，比如此刻是 18 点 16 分 21 秒，当我说出这个时刻或写出这个时刻时，我试图描述的“这一刻”已经变成了“18 点 16 分 22 秒”，已经成为“另一刻”，但我仍然说的是“这一刻”。也就是说“这一刻”其实只能成为一个普遍的代称，指的是许许多多的曾经的“这一刻”，除非你不去言说，不去描述，而只是体验，否则你永远也无法准确表达真实的“这一刻”，因为它是“共相”，只在“意识”中、语言中存在，无法真实地存在。所以黑格尔说：“我们把我们所意谓的一个感性存在用语言说出来是完全不可能的。”他甚至说：“纯存在不是一种直接的东西，而是以否定性和间接性为本质的东西。”何谓“否定性”或“间接性”?意思是我们对于纯“感性”带来的无差别的“感性存在”，是无法直接“认知”的，可以体验，但不可言说，正如中国人常说的“只可意会，不可言传”一样，因为语言描述的是“共相”，也只能是“共相”，哪怕是面对一个正在说的“这时”，黑格尔也只能无奈地说：“它是一个这时，一个包含着无数这时的这时，这就是真正的这时。”一个“这时”可以指无数的“这时”，一个“这里”当然也可以指无数的“这里”，这要看你究竟在“哪里”。同样，一个“这一个”也可以指无数的“这一个”，这也要看你究竟面对的是“哪一个”。所以，黑格尔说：“那感性的这一个是语言所不能达到的，而语言属于意识范围，亦即属于本身是共相或具有普遍性的范围。”感性的“存在”不是不存在，而是不能在认知中存在，不能在语言中存在，可以体验，不可描述，不可认知；语言中的存在、认知中的存在、描述出来的存在，都不是真实的存在，都只是“共相”中的存在。所以黑格尔说：“在共相里，我所意谓的这时、这里和这一个都是不能持久的，或者，都不存在。”黑格尔讲的“意谓”是指“体验”或者说“体会”，意思是“共相”无法表达“体验”和“体会”。是否有点“道可道，非常道”的味道？

“共相”是虚幻的，也是叠加的，每一个“共相”必然包含了多个瞬间的“相”，正如同“1 分钟”的共相里包含了 60 个“1 秒”的相一样，而这 60 个“1 秒”的相又是生生灭灭的，前“1 秒”消失了，后“1 秒”生出来，这个 60 秒构成的“1 分钟”便是一个不断变化的时间概念，尽管它仍然是“1 分钟”。所以，每个这样的“1 分钟”里都有下一个“1 分钟”的成分。也都有上一个“1 分钟”的成分。也就是说，这些“1 分钟”既是彼此延续、彼此分开的，又是彼此包含的，每一个“1 分钟”都既是“自身”，又是“他物”，都是“自身”与“他物”的统一体，彼此都不是完全割裂的孤立的“存在”，这是“共相”的一个非常重要的特点。正如黑格尔所言，“事物在它自身中有一个包含对立面的真理性”“对它自己说，它也是一个他物”“它们是它们自身的对立面，它们拥有它们的对方于自身之内，并且它们只是一个统一体”“每一方都通过对方而存在”。这就是黑格尔辩证法中“对立统一规律”的来源。对立统一不可能以独立的“物”的存在为基础，彼此分开的不同的“物”或各自独立的“实体”，怎么可能既对立又统一呢？或许“对立”是真实存在的，但“统一”只可能牵强附会地出现在语言中、想象中，以此为基础的对社会矛盾的解释让人们看到的往往的确是“对立”成为常态，而“统一”并不常见，因为当你把矛盾的双方看成各自完全独立的“实体性”存在，你就会执着于它们的差别，从而强化它们的对立。

比如现实中的“贫富矛盾”“上下矛盾”等。除非你把“贫”与“富”、“上”与“下”都看成“共相”，“贫”的“相”当中有“富”的相的成分，因为如果处在“贫”中的人具备拼搏的精神，而且懂得为他人服务，并且在努力奋斗中不断提升自己的能力，寻找更好的方法，那么也许虽然他暂时呈现出来的“相”还是“贫”的，但这个“贫”的“相”当中已经具有了许多“富”的“相”当中的元素和成分，时机成熟时，“富”的“相”就一定会呈现。这才是理所当然的“对立统一”，现实中这样的例子不胜枚举。在这样的“对立统一”中，双方是事实上包含了对方的，这就是黑格尔讲的“它们拥有它们的对方于自身之内”，而这种拥有只有在“共相”中才能实实在在地发生和存在，如果你把双方看成实实在在的两个“物”，这种“拥有”便不可能在你的内心真实地发生和存在。同理，“富”也是一个“共相”，它的“相”里也包含了许多“穷”的相的元素和成分，如果你好逸恶劳、贪图享乐，那么，哪怕父辈给你留下再多的财富，或者你曾经创造了多少财富，败家都是很容易的事，古语说“富不过三代”便是此意，生活中许多曾经的富翁沦落为穷人也数不胜数。总之，“富”的“相”共了许多“穷”的“相”是真正明智的富人都知道的，这些人才是真正明白了“对立统一”规律的人，因为他们深知“贫”与“富”绝不是彼此分开的两极，而是互相包含的整体，这叫智慧。

“上级”与“下级”这对矛盾的“相”其实也是如此。“下”也是一个“共相”，它包含了很多“上”这个“相”的成分和元素，只要处在“下”这个“相”当中的人具有向上的精神，工作积极努力，业绩表现突出，能处理好各方关系，跟对领导，那么在一个组织中经过一定时间的历练往往便有机会由“下”而“上”。积极向上的精神以及对领导和组织的忠诚往往是一个人处在“下”这个“相”当中能否上位的关键，或者说它本身便是“上”“下”“相”共同的元素，正如拿破仑所言“不想当将军的士兵不是好士兵”，“将军梦”是属于“好士兵”的，“好士兵”的“相”是外在的“士兵相”与内心的“将军相”的“共相”。当然，“上”也是一个“共相”，这个

“共相”之中含着让其成为“下”这个“相”的很多元素和成分，比如工作懈怠、背叛组织、顶撞上司等都可能由“上”而“下”，表面上看很多时候只是某件事出了问题导致职位的变化，但实质上是自己身处“上”这个“相”里有很多与“下”这个“相”相通的元素不停地在起作用所导致。所以古语才说“厚德载物”，表面意思是没有足够的德行是承载不了一定的财富和权力的，但用“共相”的说法则是，当你处在“上位”这个“相”之中时，应该尽可能地让这个“上位”中的“共相”里面少一些“下位”的“相”的成分，多一些与“上位”“相”匹配的元素，这样才不至于向“下位”转化。生活当中由“下”而“上”或由“上”而“下”的例子比比皆是，基本遵循这样的规律，向“上”者，是主动发挥了自身本有的“上”的力量，向“下”者，是自身本有的“下”的力量发挥了作用而将自己拖了下来，都是自身本有的力量起的作用，只是一个主动，一个被动。作为“共相”的事物自身包含了自己的对立面，包含了“他物”，所以它也就内在地具备了向“他物”转化的动力和能力，因此黑格尔说，“事物通过它自己的本质的特性而趋于毁灭”“它的本质乃在他物之中”。所有的事物都处于向“他物”的转化中，执着于自身便不是事物的本质特征，超越自身或者说“相”上的毁灭才是事物的本质，所以黑格尔才又说“正表明它自身是虚幻的”，并因而断言“否定是共相的主要环节”。这与佛门讲的万事万物“无自性空”有异曲同工之妙。

三、自我意识的诞生

“意识”通过使自己成为他物，以及扬弃这个他物返回自身的运动演变成了“共相”，然而这种演变并没有结束，在“感性确定性”中，这个“共相”一分为二，形成两个“这一个”：作为自我的这一个和作为对象的这一个。当然，诚如黑格尔所说：“对象和自我都是共相。”所以，意识转化为了两个分开的“共相”，一个是“自我”这个“共相”，另一个是自我的“对象”这个“共相”。然而“意识”的演变还没有结束，尽管“自我”和自我的“对象”即“非我”都是“意识”演变来的，都只是“意识”外化或者说“物化”而形成的“共相”，它们二者相对于“意识”本应平等，但事实上不是这样，因为“意识”会认“自我”为自己，而将“自我”以外的部分即“自我”的“对象”视为外在于自己的存在，这正是黑格尔讲的：“对象返回自身成为自在之物，意识返回自身成为自在之我。”但如前面所谈到的，黑格尔并不承认真正的独立于“意识”之外的所谓的“自在之物”的存在，因为他认为一切都是“为意识的存在”，都不能离开“意识”而存在，那么，他又为何要说出“自在之物”来呢？根本的原因是“意识”对它生出来的两个“相”采取了两极的态度，它把“自我”视为自己，这就是黑格尔讲的“意识返回自身成为自在之我”，其实就是“意识”与“自我”结合成为“自我意识”，然后不能成为“自我意识”的部分，也就是作为“自我”的“对象”那一部分，当然就被“意识”排斥了，而“意识”又必须承认它的存在，于是“对象”便在“意识”这里获得了仿佛是独立存在的资格，故称其为“自在之物”，但其实它也是相对于“意识”来说的，仍然是“为意识的存在”。

事实上，无论“自我”还是“对象”，都是“意识”生成的“相”，完全平等，也都是虚幻，正如《金刚经》所言：“以为有我。”“意识”错把它生出来的“我相”当成实在的东西，当成“实体性”存在，于是依附于这个“我相”，合而为一，形成难解难分的“自我意识”，从此“意识”被“我相”蒙蔽，“意识”踏上了艰难的解脱之路、觉醒之路。在“意识”摆脱“我相”之前，它干的第一件傻事就是把“我相”之外的“非我相”即与“自我”相对的“对象”当成外在本来存在的“实体”看待，而忘了它本来也是“意识”自己成的“相”，用黑格尔的话来说就是：“对象作为一个存在着的东西呈现在意识前面。”从此“意识”彻底迷失了自己，进入“无明”，进入漫长的黑暗，走上了必经历艰难险阻、层层演变才能最终解脱的回归之旅。

既然“自我”与“非我”都是“意识”成的“相”，“意识”为什么要厚此薄彼，并最后将自己与“自我”这个“相”牢牢绑在一起进而迷失自己呢？其实这与“我相”的特点有关，“我相”是与“眼、耳、鼻、舌、身、意”这六根紧紧联系在一起的，注意，这六根中的“意”是指“思维”，而非黑格尔讲的先于一切存在的纯粹“意识”。“我相”与六根相连，六根的任何一点反应都会让我们的“意识”投入，形成“我相”与“意识”的捆绑。比如，眼睛受到刺激，“意识”一定会投入，形成好看或难看的“分别相”；舌头受到刺激，“意识”也一定会投入，形成好吃或难吃的“分别相”。尽管好看或难看的对象，与看这个对象的眼睛，相对于“意识”而言都是平等的，都是“意识”成的“相”，都是“意识”的客体，“意识”才是真正的主体，但因为“意识”获得的信息是眼睛带来的，“分别”也是“意识”与眼睛共同作出的，“意识”自然会认为眼睛属于自己，它们是一体的，“意识”也会这样对待其他的五根，正如身体疼痛“意识”一定会介入一样。所以，无论六根产生怎样的反应，“意识”都不会袖手旁观，都一定会认为是自己的事，最终“我相”就成了“意识”的外表，“意识”就成了“我相”的内核，“自我意识”就成了一个整体。所以，修行人的修行一定是从让“意识”从“我相”当中退出来开始的，比如打坐时产生疼痛，师父一定教你去“观”这个“疼痛”，让“意识”和“疼痛”分离，让你知道，“疼痛”属于“我相”，并不属于“意识”本身，“意识”是可以跟“我相”分开的，离开了“我相”的“意识”才是我们要找的真正的“自己”，因为一切都是它成的“相”，到这一步就算“觉醒”了。打坐修行的时候身体疼“意识”就会习惯性介入，动一动或站起来就是“意识”介入的结果。这时候，“我相”与“意识”是没有分开的，甚至你根本就不相信能分开，你会认为如果不动“疼痛”会一直持续下去，而且会越来越厉害直到身体受伤，所以你的“意识”绝不敢离开也离不开。这时如果师父说只需要让“意识”保持知道，知道疼就好了，不需要想任何办法，你是绝不相信的。但是如果你相信师父，坚持修行，你会突然发现身体的疼痛减弱了，最终消失了，你的“意识”可以离开了，“我相”不再绑住“意识”了，“意识”便获得了自在。这是修行的第一步。

修行的第二步是让“意识”和“思维”分开，让纯粹的“意识”不被六根中的“意根”绑架。笛卡尔讲过“我思故我在”，所以“思维”是“我相”的核心部分，“意识”如果不能离开“思维”却想离开“我相”是根本不可能的。怎样让纯粹“意识”离开“思维”呢？在打坐修行时让你的“意识”专注在呼吸上，此时大脑中的“思维”活动还会照常进行，并且它会把你的“意识”拉回到“思维”中，你会不知不觉又不停地想下去了。这时师父会提醒你把“意识”收回到呼吸上，但没一会儿你的“意识”又会自动回到“思维”上，如此不停地反复。久而久之，你的“思维”活动变得越来越断开了，“意识”回到呼吸上的时间越来越长，“思维”的链条被切得越来越碎，慢慢地，“思维”活动会停息下来，脑中一片空白，或一团白雾久久地在脑中吸引住了你的“意识”，“意识”终于与“思维”分开了，“意识”与“我相”的分离完成了关键性的一步。六祖惠能称之为“无念为宗”，念头的链条就是“思维”，“无念为宗”就是斩断念头的链条，给“意识”松绑，让它恢复自己的本来面目，与“我相”分开，六祖惠能称这为“无相为体”。当然在黑格尔这里这一过程要复杂很多，因为哲学不是从修行切入，而是从人的心智活动的自然演变来谈的，让我们继续跟随黑格尔探讨“意识”在人类自身的演变。

“自我意识”的出现对人类的认知活动还是很有意义的，甚至是必需的，正如黑格尔所言：“对于事物的意识只有对于一个自我意识才是可能的。”黑格尔的意思是如果没有“自我意识”，那么“自我”与“对象”就无法分开，也不存在分开，它们是不分别的混沌一体的存在，也就没有“事物”成为认知的“对象”，当然也就不存在“认知活动”这件事。所以，“自我意识”的出现让“自我”与“事物”成为互为“对象”的存在，认知才得以发生。因此黑格尔把“自我”与“事物”当成彼此依赖的存在：“自我通过一个他物，即事情，而获得确定性，而事情同样通过一个他物即自我而具有确定性。”也就是说，不仅“事物”这个“自我”的对象的存在依赖于“自我意识”的存在，反过来，“自我意识”的存在也依赖于“事物”这个“相”的存在，它们互相是对方存在的“条件”，或者说是互为条件的存在。因此黑格尔说：“自我意识，是意识返回到自身，是在它的对方中意识到它自身。”

自身因为对方而存在，在对方中认识自己，自身与对方同一、同体，这是黑格尔辩证法的核心思想，因为一切都是“共相”，而“共相”就是互相包含、互为条件的存在，佛门的说法叫“互为缘起”。既然一切的“相”都是“共相”，都是有条件的存在，那么，它们就一定不是最终的绝对的完备的存在者，也就是“相”上的一切都是残缺的，因而也是变化的，佛门称之为“无常”，这一切“相”的背后一定存在着完备的无条件的存在者，它生出了这一切的“相”，因而成为所有“相”的存在条件，但它自己的存在没有条件，它是终极存在，黑格尔把它称作纯粹的“意识”。

“自我意识”的出现带来了人的认知活动的突破，正如一个人在1岁左右形成了“自我意识”，同时打开了他认知这个世界的大门，从此他对一切开始充满好奇，喜欢随意地抓取外物并试图破坏或改变这些外物，稍大一些随着语言功能的形成便会不停地问周围的大人“这是什么”“为什么”等问题，这说明他的求知欲或认知活动进入了快速成长期，早教专家所说的孩子3岁前是智力发育的黄金期就是这个道理。然而，随着“自我意识”的逐渐成熟带来的认知能力的提升，烦恼也开始增加。首先，家长的烦恼开始增加，因为孩子越来越任性、执着；其次，孩子的烦恼也开始增加，因为他的欲望在增加，欲望不能满足的时候就会产生烦恼，正如黑格尔说的：“自我意识就是欲望。”欲望肯定会带来烦恼，“自我意识”毫无疑问就是烦恼的根，所以婴幼儿时期的孩子惹所有人喜爱，因为他几乎没有“自我意识”，而随着孩子长大，可爱度明显下降，因为他的“自我意识”起来了，烦恼也多起来了。难怪心理学家荣格说：“意识是最大的善，也是最大的恶。”他讲的意识主要指自我意识。所以，人是世界上最有能力的物种，但也是世界上最苦恼的物种，这究竟是为何呢？为什么“自我意识”的发展会带来强烈的负面作用呢？其实生活当中也是如此，“自我意识”强的人往往拼搏精神强，能力相对强，遇事执着，效率相对高，事业有成，但往往烦恼比较多，压力特别大，人际关系较紧张，家人抱怨多，幸福指数低，身体易衰老。这对很多人来讲成了难以两全的问题，究竟根源何在？还有些人通过学佛修行，

“自我意识”减弱了，心态平和了，关系处好了，事业却直线下降，挣钱越来越少甚至不会挣钱了，那又怎么活下去呢?

“自我意识”其实是“意识”物化为或者说外化为“相”的第一个环节，也可以称为第一步，从此以后我们便会认为“意识”是属于“自我”的了，我们就会说“我想怎样”“我认为”“我意识到”等这样的话，这表明“意识”已经被“自我”绑架了，失去了“自己”。本来“意识”是没有“自我”的，也不属于任何的“自我”，或者说所有的“自我”都共用着且源自同一的“意识”，因为它们都是这一“意识”共同体形成的各自分立的“相”，但是一旦“意识”与“自我”合而为一，成为“自我意识”，它便会迷失自己的本性，把自己当作“自我”的某种功能，不能自拔。但这种喧宾夺主式的合而为一并不会安宁，冲突立马开始并伴随着“自我意识”由生到灭。“自我意识”始终是一个矛盾的统一体，这就是黑格尔说的“我，自身同一者，自己排斥自己”“自我是自我本身与一个对方相对立，并且统摄之对方，这对方在自我看来同样只是它自身”“自我意识在这里被表明为一种运动，在这个运动中它和它的对象的对立被扬弃了，而它和它自身的等同性或统一性建立起来了”。从黑格尔所讲的这些话语中我们能够明白，“自我意识”从它诞生的那一刻起就是一种内在充满矛盾的存在：一方面，“自我”只是“意识”成的“相”，是“意识”的产物；另一方面，“意识”归入“自我意识”中反而失去了独立性，并且以为它的产物是它的主宰，这种主仆颠倒使得“自我意识”的存在从诞生的第一天起就毫无合法性可言，尽管它们表面统一了，“意识”因为迷失自己而臣服于“自我”之下，但这种依靠迷失自己且毫无合法性可言的存在，从一开始就注定了必定内在矛盾重重、烦恼重重，直到“意识”觉醒到自己是真正的主人并脱离“自我”的控制而回归主人之位的那一天。

四、自我的冲突

“自我意识”这种内在的矛盾性很好地解释了绝大多数人难以安宁的内

在原因。一个穷人如果有烦恼很容易被人理解包括被自己理解，因为财富的匮乏当然会给我们带来生活的艰辛，所以，穷人解决烦恼的方式就是赚钱，几乎每一个人在穷的时候都有一个幻想，认为等自己有钱了日子就会好起来，就会幸福起来。在某个时间段的确存在幸福与财富成比例增加的现象，但不知道从哪个点开始，财富继续增加甚至超预期地增加，幸福与快乐好像停了下来甚至滑了下去，烦恼反而快速增加，事情越来越多，压力越来越大，家人越来越远，老友越来越疏，你会发现除了拥有工作和财富，你很可能没有什么了，你又再次成为“穷人”——当然不是物质上的。除非你愿意成为纯粹的物质性存在，否则你绝不愿意这样活着。绕了一大圈，奋斗了半辈子，烦恼依然在，只是换了种方式，何等沮丧的人生？为何？因为我们不知道烦恼的根源首先在于内在的冲突。“觉醒”，让“意识”摆脱“自我”的束缚回归主位是最终的选择。

当然，“自我意识”带来的外部冲突也是很明显的，因为不同的人的“自我意识”绝不会轻易地统一，它们之间是一场永不停息的较量。这也正如黑格尔所说，“自我意识有另一个自我意识和它对立”“两个自我意识的关系就具有这样的特点，即它们自己和彼此间都通过生死的斗争来证明它们的存在”。本来纯粹的“意识”是一个整体，是统一的一体的存在，“自我意识”把纯粹的“意识”遮蔽成了各自为政的散落在世界的碎片，每一个“自我意识”都有一个中心，那就是各自的“自我”，于是各自为政到各自为战就成了人世间的常态，从古至今人类历史发生的一切或大或小的故事都只是“自我意识”所带来的冲突的各种版本而已。人与人的家长里短的冲突，村与村的地盘之争、水利之争，国与国的土地之争、王位之争，宗教带来的信仰之争，归根结底都是不同的“自我意识”之争。总之，有了“自我意识”，人的认知能力空前提升，人与人的争斗也就永无宁日，这就是当年佛陀放弃王位而出家的原因，因为他知道一切问题的根源在于“有我”，在于“自我意识”遮蔽了纯粹的一体的“意识”，不解决这个问题，人的幸福将无从谈起，有也只是表面的、暂时的，所以他讲经说法，反复说的无非“无我”“无相”。如若不信，请读《金刚经》。

“自我意识”的问题不仅仅在于它以虚幻的“我相”为中心，更在于与其相伴随的“思维意识”问题，尤其是在“自我意识”逐渐成熟的发展过程中，“思维意识”对于“自我意识”的强大和坚固起了非常大的作用，或者说“思维意识”逐渐成为“自我意识”的主体，这也是“自我意识”自身的一个演变过程。那么，究竟何谓“思维意识”呢？黑格尔是这样说的，“一种新形态的自我意识、一种以无限性或者以意识的纯粹运动为本质的意识就出现在我们前面了，这是一个能思维的或自由的自我意识”“在思维里，对象不是以表象或形象的方式而是以概念的方式被把握”。黑格尔是把“思维意识”当作“自我意识”逐渐发展而形成的一种形式来描述的，作为个人来说，就是随着认知的提升，认知的内容越来越从直观的表象演变为抽象的概念。小孩子起初认知的是一个个具体的人，比如爸爸、妈妈、爷爷、奶奶，然后是周围的张三、李四等小伙伴，随着年龄的增长，抽象的“小朋友”或者“大人”的概念就会形成，再然后各种各样的“概念”就会通过教育进入他们的脑海中，以“概念”而非直观表象为主体就会逐渐成为孩子们的“意识活动”的主要内容，当然这种“意识活动”一定还是“自我意识”的活动，因为它一定是以“自我”为中心的，但它以“概念”为主体，而不是具体的直观表象，故称“思维意识”，黑格尔称其为“一种新形态的自我意识”。

那么这种新形态的“自我意识”或者说以“概念”为主体的“自我意识”有什么特点呢？这要从“概念”的本质说起，黑格尔说“概念对我说来直接就是我的概念”，意思是“概念”完全就是“我”的创造，如果说“意识”创造了“自我意识”，那么“自我”则创造了“概念”，因而“自我意识”也便创造了“思维意识”，然而这还不是重点，重点是“自我意识”是一个幻象，那么它再创造出新的幻象就不会有任何的限制，如同梦本身是不真实的，那么梦里梦到的一切就将毫无限制，因而就是无限自由的，所以黑格尔把这种新形态的“自我意识”或者叫“思维意识”称为“无限性”的，同时他说：“在思维里，我是自由的，因为我不是在他物中，而纯全保持在我自身中，并且那对我是客观存在着的对象也是为我而存在的，与我有不可分离的统一。在概念思维中的我的运动即是在我自身中的运动。”“概念”是“我”创造的，当然在“概念”面前“我”是不受限制的，因而是“自由”的，所以，“自我意识”到了“思维意识”这里，“自我”获得了彻底的“自由”，完全摆脱了“自我意识”初期阶段作为“自我”的“对象”的那些事物对它的束缚，因为它已经完全“在我自身中运动”了，“对象也是为我而存在的”，所以，黑格尔把它称为“意识的纯粹运动”，意思是它是“自我意识”的一种“封闭”运动，“自我意识”成了一个闭环。而这当然既是突破性的又是灾难性的，为何？

说它是突破性的，是指人类从此以后可以由“自我意识”出发创造一个完全虚拟的世界，或者叫“概念”的世界，我们的伦理道德体系以及科学知识体系本质上都是这样的存在，甚至宗教信仰体系也是这样的存在，因为它们的组成元素只能是“概念”，我们的“认知世界”便在此基础上形成了。其实人的“认知世界”是由两个层次构成的，其中是以感知为基础的“认知世界”，它由感性的直观表象构成，包括“自我”的表象和与“自我”相对的“事物”的表象，它也是“自我”的“对象”。正如前面所讲，这两种表象是相互依存的，它们都是纯粹“意识”成的“共相”，尽管它们都是虚幻的存在，但“自我”并不能识破，因为“自我”无法识破它本身，也无法识破它的“对象”，它的“对象”并不是它创造的，而是“自我”一存在“对象”就同时存在了，故“自我意识”既不会认为“自我”是假的，也不会认为直观的“对象”是假的，“自我意识”一产生“自我”就存在了，它怎么会认为“自我”是假的呢？佛门把这叫“无明实执”。但到了“思维意识”这里情况不同了，因为“自我意识”知道“概念”是“自我”的创造，因此由“概念”构成的“认知世界”或者说“思维”的世界当然并不是原本就存在的，需要通过实践、观察来进一步验证，对于这一点“自我意识”是有自知之明的，但这并不妨碍人类借着这一套主观的“知识体系”去改变自己以及与之相对的事物乃至整个世界，因为他们的实践本身会不断地修正那些主观的“概念”，这就是文明的进步，在科学领域或人文领域都是如此。

但也有不少时候人们会忘了这一点，会以为“概念”的世界才是真实的世界，它的表现方式就是总有不少人认为“真理”一定在自己手里，自己的“思维意识”一定是对的，甚至是唯一正确因而也是绝对正确的。这在历史上就表现为各种各样的以“正义”的名义所发动的各种战争。最终“概念”把人分了类并深深决定和影响了人的行为，却没有人去深究“概念”从何而来。仿佛“概念”就是“真理”，而忘了“概念”只是概念，是某个人或某些人的“自我意识”以及稍微高级点的“思维意识”造出来的虚拟的存在而已。一旦人们进入这种状态就会有疯狂的特征。

五、概念的虚假性

黑格尔说，“真理是全体”“真理只作为体系才是现实的”“意识的真理性即是在具有绝对分立的两极端的推论过程里表现为中项的那个东西”。黑格尔在这里反复强调的是“真理”不是某个单一的极端的存在，任何极端的说法、单一的说法都不可能是“真理”，为此，他还说：“一个所谓的哲学原理或原则，即使是真的，只要它仅仅是个原理或原则，它就已经是假的了。”所谓的“仅仅是个原理或原则”是什么意思呢？意思是如果这个原理或原则仅仅停留在“概念”上，不去指导实践，不去在实践中检验并与别的原理原则去碰撞，它就一定是“假”的。所以，任何的“真理”都是实践的，都是与别的“真理”相融合的，这就是黑格尔讲的“全体”“体系”的意思，也是他讲的“中项”的意思。这与儒家的“中庸”思想以及孔子讲的“君子绝四：勿意、勿必、勿固、勿我”其实是相通的，所以真正追求“真理”的人恰恰是不固执己见、不一意孤行、不强求对方、不以自我为中心的人。“真理”不在“自我”创造的“概念”中，也不在感知带来的“共相”即直观表象中，总之不在一切的“相”中，而在意识本身，黑格尔的原话是：“意识本身就是真理。”所以，没有“离相”的功夫要见到“真理”还真的很难，因为“真理”不在“相”上，而在产生这一切“相”的那个纯粹的“意识”上。所以佛陀才把自己讲的佛法的“相”最终也要否定掉，《金刚经》言，“如来常说汝等比丘知我说法如筏喻者，法尚应舍，何况非法”，“所言一切法者，即非一切法，是故名一切法”。无论“舍法”还是“非法”，佛陀的意思很明白，真正的佛法的精神不在佛法的具体的文字等一切的“相”中，执着于这些文字概念就比如成天背着个竹筏子一样，过了河你还背在身上干吗？正在过河也别背在身上，而要放下去，放到水里去，载人过河呀！成天顶在头上顶礼膜拜有什么用呢？真理的“概念”和“原则”都是拿来用的，拿来实践、实修的，执着于“真理”的文字“相”、概念“相”毫无用处，文字的“真理”、概念的“真理”都只是“知识”。因而黑格尔说：“知性一般说来即是思维，即是纯粹的自我。”纯粹的“自我”的东西你执着于它，只能带来冲突、烦恼和痛苦。

“认知”的世界具有两重性：直观表象和概念表象，也称“共相”的世界和“思维”的世界。相应地，“离相”的修法也分为两个方面，即破“法执”和“我执”，“法执”就是对思维中的概念的执着，而“我执”就是对“我相”及其他“共相”的执着。关于破“我执”的修法，前文介绍了禅修打坐的方式，其实重点在于生活中的“持戒”，改掉生活中的不良习性才能真正破“我执”。佛门破“法执”的修法主要是从断掉念头的链条入手，因为“概念”在思维意识中无法独立存在，它总是与其他诸多的“概念”形成一个个链条。这些“链条”也就是思维的“逻辑”，它们一定构成一个自洽或自我循环的闭环，思维逻辑性强的人会让人觉得他总是有理，就是因为他的思维中的“概念”之间已经形成了纵横交错的无数条“逻辑”闭环，你进攻它的某一点，这无数个链条就会整个将你围住让你束手就擒，所以，“法执”很重的人是永远不可能被道理征服的，因为他的“逻辑”很牢固，只有斩断这根“逻辑”链条才能彻底断掉它的“法执”。佛门里面的很多修法最终见效靠的都不是一个更深的道理，而是“不讲”道理，比如祖师的“棒喝”，立马斩断你的思绪，让你思维停息，猛然见到自己无思无想的纯粹“意识”本身，即本来面目。所以佛门有言：“狂心若歇，歇即菩提。”所以，对待“法执”很重的人一定要少讲道理甚至不讲道理才能让其“觉醒”。佛门净土宗的修法对此很有效果，净土宗讲究单念一句“阿弥陀佛”的佛号，反复念诵，口念心行，心无杂念，念念不断，念佛成片，最终成佛。单调重复持续地念诵佛号是断思维链条的最好方式，链条切断，逻辑消失，“概念”散掉，“法执”自破。

“自我意识”发展到了“思维意识”这一步，人的苦恼与日俱增，因为人的思想越来越生活在更为虚幻的世界中了，而且在“思维意识”的状态下人会变得口是心非、言行不一，这就是黑格尔讲的“它口头上宣称所看见、所听见的东西不存在，然而它自己本身却看见了、听见了”“它的行为和言词永远是矛盾着的”。黑格尔生动形象地将人们在“思维意识”状态下的言行进行了准确的描述，因为“概念”和“语言”充当了人们行为的烟幕弹和挡箭牌，知行不一、言行不一成了人的常态，但从此人陷入了更深刻的内在矛盾之中，正如黑格尔所言：“意识在这里不唯不是一个自身统一的意识，而只是一个纯全偶然的混沌体，一个永远在制造紊乱的摇摆不定的东西。真正来讲，这就是它的本来面目，因为它自己带来并保持着这种自相矛盾的紊乱。”“永远在制造紊乱”“保持着自相矛盾”，便是黑格尔对“自我意识”发展到“思维意识”阶段人的内心毫不留情的批判。不得不说现实的确如此。一个文化不高、知识缺乏的人很可能固执，但也可能简单或单纯，一旦他认同了你或你说服了他，那他表现出的忠诚度往往是真实的、可靠的。而一个文化较高、知识较多的人则不一定，你可能今天说服了他，或他今天因为某件事认同了你，明天他可能一想不对就又变卦了，因为他自身就是个紊乱的矛盾体，不同的时候有不同的想法是这些人的常态，单纯或者说简单往往具有强大的力量，而紊乱和矛盾总是让人陷入难以自拔的苦恼中。这些都与“思维意识”紧密相关。

六、苦恼意识

由此，人的“自我意识”正式进入“苦恼意识”的阶段。当然不是说此前的“自我意识”是无苦恼的，正如前面多次谈到的，“自我意识”本身就存在内在的矛盾和外在的矛盾，所以，佛门才说人生实苦，但在“自我意识”的初期阶段，人生的苦往往是感受性的，而感受性的苦往往与外境或身体的生理状况有关，外境不在或生理安康时人生的苦不会莫名地与日俱增。但进入强烈的“思维意识”阶段，内心更多地受“概念”和“理想”的影响，内在的紊乱和自身的矛盾成为苦的主要原因，因此即便外境很好，身体无恙，内心也会陷入各种各样不能解脱的苦恼之中，这才是人最本质的却难以轻易消除的苦恼，黑格尔称其为“苦恼意识”，大多数所谓的成功人士和知识阶层以及衣食无忧的人往往就处在这样的状态。黑格尔是这样描述苦恼意识的：“苦恼的意识就是那意识到自身是二元化的、分裂的、仅仅是矛盾着的意识。”所以，意识到达“苦恼意识”这里，意味它已经知道了自身的二元性、分裂性、矛盾性，知道自己一切的苦恼都源于自身的“紊乱”和“自相矛盾”，知道自己“那意识本毋宁就是绝对的辩证的不安息”，即一切的不安与外界无关，它深藏在“自我意识、思维意识”的深处，于是人不再向外追寻而是向内心进发，一场自己拯救自己的行动开始了，“觉醒”的曙光出现了。

所以，“苦恼意识”并非意味着“意识”进入“苦恼”阶段，而是“意识”进入对内心的“苦恼”有深刻了知的阶段，当然也意味着“苦恼”到了极致的阶段。正因为“苦恼”到了极致，然而又无计可施、无可奈何，才让人把心收回来透视这个“苦恼”，“意识”以“苦恼”为对象、为主要的内容，在这种全身心的专注下，“意识”才看清了“苦恼”的本质，才明白“苦恼”并不是源自外在，不是源自外在财富的欠缺，也不是源自外在权力地位的高低，或者外貌的美丑，因为有钱人、有权人、外表帅气或美貌的人依然“苦恼”，只是“苦恼”的内容和方式各不相同，然而“苦恼”的程度绝不亚于那些看起来不如自己的人。体会到了这一点，他便明白“苦恼”的根源在于内在，在于内在对于“自我”的各种感受的执着以及各种想法的执着，在于内心的紊乱和矛盾。看清自己、明白自己便成为“意识”的主要目的，于是修行就成为人生的主要课题。

修行不一定是概念化的，比如信了佛才叫修行，或者信了上帝才叫修行，这些都是宗教化的修行，并不是修行的本质。修行可以是宗教化的也可以是非宗教化的，因为修行的本质是人意识到了人生的幸福与苦恼在于内在而非外在，从而把注意力由对世俗的外在目标的追求转向关注内在的宁静和心灵的成长。所以，修行的本质是修心，而修心的方式是内观。宗教起初是由修行者构成的团体和组织，修行者借助这样的团体以更好地完成自己的修行，但如果修行者在这样的团体中心不向内求，而是如在世俗间一样追求一些外在的东西，比如在团体里的地位和他人的评价尤其是团体核心人物的评价，或者影响力、话语权、财富、感受，那就完全背离了修行的初衷。所以加入组织和团体对修行有利，因为它能提供氛围和外力，但也有弊，那就是又去追求外在的东西，这就还不如在团体以外修行会更清静。人类社会经过了上千年的发展才在修行这个问题上由过度宗教化演变到了去宗教化或弱宗教化，西方的马丁·路德带来的宗教改革是如此，中国的六祖惠能开创的禅宗新时代也是如此，总之都将世人修行之路的宗教色彩淡化了，强化了世俗生活的修行意义，六祖惠能甚至旗帜鲜明地说："佛法在世间，不离世间觉，离世觅菩提，恰如求兔角。"意思是世间即道场，生活乃修行。修行不能着"相"，"离相"才是修行，而"于相"方能"离相"，所以，参破世间法是修行的大道。

正因为西方社会发生了宗教改革，西方人的修行理念才走上了一条与世俗相融合的路，神学与哲学才合而为一地引领了西方思想界的发展。西方的哲学主要源于古希腊文明，而西方的以基督教为主体的神学主要源于希伯来文明，我们今天对近现代西方哲学尤其是康德直至黑格尔的哲学思想的误解，主要在于我们忽视了宗教以及神学对他们的影响，只是在古希腊的苏格拉底、柏拉图、亚里士多德等人的思想中找寻康德、黑格尔的思想法脉，完全忽视了他们思想中宗教的神学的成分。的确，无论在康德还是黑格尔的思想中，"上帝"都已经不是"神"一样的存在，但"上帝"的概念无论在康德的《纯粹理性批判》中，还是在黑格尔的《精神现象学》中都具有极其重要的地位，康德把它视为终极理念对待，黑格尔把它视为绝对精神的一种形式。也就是说，他们的思想不仅传承了古希腊的哲学传统，还传承了中世纪以来的神学传统。只有哲学没有神学，或者说只有理念没有上帝，根本不可能有康德和黑格尔，无论对于西方现代的哲学家还是今天中国的哲学家，康德、黑格尔都成了他们的思想高地，尤其是黑格尔的思想非常难以理解。其根本的原因在于我们把他们的思想当成了纯粹哲学的东西，不了解他们思想中的神学成分，而当代的许多哲学家自身又没有宗教信仰和神学基础，当然也就无法理解他们的著作。

其实，西方宗教改革以后，神学的思想就没有与宗教完全地合而为一进行传播了，在中世纪，神学与哲学在奥古斯丁这里形成了一次大的融合，其主要的呈现形式还是宗教，而经过宗教改革后，哲学与神学的大融合在贝克莱大主教这里又达到了一次高潮，但哲学所占的分量显然更重。这表明西方思想一直是神学与哲学的结合，哪怕宗教在思想领域已经退出了主流或主导地位，但神学对哲学的影响依然强大，甚至随着哲学在社会思想领域的登峰造极，神学也登上了顶峰。神学不等于宗教，它是对宗教的研究，其主要的内容便是对修行的研究，对人类苦难的起源以及如何摆脱苦难的研究。在西方的宗教时代，上帝是让人摆脱苦难的力量，违背上帝是人的苦难的根源，如何让人忠诚于上帝便是人们的脱苦之道、修行之道。宗教改革后，到了康德、黑格尔这里，上帝已经不是让人脱苦的神一样的存在了，但人的苦难以及如何摆脱苦难依然是人面临的主要问题，了解剖析这个苦难的根源依然是思想家们的责任，问题的根源当然得由人自己来承担，人的自心便成了这一切的最终的责任者，于是从康德到黑格尔都展开了对人内心世界的深度挖掘。如果说康德更多采用的是自古希腊以来的哲学手法，黑格尔则大量采用了修行的手法来剖析人的精神世界，而且假如说黑格尔本人并不是一个大修行人，那他也一定是一个对修行非常有研究的人，因为他的语言和思维方式赤裸裸的是修行人的方式，而非传统的哲学家的方式，这只能证明神学对他的影响。简单来说，不懂修行你根本不懂黑格尔在讲什么，因为他讲的几乎就是一个修行者的心路历程。

第五章

精神的成熟

一、成熟的代价

如果说黑格尔在讲“意识”“自我意识”“思维意识”时，你还觉得他在讲哲学，那么他在讲“苦恼意识”时，你就不得不从修行的角度来理解了，否则你真不知道他为什么会这样说。

他在谈到“苦恼意识”时讲过这样一句话：“对于苦恼的意识来说，自在的存在乃是它自己的彼岸。”“彼岸世界”毫无疑问是宗教和修行的概念，它与古希腊哲学家在“洞穴”理论中提出的外部的真实世界和康德提出的“自在之物”的世界都是不同的。表面上看，无论是柏拉图的“洞穴”理论还是康德的“物自体”理论都提到了一个非现实的世界，但在柏拉图的“洞穴”理论中，我们所有生活在现实世界的人都如同生下来就被锁链绑在某个“洞穴”中的生命一样，我们能听到“洞穴”外的声音，也能看到“洞穴”外的存在通过火光照进洞里的影子，我们可以凭借声音和光影来猜测和模拟外部的真实世界的情景，但我们出不去，因而这种猜测和模拟永远都不可能真实，永远是虚拟的。因此，在柏拉图看来，世界是截然分开永不交集的两个世界：我们体验到的以及通过思维虚拟出的我们认为的世界和我们永远无法真正到达的真实的外在于我们的世界。这里好像也有“此岸”和“彼岸”的区别，但柏拉图的“彼岸”是不可到达的存在，这一点与康德类似。康德提出“自在之物”也叫“物自体”的概念，是作为人能体验和思维的“现象界”的另一面来说的，在康德看来，“现象界”是我们经验到的世界，它不是世界的“本来面目”，康德把世界的“本来面目”称为“自在之物”，也叫“物自体”，而康德同样认为我们是到达不了这里的。所以康德也承认“此岸”和“彼岸”，但同样认为我们无法到达，为什么柏拉图直到康德都这样认为呢？这就是纯哲学存在的问题，因为纯哲学是思维化的，一切的问题都试图通过大脑思维来解决，不认为有高于“思维”的心智能力，柏拉图提出的“理念”世界，有别于我们的经验世界，但柏拉图的“理念”仍然是“思维”的源头，这一点与康德一样。康德的“理性”是人的三种心智能力“感性、知性、理性”中的终极能力，人没有超过“理性”以外的心智能力，而“理性”以及它带来的“理念”仍然只是为“知性”提供原则服务的，“知性”就是“思维”的能力。因此康德与柏拉图一脉相承地把“思维”当作人认知世界的最高能力，只不过康德这里出现了上帝、来世这样的字眼，但他认为这些字眼所代表的并不是真正的“自在之物”，而是人类“理性”虚拟出来的“完备”的存在者，人类以这些虚拟的“完备”的存在者为思维的原点，并非真实的“彼岸”的存在。

但在宗教和修行者这里，“彼岸”是可以到达的，这就是宗教和以往哲学的区别，到达的方式不是“思维”而是“修行”。基督教、佛教等在这一点上是相同的，佛门甚至讲“言语道断，心行处灭”，意思是人一思维（心行）或一使用语言，就失去了到达“彼岸”世界的机会，思维和语言是紧密相连的。可以说，思维是内部的语言，语言是外部的思维，所以佛门认为“思维”恰恰是到达“彼岸”的障碍，因而佛门常说“不可思议”，即不要掉在“思维”和“言说”中，因为这样的人无法解脱，六祖惠能的话“无念为宗”便是此意，西方的谚语“人类一思考，上帝就发笑”不也表达了同样的意思吗？所以，对思维的依赖使我们即便知道了“彼岸”世界也无法到达，只有对“思维”的否定才可能真正地走上“彼岸”之旅、解脱之道。黑格尔采取了对“思维意识”的批判态度，认为它是人类“苦恼意识”的根源，并且人类一定会从这里开始走出“苦恼”，这才为到达“彼岸”找到了一条融合了宗教和哲学的道路，所以黑格尔的“彼岸”世界不是不可到达的，而是“意识”演变的必然方向和归属。

在黑格尔这里，从“此岸”到“彼岸”经历了一个漫长的心路历程，而

“思维”或者说“思维意识”只是这一心路历程中的一个节点，甚至还没到中途。黑格尔的心智成长或进化的五个阶段分别是意识、自我意识、理性、精神、绝对精神。意识是起点，绝对精神是终点，是彼岸，而“思维意识”只是“自我意识”中的一个阶段，连“理性”都还未到，“自我意识”本身又包含了起初纯粹的“自我意识”到“思维意识”再到“苦恼意识”这三个层次。也就是说，思维活动的价值和意义在黑格尔这里是被极大地缩小了的，就这一点来讲他的这个观点与任何一种宗教对“思维”的看法都非常相似。佛教的看法前面已有介绍，道家的看法也是这样的，从《道德经》第一句话“道可道，非常道”即可看出，基督教其实也如此，《圣经·旧约》创世纪篇中家喻户晓的吃禁果的故事正讲此事。所谓的“禁果”就是伊甸园中那棵能分别善恶的智慧树上的果子，上帝因为亚当、夏娃吃了这果子而将其赶出了伊甸园，其实是因为从此以后亚当、夏娃就具备了分别的智慧，有了分别判断的能力，也就是有了思维的能力，正如黑格尔所说人类就开始深陷“苦恼意识”之中了，人类的“意识”发展到了“思维意识”进而深陷“苦恼意识”，因而失去了曾经的纯净的乐土，这便是黑格尔对亚当、夏娃偷吃禁果而被上帝逐出伊甸园的解读。

在基督教这里，这是一个生动的拟人化的故事，而在黑格尔的哲学思想中，这其实是人的心智进化的起初阶段，因为从“苦恼意识”开始，人的心智才真正进入成熟和成长的快车道，它的形式并不是以“思维”能力的提升为特征，而是以反观自己、看清自己、认识自己为特征，“思维”主要针对的是“他物”，是外在的“对象”，反观自己却不是这样，因为“自己”不是“他物”，没有办法把它当成思维的“对象”来思考，而只能“观”，只能“看破”，伴随着这种“观”和“看破”的是内心极度的煎熬和苦难。“自己”并不是一个静态的存在，所谓静态的“自己”只是一个虚假的“自我表象”，这是一个自欺欺人的东西，很多人以为“自己”善良、大度、美好等，都是这样的“自我表象”。要“观”到真实的“自己”，就必须“看破”这一切的“自我表象”，既需要在实际的人生磨难中去经历和体验，更需要在生活的磨难带来的经历和体验中有一双“如如不动”的眼睛保持着

“观”，这样才能看清自己，“看破”自己，而这就是“修行”。所以黑格尔说：“灵魂在这个道路上穿过它自己的本性给它预定下来的一连串的过站，即经历它自己的一系列的形态，从而纯化了自己，变成为精神，因为灵魂充分地或完全地经验了它自己以后，就认识到它自己的存在。”在黑格尔看来，“精神”是“意识”进化的“彼岸”，“灵魂”是“意识”进化的“本体”，在藏传佛教里，“意识”也被认为是活着的“灵魂”，“灵魂”则被认为是死后的“意识”。也就是说，黑格尔认为要达到“精神”的“彼岸”，不是靠深入的思考，不是靠“思维意识”，而是要“穿过”一系列的过站，“经历”一系列的形态，充分地“经验”了它自己以后才能看清自己的存在。

这些“穿过”“经历”“经验”是一个怎样的过程呢？黑格尔用另一段话描述了它的残酷性：“精神只当它在绝对的支离破碎中能保全其自身时才赢得它的真实性。”黑格尔用“绝对的支离破碎”来形容何谓“穿过”“经历”和“经验”，并且在这“绝对的支离破碎中能保全其自身”，这是何等的艰难，何等的磨难！多少人乐意经历这“绝对的支离破碎”？多少人在这“绝对的支离破碎中”仍然“能保全其自身”？这不是修行是什么？没修行过的人怎能讲出这样的话？这里有一句关于如何“思考”的话吗？没有，为什么？因为“思维”在这里毫无用处，在“绝对的支离破碎中”心里的一切都已崩溃，你还思考什么？你还怎样思考？甚至你都已经彻底地失去了“思考”的能力，完全靠坚持，靠挺住，靠着对“彼岸”的坚信才能硬撑过去，也正如黑格尔所说：“精神之所以是这种力量，乃是因为它敢于面对面正视否定的东西并停留在那里。精神在否定的东西那里停留，这就是一种魔力，这种魔力把否定的东西转化为存在。”这就是人的心智成熟或进化的必经历程，这里没有过多谈到知识的积累和增长，也没有谈到“思维”能力的提升和深化，有的只是经历以及面对这狂风暴雨式的经历时，面对内心的崩溃时我们所应该有的坦然的态度和信心。这些内容与其说是哲学的，不如说是修行的，因为它更符合修行过程中人的心智特征，所以，不懂修行，不可能懂黑格尔，但黑格尔是对的，因为人的心智进化正是如他所示。

二、自我牺牲

为何这一到达“彼岸”的过程伴随着的是“绝对的支离破碎”呢？因为这个过程是要破掉“我相”的，甚至要破掉所有的“相”，正如《金刚经》言：“凡所有相，皆是虚妄。”在黑格尔的思想中，无论是纯粹的“意识”产生的“自我”还是“对象”其实都是“共相”，都只是“意识”中的“叠加态”，都不是离开“意识”而能独立存在的“实体”，甚至就连感官直接产生的“表象”也是虚幻不实的。黑格尔说：“对那些断言感官对象的实在具有真理性和确定性的人，他们最好是回到最低级学派的智慧，回到古代爱留谷神和酒神的神秘：他们还必须在那里先学会吃饭和饮酒的秘密。因为对于那些进入了这种神秘的人不仅仅达到了对于感官事物存在的怀疑，而且甚至对于它们的存在感到绝望，他们一方面否定了感官事物，一方面也看到感官事物否定其自身。”所以，黑格尔认为人类对于感官事物的虚幻性的认知是古已有之的智慧，甚至这种智慧并不属于什么高级的智慧，而是属于最早的关于“谷神”和“酒神”的智慧，因为这种智慧就隐藏在我们的吃饭和饮酒作乐之中。也就是说，感官事物的虚幻性是渗透在生活的每个细节当中的，是我们能通过生活中每一个细节去感知和领悟的，这与佛门讲的“生活禅”以及道家讲的吃喝拉撒无不是“道”是一回事。所以黑格尔说：“现象，是假象的全体。”这与佛陀讲的“凡所有相，皆是虚妄”完全相同。

要到达智慧的“彼岸”必须摆脱这些幻象对自心的捆绑，必须让这些我们以为的实在的“相”破掉，包括“自我”的“相”，这是一个幻灭的过程。黑格尔把这种幻灭的过程用“牺牲”和“放弃”来描述，他说，“首先放弃自作决定的权利和自由，其次放弃从劳动中得来的财产和享受，最后通过一个肯定的步骤，作自己所不懂的事，说自己所不懂的话，意识可说是真正地、完全地放弃了它内心的和外在的自由”“只有通过这种真实的自我牺牲，意识才能保证对它自身的否定和弃绝”“在这种实际完成了的牺牲里，意识一方面扬弃了它个别的独特的行动，但另一方面也就自在地消除了它的苦恼”。看到黑格尔的描述，你仿佛看到了一个个信众在不同的宗教里的共同表现：他们虔诚地追随自己信奉的“对象”，对自己信奉的“对象”言听计从，不惜放弃自己的自由和财富，努力地持戒，牺牲自己的享受，自己听不懂的话、想不明白的事照做不误，只要是他所信奉的“对象”说的话或希望他做的事。看起来他此时的言行充斥着对自己的否定，然而他乐此不疲，因为只有这样他才能在这个过程当中求得苦恼的解脱。这是为什么呢？

因为我们平时的“肯定”都是基于“自我”的，我们“肯定”的是“自我”的想法、“自我”的观点、“自我”的喜好、“自我”的利益，一切以“自我”为中心是“自我”追求的驱动力以及目标。但是随着“自我意识”走向“思维意识”再到“苦恼意识”，“自我”陷入“苦恼”当中难以自拔，要摆脱“苦恼”，当然必须摆脱“自我”的束缚，所以佛门讲“无我”，“无我”是对“自我”的否定。这时摆脱“苦恼”一定是以否定“自我”的方式来进行的，平时的“自我”追求的是“自由”，此时我们偏偏要放弃“自由”；平时的“自我”追求的是“掌控”，希望外界听命于“自我”，此时我们偏偏要放弃“掌控”，希望“自我”听命于外界；平时的“自我”总希望得到更多的财富，此时我们偏偏要把手中的财富送给别人；平时的“自我”追求享受，此时的“自我”偏偏追求“难受”，比如把腿盘起来一动不动数小时，又如戒烟戒酒；等等。总之，一切反“自我”而行之才能摆脱“自我”的束缚，才能摆脱“苦恼”。“思维意识”是与“苦恼意识”如影随形的，所以要摆脱“苦恼”必须平息“思维意识”，降低“思维”活动的强度和兴奋度，佛门把这叫作“狂心若歇，歇即菩提”，也叫“无念为宗”。只有通过这样的“自我”否定和“思维”平息才能逐渐让“心”回归本来的“自己”，从而“离苦得乐”。

当然，宗教更多关注的是“离苦得乐”这个话题，而哲学更多关注的是事物自身的发展变化，那么当“自我意识”从这一片“雷区”走过去后，它到了哪里呢？之所以说“自我意识”走过的是一片“雷区”，是因为“苦恼意识”把“自我意识”乃至“思维意识”带到了足以毁灭它们的“区域”，这么多的“否定、放弃、牺牲”让“自我意识”以及“思维意识”进入了

“绝对的支离破碎”状态，这便是佛门讲的“涅槃”状态。但经过了这一阶段，“意识”发展到了哪里呢？“意识”发展的下一步正是佛门讲的“涅槃重生”，那么“重生”出来的是什么？其实“重生”并不是新生出来的东西，而是原本就有、原本就在的东西，这个“原本”的东西是什么呢？黑格尔说“在绝对的支离破碎中能保全其自身”，可见，那个“原本”的东西就是它“自身”，“意识”发展成了“自我意识”而后进一步细化成了“思维意识”乃至“苦恼意识”，从这个过程当中我们一眼就能见到的那个原本的“自身”是什么呢？对！就是“意识”本身，因为贯穿始终的、一直在变的只是一个“意识”而已。只不过当“意识”成为“自我意识”时，它被“自我”这个“相”障碍住了，以为自己就是“自我意识”，就是“自我”的一个个的感受和身体，迷失了自己。当“自我意识”演变为“思维意识”时，“意识”又被“思维”的“相”障碍住了，以为自己就是“思维意识”，就是那一个个的“想法”“观念”。当“思维意识”完全把人的心带入“苦恼意识”中时，人就整个地进入了一片苦海，茫茫然地寻求着脱离苦海的“彼岸”，此时，“意识”又以为自己是“苦恼意识”，认为“人生是苦”，以为那漫无边际的“苦”是自己。当然，“苦”不会让人沉湎于其中，它会把人逼出“苦海”，于是，“意识”自救的路开启了，经历过那片“雷区”，“意识”摆脱了“自我”“思维”“苦恼”，重新回归了自己，这便是“重生”，便是“保全其自身”。

结果“意识”发现这一切“相”都是自己的产物，都不是自己本身，包括“自我”“对象”“事物”“思维”“概念”“苦恼”等，都只是“意识”自己生出的“相”，“意识”便重生了，觉醒了，开悟了。黑格尔把这个状态的“意识”称为“理性”，也就是说“意识”从“自我意识”这里进入了它进化的第三个阶段：理性阶段。所以，黑格尔说：“理性就是意识确知它自己就是一切实在这个确定性。”因为此时“它确知一切实在不是别的，正是它自己”“世界现在才第一次成了对于它的一个世界，在此以前，它完全不了解这个世界，它对世界，有所欲求，有所作为，然后总是退出世界，撤回自身，而为自己取消世界，并将作为意识的它自身也一并取消”。

“理性”又被黑格尔称为成熟的“主观精神”，所以，“意识”进化的第三个阶段即“主观精神”的成熟阶段，从此“意识”走向了精神的“彼岸”，接下来就是“精神”的另外两个阶段：客观精神阶段和绝对精神阶段。总之，“意识”演变成了“精神”，到达了它的“彼岸”世界。为何“意识”经过了这一“重生”并未简单地回归“自身”呢？这是因为起初的纯粹的“意识”是没有内容的，或者说完全“无相”的，经历了这一系列“意识”的演变，无论纯粹的“自我意识”阶段，还是“思维意识”阶段，又或者是“苦恼意识”阶段，“相”与“意识”已经成了如影随形的存在，“意识”中的内容已经不可能彻底地离开“意识”，从而让“意识”还原为起初一样的完全无相的存在了。此时“意识”的重生伴随着“相”的重生，并不是赤裸裸的重生，因而佛门讲“离相”或者“无相”，必讲“于相而离相”，意思是与“相”在一起，但知道“相”是自己生出来的，从而不粘连、不执着。正如黑格尔关于“理性”的定义所说的——“意识知道它自己即是一切实在”，重点是“知道”而不是“分开”，“意识”已经“知道”，它就不会执着于“分开”，执着于“分开”恰恰是它还不“知道”的时候所容易犯的错。“意识”的回归“自身”并不是简单地重复，而是进化。所以，儿童是很有佛性的，因为他的“意识”很单纯，但修行也好，脱苦也好，并不是重新成为儿童——那只会让人倒退回幼稚的状态，而是让人进入更为成熟的状态，让“意识”进化到更为成熟的状态，黑格尔把这一状态称为“精神”。

三、何谓精神

“精神”只不过是觉醒了的“意识”，是“意识”从自我意识、思维意识、苦恼意识等一团乱麻当中“觉醒”了过来，知道了这一切都只不过是自己生出的“相”而已，“意识”自身才是这一切的本体，是这一切的本来面目，因而也是这一切看似矛盾和对立的存在的统一体。所以黑格尔说：“精神是这样的绝对的实体，它在它的对立面之充分的自由和独立中，亦即在互相差异、各个独立存在的自我意识中，作为它们的统一而存在：我就是我们，而我们就是我。”也就是说，在黑格尔看来“精神”并不是一个抽象的离开具体事物的存在，而是包含了相互差异、相互矛盾的各种具体事物的存在，既有纯粹“意识”这个生出一切的“本体”，又有“意识”这个本体生出的各种各样的“相”，既有某一个“自我意识”，又有与其相互对立的另一个“自我意识”，但它并不是个大杂烩，而是一个统一体。为什么会这样呢？我们之所以会觉得这仿佛是一个大杂烩，是从“相”上来讲的，从“相”上来看，有“自我”的相，有“事物”的相，有另外的“自我”的相，等等，当然这些“相”是不能画等号的，各有差别，而且某个“自我”的相还会与其他“自我”的相矛盾和对立。但如果你已经明白“凡所有相，皆是虚妄”，明白它们都是同一的纯粹“意识”生出的“相”，都只是纯粹“意识”的呈现，不再有“我”的“意识”这些概念，我们就知道它们尽管看起来五花八门，但还是一个东西，如同电影院屏幕上的东西五花八门，却都只是放映机上一卷胶片上的东西而已，这就是佛门讲的“一切即一，一即一切”的意思。所以它们是一不是多，但看起来还是多，只不过你知道放映的原理，你的内心就能视它们为“一”。“多”和“杂”是从“相”上的感觉来说的，当然日常人还得活在感觉中，也就是承认这些“多”和“杂”，但不能把它当作根本，正如同看电影肯定要入戏，但不能以为电影院里真的在“打仗”，戏散了后要知道一切都是“假”的，都是放映机里那一卷胶片上的事，这就叫“于相而离相”。也就是说，从“现相”上看多姿多彩、各有不同甚至互相对立，但从源头上、“本体”上看其实是一个东西的呈现而已。看的层面不同，结果不同。“精神”便是这几个层面的统一，是“现相”和“本体”的统一。

黑格尔说：“在精神的概念里，才第一次找到它的转折点，到了这个阶段，它才从感性的此岸世界之五色缤纷的假象里并且从超感官的彼岸世界之空洞的黑夜里走出来，进入到现在世界的精神的光天化日。”此处黑格尔在谈到“精神”概念时避开了两个极端，一个极端是“感性的此岸世界之五色缤纷的假象”，另一个极端是“超感官的彼岸世界之空洞的黑夜”。为何要避开两端，因为很多人认为“感性的此岸世界”是假相，便试图彻底地离开和放弃，去寻找那本来的存在，这在修行人中屡见不鲜，但事实上经常事与愿违，竹篮打水一场空，因为“超感官的彼岸世界”其实只是“空洞的黑夜”，它并不能被人独立把握，人只能在这些“相”当中去体会它的存在，也就是在“假象”当中保持“知道”就好，看电影当中“知道”是看电影就好，这个“知道”就代表人与“本体”在一起了，而无须离开电影院，无须离开这些“假象”，因为我们无法离开，离开所有的“相”是不可能的，眼耳鼻舌身意不可能完全停止运作，而所有“相”都是假的，故而我们必须活在“假象”中，却应保持“知道”，这便是黑格尔讲的“进入现在世界的精神的光天化日”，也就是“于相而离相”的境界，《金刚经》讲的“若见诸相非相即见如来”也正是此意。

所以，“本体”是不能离开“现象”去寻找的，“本体”就在“现象”中，简言之，“体”在“相”中。黑格尔说：“在那里寻求本质，本质就不能在那里被找到，因为本质已经被认作彼岸，被认作不能够找到的东西。”所以，“彼岸”也并不是一个与“此岸”真实相对的东西，或者说是一个在“相”上相对的东西，在“相”上离开“此岸”是到不了“彼岸”的，实际上我们也无法在“相”上离开此岸，因而在家与出家并没有本质区别，不能以为出家就可以离“相”，就必然能放下，事实上出家人没有离“相”和放下的大有人在，因而六祖惠能才说：“佛法在世间，不离世间觉。”在黑格尔这里，则把它说成“意识确信在它的个别性里它就是绝对自在的存在”“当意识获得了个别的意识自身即是绝对的本质这样的思想时，意识便返回到了自身”。黑格尔的这两段话表达的是同一个意思，即本质就在现象中，或者叫“体”在“相”中，因为“相”就是我们能感知的具体的存在，也就是一个个生动的个别的存在，而所谓本质的或一般的普遍的“意识”正是存在于这一件件、一个个具体的个别的“意识”中。那这二者究竟有何区别呢？

这个本质的普遍的东西与具体的个别的东西究竟有何区别？如果没有区别显然就没有必要说成两件事，用两个概念来区分；如果有区别就不是一回事，就不可能完全同一。那么究竟是怎样的？其实这种区别是认知上的而非其本身的，当我们认为世界是由一个个的“相”以及相应的“物”构成时，本质和现象就有了区别，因为我们把这些“相”都分别开了，当然能统一它们的东西就不可能是它们本身，就必然要有一个异于它们自身的存在才能统一它们。如果我们认知到这一切现象的本身并不是彼此独立的分开的实存的东西，各自并没有自身的实在性，都是同一个东西呈现出来的幻象，那么这些幻象自身还有它们所谓的“本质”“本体”吗？当然没有，正如梦中的老虎我们醒来以后不会害怕，也不会去寻找，梦中的钱财我们醒了不会当真，也不会为它的消失而伤心流泪，因为我们知道那是幻象，是假的，它有“相”无“体”。如果一定要找寻这些幻象的“本体”，我们都知道那就是这个做梦的人，因为这一切的“相”都是他的“梦”带来的，要让这些“相”再一次发生，只能寄希望于这个人再“梦”一次。所以，当我们知道一切都是“梦”时，“梦”里的一切事物本身便没有了各自的“体”，而做梦的“人”和他的“梦”本身便成为这一切事物的共同的“体”。

所以黑格尔说：“意识的个别性成了它自己的绝对本质以后，它才发现世界是它自己的现实世界。”黑格尔的意思是，这个世界在“相”上的存在即它的个别性是它的全部，除此以外它们自身并没有什么本质的本体的东西存在，这就说明它们是一些虚幻性的存在，即一些幻象，而“意识”同时知道了自己是这一切幻象的来源，那么当然这幻象世界的一切都是“意识”自己创造的、呈现的，因而这所谓的“现实世界”就只是“它自己”的世界而已，“意识”自身便是这一切现象的“本质”“本体”。但我们能离开这些“现象”见到“本体”吗？不能，因为“本体”即纯粹“意识”本身是“无相”的，无法直接见到，所以，那个做梦的“人”我们是无法见到的，我们只能透过这些“梦”中的“相”来体会那个做梦的“人”，当然前提是我们要能知道是活在“梦”中。知道了自己活在“梦”中，尽管见不到做梦的“人”，但我们也便一方面懂得没必要纠缠在梦境当中，因为对梦境的执着毫无意义，觉知到做梦的“人”才真正重要；另一方面知道只能透过梦境与做梦的“人”打交道，便会认真对待每一个梦境，因为每个当下即是全部，只有认真对待每一个梦境但又不执着于它，才能与做梦的“人”即那个“本体”相会，才能让变化的个别的东西与不变的本质的东西合一。

在基督教中，上帝是一切的本质、本体、造物主，我们尽管见不到“上帝”，但基督徒知道并坚信“上帝”的存在。在佛教中，这个不变的东西、这个造梦者并不是一个人格化的存在，而是万物背后的“觉性”，这就是佛门讲的“本觉本有，不觉本无”的意思，佛门认为“觉性”是最根本的存在，一切事物都只是“觉性”的启用和呈现，万物为“相”，觉性为“体”。六祖惠能把“觉性”称为“自性”。“觉性”或者“自性”我们无法直接见到，但我们知道并坚信它的存在。黑格尔把这个不变的东西、这个造物者叫“精神”，当然它的纯粹的无相状态也叫“意识”。“精神”是万物的灵魂和本体，我们也无法直接见到它，而只能见到它呈现出来的“相”，但黑格尔知道并坚信它的存在。所以，我们发现其实无论宗教还是哲学，包括西方的宗教和东方的宗教，在人类的认知世界中，一个非具相的或者说见不到但知道并坚信它存在的这么一种东西，是所有这几大文化的共同特点。为什么这些文化都要确信一个“无相”的存在并将其作为一切事物的源头以及本体或本质呢？就如同中国的道家为什么一定要说“天下万物生于有，有生于无”，或者说“无名天地之始”呢？这个看不见的却能生出一切的“无”为什么注定会成为一切文化的根本呢？

四、恒常的存在

很简单，有形有相的万事万物变化无常、变幻莫测，人类的认知只能感受和体验却无法把握，这促使人类的智者去探寻这无常背后的恒常、变化背后的不变。事实证明，无常背后的恒常是存在的，变化背后的不变是存在的，尽管我们永远无法见到这恒常和不变的存在，只能从无常当中、从变化当中知道并确信它的存在。因为如果只有无常而没有恒常，只有变化而没有不变，这个世界对于人将既无意义，也不存在，“存在”就意味着“常”，意味着“不变”。我们知道世界是“存在”的，就意味着我们知道世界是恒常的、不变的，但“相”上又是无常和变化的，因此世界一定是两方面的存在，即“相”上无常和变化的存在，以及“体”上恒常和不变的存在。至于何谓“体”，则不可能有一个“相”上的描述，这正是“道可道，非常道”的意思。但恒常不变的“体”一定存在，否则世界本身就不存在，无论你把这个“体”叫上帝还是觉性、精神、道，它都必须存在，因为它是世界“存在”的“同义语”。

只要你认为世界是“存在”的，就意味着世界有恒常不变的一面，世界不仅仅是“相”上的无常变化的东西，恒常不变的“那个”就是世界的“本体”。所以，“本体”不是别的，只是“存在”的代名词。我们对“存在”的认知总是通过具体的对象来进行的，也就是说那所谓的恒常不变的“存在”只能通过无常变化的“相”才能被我们“知道”，换句话说即是，任何“事物”其实都必然是无常变化的“相”与恒常不变的“体”的统一。“体”使其成为“存在”者，“相”使其成为变化者，而恒常或无常、不变或变化都是通过“意识”而知道的，正如黑格尔所言，“对象作为一个存在着的东西呈现在意识前面”，是“意识”提供了事物“存在”的依托，因而“意识”是这一切的源头，最终是那“不变”的意识赋予了世界恒常和不变的意义。所以，世界的恒常不变性并不在变化无常的事物上，而在不变的“意识”上，用佛门的说法就是“体”在“心”上。

这样来讲，似乎“相”与“体”是分开的东西：“相”在“心”外，“体”在“心”中。其实不是，“相”并不在“心”外，因为黑格尔认为一切事物都是“为意识的存在”，所有“现象”，无论感性直观的“表象”还是知觉中的“共相”，本质上都是“意识”中的存在，所以它们并不在“心”外，正如王阳明讲的“心外无物”一样。所以，“相”与“体”皆在“心”中，一个代表着“变”，另一个代表着“不变”，一个代表着“心”的显现，另一个代表着“心”的本体，离开“相”，“心”无法显现，离开“体”，“心”便不存在。有人说眼睛见到的“相”不明晃晃地在眼前、在眼睛看到的外面吗？其实眼睛看到的所有的“相”都只能成像于眼球的视网膜上，“相”何曾在视网膜之外？然后通过大脑最终成像于“心”中，“心”中之“相”何曾在外？耳朵听到的声音的“相”好像也在外面，仿佛是远方传来的雷声，但如果耳膜坏掉立马便会明白“声音”的“相”也只能成在耳膜上，耳膜的振动再传到大脑最终才在“心”里形成声音的“相”，它也不在远方，只是大脑思维外推了出去而已，是假非真，禅修到一定程度自然能明白所有声音真就在耳边。所以，“相”与“体”并未分开，而是集于一“心”，按照黑格尔的说法则都在“意识”中，都在“精神”里。因而“主客一体”，即“体相一如”不仅是佛门的思想，也是西方哲学的观点，起码是黑格尔的观点。正因如此，黑格尔才将“理性”定义为“意识知道自己即是一切实在”，因为“意识”首先是“主体”，当它知道了那“一切实在”即“客体”，“对象”也是自己时，即达到了“主客一体”，或者说“体相一如”，这在佛门叫“开悟”，黑格尔把它叫“理性”。所以，“理性”并不是常人理解的逻辑思维能力，而是“主客一体”的开悟境界，用哲学的语言叫个别性与不变性的统一。

黑格尔把个别与不变的统一过程描述成了三步骤：“首先，不变的意识与个别的意识相对立；其次，个别的意识本身与另外一个个别意识相对立；而最后，个别意识与不变的意识合而为一。”在第一阶段我们以为看到的“对象”在外面，主客分离，相互对立。在第二阶段我们看到的外在的“对象”彼此冲突对立。在第三阶段我们的“意识”进入“理性”阶段，“意识知道自己即是一切实在”，反之“一切实在”即是“意识”自己，于是“主”“客”合而为一，代表不变的“意识”本身和“意识”呈现的个别现象母子归一，“意识”不再认“对象”为外在，也不再认“自我”为内在，无外无内，尽虚空遍法界是一个自己，或者说只是“意识”自己知道自己，知道的“主体”是“意识”自己，知道的“对象”也是“意识”自己，完全是自己跟自己的游戏，这便是佛门修行的“见道位”。而后便进入“悟后起修”阶段，黑格尔将其称为“客观精神”阶段（也叫“精神”阶段），以与“理性”代表的“主观精神”阶段对应。

黑格尔轻描淡写地描述了这三个阶段，但这三步实际发生时，或者说人真的经历这三步时其实是一个与“死亡”类似的经历。因为纯粹“意识”进入“自我意识”后便认“自我意识”为自己，为“意识”本身，由此才造成了“不变意识”与“个别意识”的第一次分离与对立，只是“不变意识”自身觉知不到而已，因为它已经被“自我”这一“个别意识”屏蔽掉了，当“个别意识”回归“不变意识”时，“自我”是要破灭的，而它误认为“自我”就是纯粹的“意识”自身，它一定会随着“自我”的破灭产生“死亡”感，这就是修行人在实修过程中产生的莫名其妙无药可医的濒临死亡的感觉，一般人会生起极大的恐惧和焦虑，因为“濒死”感非常真实，这是修行中极为重要的关卡。如果打了退堂鼓或误解了这一过程靠医药解决则前功尽弃，只有坚信自己没病，坚信修行的方向，坚信自己一定能扛过去，最终煎熬过来后才发现“死”的是“自我”，是“我相”，活的是“自己”，是一股深藏于身心的力量和能量，最终在风平浪静中发现有另一个“自己”存在，这个“自己”便是佛门讲的“法身”，如此便是“开悟”，如《金刚经》言：“信心清净，即生实相。”

当“意识”随着“自我意识”进入“思维意识”时，“意识”会进入更深的“无明”，认“思维”为自己，把“思维”中的观念、想法、见解等当成自己对待，所以一旦别人否定自己“思维”中的见解、想法、观念等就觉得自己受到了伤害，就会奋起反击，进入“个别意识与另一个个别意识相互对立”的模式中，如果遭遇到彻底的强大的力量的否定，让自己无力反击，“思维意识”被迫停止或瓦解，也会产生强烈的“死亡”感，庙里长时间的禅修止语状态下都会产生这样的感觉，这就是很多人禅修止语坚持不下去的原因，同样会让人前功尽弃。有的知识分子在生活中可能会因为言论被压抑或没有交到言语相投的朋友，而陷入生活的郁闷并最终抑郁或焦虑。这都是“思维意识”破灭时的反应，真正的修行人是必须经历这个阶段的，这叫破“法执”，破对自己思想的执着，只有经历了这个阶段才能“耳顺”，才能“无法相”。经过“无我相”“无法相”的痛苦过程，最终“意识”本身才能知道一切都是自己，因为“我相”“法相”破了以后，“自己”没死，“自己”还在，而且真正得了“自在”，不依赖于任何条件的“自在”：有钱无钱，有权无权，有名无名，有情无情，内心都是自在的。此时你就知道自己“成”了，因为你亲证了一切都是你自己的事，“个别意识与不变的意识合而为一”，你当然就彻底放下了，既然一切都与他人、外界无关，你执着于外在干吗？调整好自己，修好自己就是一切，“悟后起修”开始了。

五、成为自己

我在丽江白沙镇时经常去镇上不远的福国寺见格里上师，格里上师在福国寺里贴了很多红色小纸条，上面都写了四个字：“请看自己。”很多人来到寺庙是为了见师父、拜菩萨，格里上师却让他们“看自己”，也许有人会觉得我看自己在家看不就行了吗，还需要跑到庙里来看自己吗？其实这是不懂格里上师的用心，因为很多人错把“自己”与“自我”等同起来。看“自我”的确很容易，照照镜子就能看到身体的“自我”的“相”，一个人静下来也能内观到脑海里“自我”的“想法”或“自我”的“样子”，跟人说话也能听到“自我”的语言和声音，这些都属于跟“自我”相关的“相”，如果看自己就是看自我那么在哪里都能看到这些“相”，何必去庙里呢？很多人去庙里就是为了向外求，求师父加持，求菩萨保佑，这些人就是因为不再相信“自我”，才到庙里求佛求人。就像生病了人要找医生一样，一般的感冒咳嗽可能很多人就自己解决了，但真的发起了高烧他还是会去医院找医生，因为他自己解决不了。去庙里求菩萨求师父的人也是有问题自己解决不了的人，此时你让他“看自己”，把注意力收回自身，是何用意？难道他不该进庙里来？又或者真正的解决方案还是在他自己身上？他行吗？

既然上师这样说当然就没有错，他让我们看“自己”就是因为我们身上除了大家都知道的“自我”以外，还有一个绝大多数人不知道的“自己”，“自我”是有“相”的，准确地说“自我”就是一个“相”，人人都看得见，而“自己”是无“相”的，人人都看不见，故而常人只知道有“自我”而不知道有“自己”。那上师是怎么知道有一个无相的“自己”呢？修行！上师他们经历过艰难的修行，闭关的几年几乎很少平躺下来睡觉，闭关房很小，狭小的空间里平躺伸直并不舒服，因为修行的需要，大量的时间是以打坐或诵经的方式既修行又休息，这闭关的几年心路历程与黑格尔讲的身心的

“绝对的支离破碎”的感觉是很类似的，出关弘法后又经历过在无人无钱的状况下平地建立宏伟寺庙的艰难，以及身体重病在生死关口与死神的较量，最终发现“自己”还在，“自己”的力量还在，而且那个从艰难中走过来的“自己”所焕发出的力量超出常人的想象，无钱时一次次靠人格力量赢得信众捐款，生死中一次次靠坚定的信念转危为安，最终宏伟的庙宇耸立山头，弘法的事业方兴未艾，强健的体魄犹如重来。这不是“自我”，因为“自我”早已经在那一次次的磨难中破碎掉了，各种与“自我”相伴随的贪念与执着也在那一次次的生死中放下了，剩下的只是一颗弘法的“心”，这颗没有挂碍、没有恐怖的“心”才是真正的“自己”。唤醒了这颗“心”，就唤醒了巨大的力量和能量，战胜困难，成就事业，依靠的就是这颗“心”。上师经历自身的磨难和成就希望众生人人都找到“自己”的这颗“心”，用它应对和解决一切的困境和烦恼，这就是“请看自己”的缘由。

生活当中我们也经常讲“成为最好的自己”，有的人还把它作为人生的目标，那么这个成为最好的自己中的“自己”与上师讲的“自己”是否相同呢？其实并不相同，常人讲的成为最好的“自己”本质上还是“自我”，还是“有相”的存在，也就是说还是可以解读成具体的某种状态，比如事业上的成功、关系上的完美、情感上的满足等，终究还是“相”上的东西，还是需要外在条件来佐证或支持的，这样的“自己”再好都不是上师讲的“自己”，因为上师讲的“自己”是无条件的存在，因而也就是完全“自在”的存在，“自在”或者说无条件的存在才是与“自我”不同的那个“自己”的本质。《心经》开篇就讲“观自在”，说明佛门开宗明义便告诉了所有人，每个人深层次的内心本质上都是无条件的自在的存在，都可以不用那么多外在的东西而获得满足愉悦的存在，完美的自在感深藏在每个人内心，是本自具足的东西，残缺乃至永无止境的残缺不是我们内心的本质，是外境给我们带来的错觉，只要我们一直向内挖掘，便能在内心深处找到这块自在的“地方”，这就是《心经》紧跟着讲“行深般若波罗蜜多时”的意思，佛门再次告诉我们向内心深处去寻找一定能找到无条件无残缺的心灵自在之地。《心经》又接着说“照见五蕴皆空”，意思是在这个“自在”之地里是没有

“相”存在的，也就是说“自在”其实是“无相”的存在，因而也是完美的无条件的存在，任何的条件都是“相”，金钱、权力、情感、名气哪样不是“相”呢？而这些正是烦恼的来源，有“相”就有多少，有前后，有上下，有差别，有比较，因而也就有不足，有残缺，有烦恼。只有离开这些“相”或者说不在意这些“相”，才能摆脱对条件的依赖，才能没有欠缺，才能自觉满足，才能得“自在”。这就是“行深般若波罗蜜多时”，能“照见五蕴皆空，度一切苦厄”的道理。

至于《心经》接着讲“舍利子，色不异空，空不异色，色即是空，空即是色”，是告诉我们五蕴皆空的“离相”并不是灭一切“相”，去寻找一个“无相”的地方，这样的地方是不存在的，因为有一个这样的地方就还是一个“相”，那么“离相”是“心”里的事，“心”里经历了磨难，挺了过来，觉得只要“自己”还在就什么都不缺，就离开了对外在条件的依赖，获得了“自在”，这就是“空”，就是“无相”，而这个“空”与“相”（是“色”）是同在的，所以“色不异空，空不异色，色即是空，空即是色”。到达了这个境界的“心”便成为“自在”的心，这就是上师讲的“自己”。向内找寻这个“自己”是佛门的宗旨，所以上师才希望我们每一个去庙里的人“请看自己”。当然庙还是要去的，师父还是要见的，菩萨还是要拜的，因为只有经过这一系列的过程我们才能回归自心，见到“自己”，否则即便知道最终一切都在“自己”这里也没有用，一切外在都是到达内心“自在”的渡船，不迷外在，借助外在，到达内在，这便是觉醒之路。

黑格尔也认为一切的演变其实都是向“自己”的回归，比如“意识”通过“自我意识”“思维意识”“苦恼意识”等一系列的演变到达“理性”就是向“自己”的回归，因为它到达这里后终于“知道自己即是一切实在”，即“一切实在”都是“自己”，见到的都是“自己”，最终回归“自己”。从“相”上黑格尔也认为万物的发展是一个“成为自己”的过程，他首先从人、动物、植物这些有机物开始讨论，他发现，“有机物并不产生什么东西，它仅仅是自我保持，或者说，它所产生出来的东西，既是产生出来的，也是本来已有的”“它通过它的行为的运动而达到的不是别的，只是它自己，而它仅仅达到它自己”“起点就表明自己是一种以自身为终点的东西”。如果站在遗传学的角度来看它就是科学，因为任何一个有机物，人也好，动植物也罢，都是有遗传基因的，都是被它的DNA规定了的，人的相貌乃至身高都会被基因规定，所谓的成长就是这个基因的展开，人将来的“样子”大概率被基因规定，这就是黑格尔讲“本来已有”“达到它自己”“以自身为终点”的意思。每一个有机物在还没有成长起来之前，就有了其内在的“规定性”，一切成长都可以视为这种内在“规定性”在一定环境下的展开，环境的影响当然存在，但它原本既有的内在“规定性”是根本。这个内在“规定性”便是每一个物种的“自己”，正因如此，民间才有“种瓜得瓜，种豆得豆”的说法。所以黑格尔说：“有机物表明自己是一种保持自身的、返回自身的并且回到了自身的存在。”而且黑格尔认为：“它是在其自身中返回自己的活动，而不是被一个外来的东西导回自身的活动。”可见，回归“自身”，回归“自己”，是一切有机物的行为方向和目的，是它的本质，是它自带的动力，这一点并不需要外力的引导，是它本自具足的“自性”。所以，即便从“相”上来说，人也不应该过分地攀缘外境、追求外在，或者成为他者，这样的人一定终生不得安宁，因为他违背了深藏于内在的“成为自己”的天意，他大脑思维形成的目标与他与生俱来的“自己”时刻冲撞，他能心安吗？这是很多人一生不幸的根源。所以，回归“自己”是安心之本，是幸福之根。

从这个角度来理解佛门常说的“轮回”话题倒有几分显而易见的实在性，比如一粒种子在土壤中发芽长大，开花结果，果实中的种子又再次进入土壤之中，这不就是一个现实的“轮回”吗？中间的每一个环节都在实现种子本有的内在的“规定性”，而且最终走回种子“自身”，成为新的种子，但新的种子其内在的“规定性”与原来的种子是同一个“自己”，这就是“轮回”，用黑格尔的话来说叫作“返回自身”。尽管在原来的种子到新种子的“轮回”中，破土发芽、长成植物、开花结果这些环节的“相”是各不相同的，但最终的目标都是回归，这些不同的“相”都代表着“否定”，但一系列的“否定”下来是“肯定”，回归就是“肯定”，所以黑格尔说，“感官事物否定其自身”“否定也就是肯定”。过程中的每一步都是对上一个环节的

“否定”，又都会被下一个环节“否定”，所以“否定性”是“事物”普遍的本质的属性，即所有“相”上的存在本质上都是“否定性”的存在，这恐怕也是佛门讲“无相”的缘由吧。而一切“相”上的存在其“否定”的最终结果是回到事物的“本性”上，一系列的“否定”最终还是“肯定”，只是这“肯定”的结果和本质必须由“否定”的过程和显现的“相”来构成，结合佛门的语言来说那就是“相”上的“否定”带来的却是“体”上的“肯定”。这便是“轮回”的本质，这与黑格尔所说的“纯存在不是一种直接的东西，而是一种以否定性和间接性为本质的东西”不谋而合。

那么无机物有无这种回归“自己”的特性呢？或者说有无“自性”呢？有机物将基因作为它内在“规定性”的基础，使得个体的成长和演变显现为基因的“轮回”，通过一系列的“否定”回归到“肯定”，那么无机物有无这样的内在“规定性”，使得它同样经历各种形式并最终回归“自身”呢？当然有，既然回归“自己”是事物的普遍性，那么无论有机物还是无机物都会如此，只是它们的那个“自己”呈现的形式不同，有机物的“自己”以基因的形式呈现，无机物的“自己”则直接以“规律”的形式呈现。显然任何一件事物都一定遵循某种规律，比如物体之间遵守万有引力定律，大到天体运动小到苹果落地都必然遵从这一“规律”，当然，物质世界遵从的各种各样的物理的化学的生物的“规律”数不胜数。这些“规律”便是物质世界的“自性”“自己”，因为它们不论处于什么形态和状态，也无论它们的数量、体积，甚至不管它们怎样变化，它们都必然遵循这些“规律”。如果把它们的形态理解成“相”，把它们的变化理解成“否定”，那么，首先，万物都一定是处在变化中的，所以“否定”也一定是万物的属性；其次，它们的变化无论结果怎样、过程怎样都必须遵守内在的“规律”，也就是内在的“规定性”。它们的存在和变化只是将它们内在的“规律”显现了出来，它们的这些“相”实际上都只是稍纵即逝的过眼云烟，而“规律”通过这些前赴后继的“相”和事物一直存在，成了事物内在的本质和“自性”。对于无机物而言回归“自身”不如说不离“自性”更为恰当，因为无机物内在的“规定性”一样存在，而且须臾“不离”。

六、规律就是存在

不论“规律”的形式如何，万事万物都有其内在的“规定性”，都被它的内在“规定性”规定，这一点是事物的本质，任何事物及其演变都只是展示了其内在的“规定性”而已，都是“自性”的展开并不离“自性”，这是万物必然遵守的法则。也就是说，任何事物的存在都是被“规定”了的存在，没有什么存在是不被“规定”的，合“规定”的才是实际存在的，实际存在的必是合“规定”的，这便是黑格尔讲的“凡应该存在的，事实上也是存在的”这句话。所谓的“应该”也就是“合规定”或者“合理”。黑格尔甚至把“规律”直接等同于“存在”，他说：“意识经验到规律就是存在。”当然他讲的“存在”是“纯存在”，也就是他前面讲到的“纯存在不是一种直接的东西，而是一种以否定性和间接性为本质的东西”。“纯存在”是不能等同于“现象”的，因为所有的“现象”都处于永不停息的流动之中，处于永不停息的“否定”之中。“现象”尽管是直接可以感知的东西，却是“否定性”的、稍纵即逝的，缺乏“存在”所需要的“内涵”，因为“存在”意味着“肯定”，意味着“持续”，而只有一系列“现象”经过持续的“否定”所呈现出的“规律”，才具有这样的一种“肯定”和“持存”的品质，所以，“纯存在”这种代表着“肯定”和“持存”内涵的存在必然指的是“规律”，而不是稍纵即逝的“现象”。尽管“现象”从感官的角度上看也是“存在”的，却是昙花一现的，非本体的，“规律”作为万物的内在“规定性”，才是相对于万物的“本体性”的存在，所以黑格尔说“规律就是存在”，这句话是从“体”上说的，即是从“纯存在”角度来说的。

但正如我们前面反复讨论过的，不变的东西必与个别的东西合而为一，“意识”才能演变为“精神”，或者说，“意识”进化到“精神”的境界，“相”与“体”必然是统一的，而不是彼此分离的。所以，“规律”并不能离开“现象”而赤裸裸地存在，作为概念而存在的“规律”其实并不是它本身，只是它的一个“名相”而已，也可以叫作“语言文字相”。尽管所有的

“规律”都有“语言文字相”，任何一个定律无论物理的、化学的还是生物的，它一定表达为一个数学公式或一个语言判断，这都属于“语言文字相”，或者叫“名相”，它们都不是“规律”本身，只有它们与具体的现象的融合才代表了“规律”，所以黑格尔说，“规律所以为规律，因为它既显现为现象，同时自身又是概念”“规律就是概念，就是寄存于感性存在之中却又在其中独立自存、自由活动的概念”。所以“规律”是现象与概念的统一体：现象代表了规律的“否定”形式，概念代表了规律的“肯定”形式，在一系列现象的不停“否定”变化中，作为概念的“规律”得到了充分显现和展示，成为活生生的“肯定性”存在，由这种“否定就是肯定”的运动，“意识经验到规律就是存在”。

事物的内在“规定性”从何而来呢？显然它不可能来源于事物，因为事物是被它“规定”了的，而且事物是稍纵即逝、生生灭灭的无常的存在，用佛门的说法即是无常的幻象，它怎么可能生出恒常的“规定性”来呢？既然不是事物，那是不是事物以外的东西呢？我们讲过“规律”与“现象”并不能分开，“规律”就在“现象”中，“体”在“相”中，“体”不离“相”，所以，在“现象”之外去找“规律”，在事物之外去找“规定”是找不到的。但我们可以把注意力从事物以及它的“规定性”中退出来，或者说将注意力从对“现象”和“规律”的执着中退出来，重新审视何谓“现象”。其实“现象”只不过是感知带来的“表象”，这些“表象”是“为意识的存在”，并且无常生灭、不停流转，种子发芽、长成植物、开花结果，用黑格尔的说来说它是由一系列的“否定”环节构成。作为“为意识的存在”，如果它们只有“否定性”“无常性”“生灭性”，那么我们的“意识”将无法把握这种“否定”“无常”“生灭”，感知可以不去把握它，就如同看一场绚丽的烟花绽放，感官可以只去感受而不管其他。但“意识”尤其是“思维意识”不可能如此简单，它会试图把这些不同瞬间的表象联系起来，形成一个“统一体”，也就是黑格尔讲的“共相”，然后赋予这个“统一体”一个“名称”，让“统一体”仿佛真实地存在。

就如同一个人的婴儿、儿童、少年、青年、壮年、老年阶段其实完全是不同的“相”，而且都是不停地“生”出来又“灭”掉了，这叫新陈代谢，一刻也没有停过，所以从来就没有一个恒常不变的“相”存在。从感知到的“表象”的角度讲，一切都是显现出来就消失了的，但我们的“意识”会把这么多的“表象”集合为一个“整体”，并取一个名字叫“张三”，从此仿佛就有一个叫“张三”的人从婴儿到儿童到少年到青年一路成长。其实，我们感知到的“事实”只能是某个瞬间的“相”而已，过去的消失了的与现在的这些“表象”根本无法在现实中叠加成一个整体，这个整体只能在“意识”中存在。但有了这个“意识”中存在的“整体”，那些各个时期、各个瞬间的“表象”就不再支离破碎，不再消失得无影无踪，而是作为某个“统一体”的不同阶段而存在，从而获得了“存在”的意义，一系列的“否定”因而具备了“肯定”的意义，成为一直的“存在”。然而这个一直都在的“存在”只能在“意识”中存在，现实中的是不停消失又不停生出各不相同的“相”，没有一个“相”是一直都在的，而除了“相”我们现实感知到的并没有别的，所以也就没有任何一直都在的东西。但我们“意识”中就有很多这样“一直在”的东西：一个人、一棵树、一条狗、一座山、一条河、一个地球、一个太阳等。总之，这个“一直在”的东西让我们把感知的“表象”形成整体，以此把握它们，分析理解它们，让我们能很好地与这些无常的“感知世界”打交道，尽管这个“一直在”其实并不现实，但很有用。

懂了我们的“意识”在杜撰这个“一直在”的东西，我们也就能明白事物“规定性”的来源了。在感知的世界事物本来只有“表象性”“无常性”“否定性”，但“意识”通过杜撰这个“一直在”的东西，让这些“无常”“否定”的“表象”获得了“恒常性”“肯定性”“实在性”，让支离破碎转瞬即逝的“表象”获得了“统一性”“整体性”，正是这个“统一性”“整体性”成为各个时期各不相同的“表象”的“规定”。其实，与其说是“规定”，不如说是“解释”，当我们说事物是被“规定”时，只是我们在用一个统一的“一直在”的东西来解释各个时期的各种不同的事物“表象”而已。那为什么“规定”或“规律”又呈现为不同的形式呢？这是因为这些不同时期不同的“相”在“意识”中形成的“统一体”不可能相同，人的

“相”形成的“统一体”和树的“相”形成的“统一体”当然不同，因而会呈现为不同的“规定性”，这是由“相”的特点决定的，所以“体”不离“相”，“体”在“相”中，因为所谓的“体”只是“相”在“意识”中的集合而已，用佛门的说法，它们是“不一不异”的。当然，作为“规律”的那个“一直在”不可能是“相”的简单集合，而是“意识”通过杜撰出“概念”这一特殊“表象”来完成的，“概念”表象代表了我们感知到的一系列的“表象”，甚至是不同类型的“表象”，然后形成新的“统一体”，之后让这个“统一体”对应于不同的事物，赋予这些不同事物以相同的“规定性”，成为它们共同的“一直在”，这便是“规律”，所以，黑格尔才说，规律“既显现为现象，同时自身又是概念”。只有从“规律”只是“意识”中的“一直在”角度才能理解黑格尔的这些话，也才能理解康德的“人为自然立法”的意思。

康德讲过“意识统一性”是“人类知识的最高原理”，其实他的意思就是将“意识统一性”作为一切知识的基础和来源来对待。正是因为有了这样的统一性，我们的“概念”与“规律”便不可能是任意的东西，而必须是与那些相关的现象相统一的东西，这在自然科学研究上便体现为实验验证，在社会科学领域便体现为实践检验。“意识统一性”尽管以“概念”或“规律”的方式给一系列杂乱无常的“现象”以“规定”，但它与这一系列的“现象”本身又是相统一的，所以，所谓的“规定”并不存在一个“规定者”和另一个“被规定者”，没有“主体”与“客体”的二元对立，只是同一类事物的不同“表象”的“共同点”在“意识”中的反映而已，只是“意识”对它生成的“表象”的“归类”。真正来讲，无论是这些“表象”，还是隐藏在这些“表象”中的“规定性”　“规律”，都只是它真正的主人——“意识”的一个游戏，当它还没有进化到“理性”这一步，还不“知道自己即是一切实在”时，它处在“思维意识”阶段，就会把事物外在化，把现象实体化，把隐藏在这些事物和现象中的“规律”当作与自己无关的东西去寻找，并且崇拜、执着，如同在宗教中信奉神明一样。而一旦它觉醒到了“理性”阶段，“意识知道自己即是一切实在”，它便明白原来以为的外在的现象和事物，包括决定这些现象和事物的“规律”，其实都是自己的“作品”，因为它创造的这个世界当然必须有序和稳定，所以它必须为自己创造的这些“表象”分类，而这种类别包含的就是同类的“统一性”和不同类的“差异性”，于是“规定性”或“规律”就产生了，五彩缤纷又稳定有序的世界便出现了。所以，真正的“本体”并不是这些“规律”或“规定性”，而是这一切的源头：意识本身。或者说这些有“相”的“规律”或“规定性”并不是最终的“本体”，最终的“本体”是无相的“意识”，而到了“理性”这里它已经进化为包罗万象的“精神”了，只不过它始终知道这星罗万象的一切都是“自己”，而且是它自己的“一直在”带来其他一切的“持续存在”。如果说本体性即意味着持续存在性，那么精神本身的“如如不动”即精神本身的“持存性”就是一切事物最终的“本体”，无论“现象”还是“规律”都必然以它为“体”，所以佛门才说修“如如不动”的心才是真正的回归“本体”，因为一切都是这“如如不动”的心的呈现。

七、伦理道德

我们理解了“精神”非个体性的存在，而是一切的存在都是“精神”的显现，那么我们对于伦理道德便会有一个准确的理解。正如同无机物、有机物都有其内在的“规定性”一样，尽管无机物的内在“规定性”以“规律”的形式呈现，有机物的内在“规定性”以“基因”的方式呈现，但它们本质上都是“意识统一性”的呈现，都是“精神”这个本体自身的东西。那么作为人及人构成的社会，它的内在“规定性”又是怎样的呢？人当然有无机物的成分，所有的物理、化学规律都适合于人；人也是有机物，所以遗传的力量、基因的力量以及生物学的规律肯定“规定”着人类。但人又是社会性的存在，因此它的内在“规定性”也就有了自身的特点，这一特点便是“伦理道德”。伦理道德与法律不同，它完全是人内在的一种约束，尽管每个人不一定都心甘情愿地接受或遵守这种约束，但内心还是认同的，只是自己做不到或做不好而已，这便是伦理道德的力量。

比如中国人尽管不是人人都是孝子，但绝没有人去推崇不孝，“孝”就是中国传统文化中传了几千年的伦理道德观念，也是中国人内在的作为人的一种“规定性”。其他的如“仁”“义”“礼”等也都是中国人传了几千年的伦理道德观念，也是中国传统社会中人的内在的“规定性”。之所以说是内在“规定性”，是因为中国人普遍内心认同，比如别人说你“不仁不义”，你会认为他其实就是骂你不是“人”，因为孔子说“仁者人也”，“不仁”当然意味着不是“人”了。男人之间如果被对方说成不讲“义气”，意味着别人说你人品不行，这样的男人在圈子里的名声是要受影响的，相反讲“义气”的人更能得到大家的信任，关云长就是“义”的代表，“义薄云天”也是对人极大的赞赏。而“礼”代表着一个人更高的内心境界，《礼记》说“礼者理也”，意味着知“礼”者是与“天理”相通之人，这与王阳明的“心即理”是一个意思，所以孔子说“克己复礼为仁”，意味着真正的“人”是懂得克制自己的“个体性”，而与“天理”所代表的“普遍性”相合的人，用黑格尔的话说则是：“在德行的意识那里，各人私有的个体性必须接受普遍、自在的真与善的训练约束。但仅仅接受训练约束，它仍然是私人的意识，只有整个人格的牺牲、舍弃才是真正的训练约束，才足以保证自我意识已不再执着于个别性了。”舍弃“私人的意识”，约束“私有的个体性”，“不再执着于个别性”，就是“克己”，而“接受普遍、自在的真与善”则是“复礼”，黑格尔的道德伦理学与孔子的儒家学说的含义几乎一致，只是黑格尔从逻辑上进行了更多展开，而孔子只是根据实际需要直接表达了命题而已，殊途同归。

很多人以为东方文化强调集体性，西方文化强调个体性，看完黑格尔这段话我们应该能够明白强调自律、自制是一切文化的共性，儒家把它叫“克己”，佛门把这叫“持戒”，黑格尔把它叫“舍弃个别性”，如果做不到这点或者文化没有这样的基点，社会就无法形成，这样的共识是任何一个社会伦理道德的基石。正如黑格尔所言：“有意识的个体性是以精神的普遍性为其本质的。”也就是说，社会中的每一个“个体”的“自我意识”当中都必然包含了普遍的社会准则，而绝不仅仅是自私的“个体意识”，哪怕他只是为了“个人”，也必须兼顾其他的“个体”，你想赚别人的钱你就必须为别人服务，市场机制就是典型的只有利他才能利己的机制。所以，知道自己与他人是一个整体，互惠才能互利是一个正常的成年人必备的社会常识，因此超越个体关注整体是心智成熟的表现。

因而黑格尔说：“伦理只不过是各个个体的本质在个体各自独立的现实里的绝对的精神统一，是一个自身普遍的自我意识。”只有当你意识到“自我”与他人的一体性、共生性，从一个狭隘的“自我意识”演变为一个“普遍的自我意识”，你才能融入这个社会，社会也才是一个稳定的文明的社会，而所谓的“伦理道德”正是为此目标服务的。无论东方社会还是西方社会的“伦理道德”都是这个“目标”，都是为了完成由“个体”的人向社会的人的转化，或者说都是为了让人的“自我意识”从“个别性”走向“普遍性”，尽管仍然叫“自我意识”，但它的内涵已经成为包含了他人在内的“自我意识”，是一个“普遍的自我意识”。而在普遍的自我意识里，“伦理的实体是自我意识的本质”。当一个人到达了自觉地以社会的伦理道德为“自我意识”的本质时，他就达到了“自利利他”的境界，成为一个既对社会有益又能从社会获益的人，这在黑格尔看来就是一个“理想”的人，也是他认为的一个真正“理性”的人。所以，他说：“所谓自我意识的理性的实现，即指它在另一意识的独立性中直观自己与这另一意识的完全统一。”何谓“理性”？突破个体的自我，“直观”到自己的“个体意识”与他人的“个体意识”是一个统一体，是一个“普遍的自我意识”，这才是真正的“理性”，通俗的说法就是由“小我”走向“大我”的人才是真正“理性”的人。何谓“直观”？意思就是不是理论上这样认为，而是行为上这样去做，而且是无障碍地无外力逼迫地这样去做，因为你真实看到了这种“统一性”，看到了自己的“个人意识”与他人的“个人意识”是一个“统一体”，这叫“直观”，因而你一定会这样做，这就是“知行合一”。

所以，在黑格尔看来，一个真正“理性”的人并不是一个思维能力很强的人，而是一个修行功夫很高的人，他能克制自己，兼顾他人，随时随地看到自己与他人的一体关系，把自己和他人看成一个“整体”，形成直观的

“普遍的自我意识”。因而“理性”的核心不在“思维”上而在“行为”上，黑格尔说“人的真正存在是他的行为”“有什么样的行为就有什么样的个人”。以思辨见长的黑格尔如此强调“行为”的重要性，而不是“思维”的重要性，并且他对“思维意识”还采取了强烈的批判态度，认为它是“紊乱”和“苦恼”的根源，这说明了什么呢？只能说明黑格尔看到了人之觉醒也就是真正明白“自己即是一切实在”，靠的绝不能是“想”，而是“行”，因为“自己即是一切实在”，这是事实，但这个事实我们“看”不见，也就是无法真正“意识”到，对于我们而言它成了一种潜在的“存在”。只有“行动”才能让“潜在”在“意识”当中清晰地呈现出来，所以，他说：“行动并不改变什么，也不反对什么，它只是一种使没被看见的东西变成被看见的东西的纯粹的翻译形式，而它所揭露出来和显示出来的东西，也不是别的，只是这个行动在其自身中潜在的本有的东西。”所以，世界的一体性是本来的存在，但在“意识”到达“理性”之前是“看”不到的，佛门把这叫“无明”，只有通过行动而不是思考，通过牺牲、舍弃我们的“个体意识”，通过“绝对的支离破碎”的过程，才能重新“直观”到这种“一体性”，“知道自己即是一切实在”，“意识”重见光明，成为光明普照的“精神”。所以黑格尔说：“单单要使自己的潜在性成为现实性，意识就必须行动，或者说，行动正是作为意识的精神的生成过程。”“意识”与“精神”之间相隔的只是“行动”，而“行动”并“没有改变什么”，只是让“潜在”成为“现实”，正如《心经》所言，“不增不减”，只是“明白”了而已。“意识”和“精神”是一个“人”，一个“睡”着，或者说被障碍着，一个“醒”着，没有了障碍，从而看清了一切都是“自己”。可以说，“精神”是觉醒了的“意识”，“意识”是尚未觉醒的“精神”，两者之间隔着的是“行动”。

“行动”在个体身上是“觉醒”，在群体身上，在一个民族那里，则是“伦理实体”的出现。黑格尔为何把我们平时认为的“伦理观念”称为“伦理实体”呢？“观念”其实是属于“思维意识”的东西，是“思维”中的存在，顶多是思维的“原则”和出发点，但仍然没有跳出“思维”活动本身，而“思维意识”在黑格尔看来正是人的内在矛盾性和苦恼的根源，他说，“它自己带来并保持着这种自相矛盾的紊乱”“它的行为和言词永远是矛盾着的”。这里的“它”便是指“思维意识”。矛盾和紊乱必然带来“苦恼”，所以黑格尔说：“苦恼的意识就是那意识到自身是二元化的、分裂的、仅仅是矛盾着的东西。”经过千百年的社会行为实践形成的“伦理道德”却并不是这样的东西，它已经融入人的骨子里，成为人的行为的一部分，如同一个“孝”字，我们可能做得没那么好，但内心绝不可能反对它，但凡有可能我们都自愿做得更好，如果最终没做好，那将是我们一生的痛，自责和悔恨会伴随自己的余生。“孝”会真实地主导我们的行为和判断，成为我们内在的毫无争议的价值，我们也不会欺骗式地完成“孝”的动作，我们可能会与父母争吵，但通过欺骗去伤害自己的父母绝不是正常人的行为。所以“孝”才具有“知行合一”的特点，王阳明用“见父自然知孝”来解释“知行合一”的含义。

总之，一个社会、一个民族既已形成的持续存在着的“伦理道德”绝不是“观念性”的存在，而一定是“实体性”的存在，说其是非“观念性”的，是指它早已深入人的深层的潜意识中，或者叫“群体无意识”中，而不是停留在“观念”层面、“思维意识”层面。说其是“实体性”的，并非指它成为独立存在于某个空间的“物”，而是指它已经内化成了人们自觉的“行为”，并且持续存在与发生，无论在黑格尔还是康德那里，实体代表的都是“持存”，即“自己能保持自己的持续存在”的意思，简称“自在的持续存在”，并不是指占据着空间的某“物”。因而黑格尔说：“我所以居于伦理的实体之中，是因为对的事情对我来说是自在而自为存在着，所以，伦理的实体是自我意识的本质，而自我意识则是伦理实体的现实和实际存在，是它的自我和意志。”黑格尔所说的“对的事情”，是符合伦理道德的事情，比如“孝”。他讲的“自在”则是指不需要依赖其他外力的存在，比如“孝心”并不需要外力来维持，因为它深藏于内心，是“自己能保持自己的持续存在”。而“自为”是指“自觉”“自发”，意思是自己能够主动去做。有了前面这几点，伦理道德就成为“自我意识”内在的一部分，甚至是核心的部分，当然，这时的“自我意识”已经演变进化到了“普遍的自我意识”阶段，超越了个体性的“自我意识”。所以这时的“自我意识”，即“普遍的自我意识”倒成了“伦理实体”的显现形式，它实际代表了“伦理实体”的意志。

当“伦理”以“实体”而非“观念”的方式存在时，人的“自我意识”就成为“普遍的自我意识”，人的“个体性”就成为“整体性”，每一个“个体”都代表着“整体”，而“整体”也蕴藏在一个个的“个体”之中，所以黑格尔说：“个别的意识，当它在个别性中意识到普遍的意识即是它自己的存在时，当它的行动与实际存在是普遍的伦常礼俗时，它只是这种存在着的一而已。”黑格尔此处讲的“普遍的意识”以及“普遍的伦常礼俗”就是伦理实体，因为它已经不是外在的或者个人思维观念上的存在，而成为每个人“它自己的存在”，每个人的“自己”已经与这种“伦常礼俗”合而为“一”了。所以，对于“伦理实体”，黑格尔认为“要在一个民族的生活里才能找到它的完成了的实在”。也就是说，“伦理”作为一种“观念”可以存在于我们的书本上，但作为一种“实体”，作为一种“完成了的实在”，只能存在于我们的生活中，存在于我们整个民族的生活中。而到了这一步，每个“个体”也都成了“伦理实体”的载体和呈现，因而“作为个别化了的事物性，它同样也在它自己的个体性里和它的每一个同胞那里认识它自己”。这里的“它”是指“伦理实体”，意思是“伦理实体”散落在每一个个体身上，成为这些“个体”共同的“本质”，从而将这些“个体”凝聚成同质的“整体”。这就是黑格尔在前面讲到的“我是我们，而我们是我”。换一种说法是“我为他们，他们为我”。这里的“为”即“是”的意思。所以，真正的理性、智慧、德行都绝不是纯粹个体性的，它一定具有民族性的特征，一定是整体的特质，因而黑格尔说：“在一个自由的民族里，理性因而就真正得到了实现。”

第六章

何以为人

一、何以为人

何以为人？听起来这是一个很荒谬的问题，因为这满大街一个个的人不都是“人”吗？他们问过自己何以为人吗？他们做人不都做得好好的吗？他们成为一个人是因为他们好好地思考过这个问题吗？我想不是。应该很多人没有认真思考过这一问题就已经正儿八经是一个人了，甚至有的人就已经认为自己成了人上人。但事实上这的确是一个值得思考的问题，因为很多所谓的人上人都陆陆续续地出了问题，或者从亿万身价变成了亿万负债，或者从身居高位变成了身陷囹圄，或者从声名显赫变成了过街老鼠，而有的人则可能一辈子连光鲜都未体验过。

无论怎样，很多人的人生是自己不想要的或者说是自己不满意的，又或者说有些人最终的结局是自己始料不及的，尽管他们对中间过程很满意。还有些人或许并没有大起大落，本以为自己光荣退休而且有足够的退休金在手，有一定的存款在手，余生应该是悠闲而舒坦的了吧，但事与愿违，接下来的人生对他才真正是一场考验，所以网上才有人感慨地说：谁的老年不是一场血雨腥风呢？你看，连“血雨腥风”这样的词都用上了，事情该有多糟糕呀。但其实说这些话的人并没有遇上什么特别的事，否则他也不会说“谁的老年不是一场血雨腥风”了，可见他说的是常态。问题是怎么一个人好好地竟把自己的人生过成了“血雨腥风”，这是为什么呢？人生真有那么无常，有那么可怕吗？不管怎样，活到一定年龄的人都会感慨人生的不易，这说明“人究竟是什么”可能还真是一个需要想明白的问题，因为“人究竟是什么”

没想明白，人生又怎么可能活明白呢？因为所有的人生都是“人”的一生，“人”是前提，前提错了结论能对吗？这是逻辑常识。那么我们来好好琢磨一下：人究竟是什么？即“何以为人”？

说到“何以为人”，估计不少人认为这一个个的人就是“人”，也就是说他们认为这一个个“人”的存在是没有理由也无需理由的存在，是事实上的存在。的确，“人”首先是事实上的存在，他不以任何理论或道理为前提就已经存在于此了，仿佛探讨“何以为人”的问题是毫无意义的事情。但事实是任何一种文明或文化都是以对这一问题的探讨而开始的，无论是中国的传统文化还是西方的思想文化，都是如此，比如中国的儒家最核心的概念“仁”就是对“人”的探讨，孔子说“仁者人也”“仁者爱人”“克己复礼为仁”都是在回答“何以为人”这个问题。他说“仁者人也”，表面上是对“仁”的定义，其实是对“人”的定义，或者按照西方逻辑学的说法这是“A = A”的命题，即“仁”与“人”是同一性的概念。意思是只有具有“仁”性的人才是真正意义上的“人”，或者说“仁”才是“人”的本质。而“仁”从字面理解即“两人”，也就是说孔子认为“人”不是一个“单数”概念，不是一个“个体”的概念，而是一个“复数”的概念，是一个“集合”的概念，是一个“整体”的概念。这就与我们常人对“人”的理解有很大差异了，因为我们常人会认为“个人”就是“人”，或者说“人”就是以“个体”为存在单位的，难道我作为“人”而存在还需要他人来证明吗？我这个“人”难道还不具备作为一个完整的“人”的全部资格吗？我认为至少孔子是这样认为的，所以他接着说“仁者爱人”，意思是不懂得爱其他人的人不是一个真正意义上的“人”，或者说不是一个完整的“人”，因为“爱”意味着能成为一个整体，而没有了“爱”的人只能是一个个孤立的“个体”，这就与孔子关于“人”是整体性的存在相违背了。而孔子提出“克己复礼为仁”则是为“人”如何成为真正的“人”找到的方法：克己和复礼。“克己”即不要执着或局限于“个人”，要懂得超越自己的“个体”性存在，而“复礼”则是归于“整体”之中，成为“整体”的一员，成为“整体”性的存在。所以，儒家思想的核心便是让人成为真正的“人”。为了更便于大家的理解，孔子提出了“君子”的概念，将其作为真正的“人”的模板来与我们常人习以为常的人——“小人”比对。故而《论语》中有许多关于“君子”与“小人”的排比。

比如，“君子喻于义，小人喻于利”，“君子坦荡荡，小人长戚戚”，“君子周而不比，小人比而不周”，“君子怀德，小人怀土；君子怀刑，小人怀惠”，“君子泰而不骄，小人骄而不泰”，“君子上达，小人下达”，“君子求诸己，小人求诸人”，“君子不可小知而可大受也，小人不可大受而可小知也”。《论语》中有如此多的关于“君子”和“小人”的排比句，是孔子想让人们明白一个真正意义上的“人”和我们现实生活中的人是有差距的，我们现实生活中的人是重实际利益的，因为他们是一个个“个体”性的存在，每个人也只意识到自己的“个体”性存在，所以他们狭隘自我，只顾自己的感受和个人利益。但这不是“人”的本质，“人”的本质是“整体”性的存在，只有活在“整体”层面的“人”才是活出了人的本质的“人”，或者说才是与“人”的本质相符合的“人”，孔子把这样的“人”叫君子。所以，孔子在描述“君子”的地方，所用的词都是与“整体”“大气”相关的词，都是超越“个体”“小我”的词，比如“义、周、德、刑、泰、坦荡、上达、大受、求诸己”等。

“义”指的是“义理”，《中庸》说“义者宜也”，意思是凡事做得都恰到好处，既无不过也无不及。恰到好处当然是在“整体”当中来说的，王阳明把“恶”都定义为“过或不及”，“善”即“恰到好处”，所以没有绝对的“善、恶”，只有在“整体”中的适宜与否，“整体”是判断“善、恶”的背景。“周”讲的是“周全”，有人引申为“团结”，意思是“君子”是有大局观的人，遇事想得周全，能从团结大多数角度出发考虑问题，这当然是有“整体”意识的人。“德”讲的是“道德”，“刑”讲的是“法律”，道德当然是指“公德”，法律也是人们都必须遵守的强制性规则，所以，遵守道德和法律的人也就是自觉维护“整体”利益的人。“泰”“坦荡”指的都是心态，意思是“君子”的心态是“宽广、安详”的，因为他站在“整体”的角度看问题，自然眼界要开阔得多，而且不拘泥于个人的得失，心态也会平和得多，这也是过去把“君子”称为“大人”的原因，比如《大学》便是“大人之学”，即“君子之学”。称其为“大”，是因为“君子”站在“整体”高度。“上达、大受”指的是重“仁义”、担重任，这当然是有“整体”高度和“全局观”的人才能做到的事情，非君子不可为。“求诸己”则是严格要求自己和在自己身上用力的意思，这与孔子的“克己”思想是一脉相承的，因为只有超越“个体”才能心怀“整体”，这也是“君子”的修炼路径。当然“君子”并非遍地都是，孔子都说：“圣人，吾不得而见之矣，得见君子者，斯可矣。”意思是“圣人”是见不到了，能见到“君子”就不错了。这一方面说明“君子”是实实在在可以做到的，但另一方面说明“君子”也不容易做到。为什么呢？因为“君子”是知道了自己“本质”的人，而绝大多数人是不会知道自己的“本质”的，他们只会停留在事情的表面或表象上，从表象上来看，人当然是一个个的存在，所以，人的“个体”性是随时随处立马可以见到的，是“直观”的存在，而常人就活在“直观”上，活在“表象”上，这是毫无办法的事。那为什么“君子”能活在“本质”上呢？或者说孔子又为什么能提出一个“君子”的概念来让人看清“人”的“本质”呢？这当然非一般人能做到，需要有深厚的人生阅历和“离相”的智慧，而孔子恰恰就是这样的“人”。正如佛陀具有了“离相”的智慧从而看到世界的“本来面目”一样，现象或表象在大智慧者眼中是一定会被“看破”的，而“看破”了它，与表象不同的“本质”当然就会呈现，这就是智者能将“整体”定义成人的“本质”的原因，或者说是他们能说出什么是真正的“人”的原因。

为什么我们要有足够的人生阅历或者说“离相”的智慧才能意识到人的“整体”性呢？这是因为一个人一帆风顺的时候往往很容易感觉良好，甚至觉得自己无所不能，而只有在大灾大难面前或者焦头烂额的时候才会意识到自己的孤立无助，一帆风顺、焦头烂额、大灾大难，这些故事总是要有足够的阅历才能一一经历。所以年长的人往往少了年少时的轻狂，多了几分谨慎，因为他知道了自己的局限，当然这只是让人知道了自己的“有限”性，与知道自己的“个体”局限性进而意识到自己的“整体”性还有较大的距离。最能让一个人意识到人的“整体”性的莫过于国家和民族的灾难，因为它是“整体”直接遭受的灾难，人的“整体”性会在这种灾难面前直接得到升华成为一种自觉。

二、人是整体性存在

从鸦片战争至辛亥革命前的几十年间，我们国家经历过鸦片战争、八国联军侵华战争、甲午战争等，一个国家作为一个“整体”不断地受到外族的侵略，这种屈辱的积累导致了辛亥革命的爆发，一群并没有什么社会地位的人团结起来成为一股力量，不停地向着封建专制势力发起一次次的武装起义，直至推翻腐朽的清政府。这些仁人义士肯定不是为了荣华富贵，因为其中很多人其实家境富裕，而推翻清政府肯定要冒着被砍头的风险，既不是为了个人的利益又可能导致个人的牺牲，对于这样的行为它的动机难道从人的“个体”性上解释得了吗？如果“人”真是“个体”性的存在，那么这样的“个体”就只能以自身的生存为最终的动机，而这些人的所作所为的背后动机显然不是这样，所以，他们的行为至少颠覆了“人”是“个体”性存在的观念。当然这种人只是极少数，仿佛不足以代表大多数人，因而他们身上体现出来的“整体”性自觉仿佛并不具备普遍的说服力，也就是说我们可以认为这种人毕竟少之又少，并不能反映人的“本质”，人的“本质”应该在大多数人身上挖掘才是，但我们千万别忘了正是这具有“整体”感的少数人改变了历史。历史被少数人书写这看起来是事实，但肯定不是事实的真相或本质，唯一的解释就是这“整体”性其实深藏在每个人心中，在少数“觉悟者”的唤醒下，大多数人心中深藏着的“整体”性便能升起，最后汇聚成一股势不可当的洪流改变了历史进程。所以，历史始终是被人的“整体”性支配的，只是常态下并不显现，常态下显现的反而是人的表象上的“个体”性，而一旦“整体”遭到巨大的生存威胁，所有的“表象”都即将破灭或坏掉，其中的先知先觉者就一定会率先从表象上的“个体”性中觉醒过来，然后通过他们的不懈努力去唤醒大众心中深藏着的“整体”性，如此便是一场推动历史发展的"革命"。辛亥革命之后的中国历史正是如此。

辛亥革命是人心中深藏着的"整体"性力量的爆发所致，带来的结果却不是"整体"性的现实，而是一盘散沙，民不聊生，军阀混战，依旧饱受外族欺凌，直至以战胜国的身份出现在巴黎和会上却受到战败国的待遇，传回国内的"二十一条"让国人又看到了"整体"屈辱的事实。一批有识之士再次掀起革命的浪潮，这批有识之士同样不是达官贵人，既无军权，又无财权，但他们有与生俱来的"整体"感，也就是对国家和民族的"爱"，他们抛头颅洒热血地去拯救这个国家和民族，历经新民主主义革命、抗日战争、解放战争、抗美援朝战争，终于达成了目标，让这个国家和民族站了起来。这就是20世纪20年代直至50年代初发生的历史事件。这批最初的有识之士同样不可能为了"个人"利益，因为大部分人献出了"个人"的生命，所以"个体"性的动机同样解释不了他们的行为，唯有认为他们的行为是受内心国家民族意识的支配才能理解，也就是人的"整体"性本质支配了他们，最终通过他们前赴后继的浴血奋斗，不断地唤醒更多人内心的"整体"感即爱国热情，从而取得了最终的胜利，我们从很多的抗日歌曲中便能找到这个答案。

在朝鲜战场上我们的军队成为一支让美国军队胆寒的铁军，长津湖、上甘岭等，完全成了美国军队理解不了的一些战例，因为美军面对的是历史上从未有过的成建制的"敢死队"。"敢死队"是军队中为了短期目标而组建的临时组织，而整个一支庞大的军队自始至终就是一支"敢死队"是美国人从未遇到过的。所以，在这种情况下停战对美国人而言便成了唯一的选择。可以说中国军队视死如归的精神让美国军队最终低下了高傲的头，抗美援朝终以志愿军的胜利而告终。这么一支庞大的军队能够视死如归靠的是什么呢？只能靠每个人心中对自己国家的忠诚和热爱，因为未来的个人利益在随时随地的死亡面前变得毫无意义，而当下根本就毫无个人利益可言，有的只是冰天雪地、枪林弹雨、战友伤亡、自身伤痛，如果人的本质是"个体"性存在，那么他们怎么能扛住这一切？只有一种解释：人的本质是"整体"性存在，为了"整体"，为了民族，为了国家，在国家危难的时候人可以付出一切。这就是爱国主义“精神”的力量。所以，说人的本质是“整体”性存在也就意味着人的本质是“精神”性存在。人是“精神”的存在。

关于“精神”是什么，黑格尔在其成名作《精神现象学》中是这样说的：“当理性之确信其自己即是一切实在，这一确定性已上升为真理性，亦即理性意识到它的自身即是它的世界、它的世界即是它的自身时，理性就成了精神。”所以，“精神”意味着人的“理性”已经意识到了自身是“整体”性的存在，是与一切实在“同体”的存在，是与世界“同一”的存在。超越了自身的“个体”性，意识到了自身的“整体”性是“理性”的特征。然而为什么黑格尔还要讲“这一确定性已上升为真理性”呢？“确定性”在黑格尔这里代表的是“主观性”，而“真理性”代表的则是“客观性”或“现实性”，也就是说“理性”还只是代表人在“主观”上意识到了自己是“整体”性的存在，在“主观”上意识到了“自己即是一切实在”，但这种“主观”上的认知还并没有成为“客观”上的现实，即“确定性”还未上升到“真理性”。当“主观”认知成为“客观”现实时，则“确定性已上升为真理性”，“理性就成了精神”。所以，“理性”和“精神”是同一个东西，只不过一个代表“主观”状态，另一个代表“现实”存在，比如抗美援朝时期爱国意识和爱国热情是绝大多数中国人有的，也就是这种“整体”感是绝大多数中国人的共同情感，但只有真正为抗美援朝贡献了力量乃至生命，尤其是在战场上视死如归的战士们，才是真正将这种“意识”和“热情”化为了行动的人，是让爱国意识变成了爱国“精神”的人，因为它让这种主观“意识”成为“现实”，因而被称为“精神”。

所以，在黑格尔的《精神现象学》中，他将“精神”的发展分为五个阶段：意识、自我意识、理性、精神、绝对精神。尽管“意识”发展到“理性”阶段，“意识”即“确知自己即是一切实在”了，也就是说在“理性”阶段，“意识”就已经知道自己并不是“个体”性的存在，而是“整体”性的存在了，但为什么“意识”还要向下发展到“精神”阶段呢？就因为“理性”的“整体”感还属于“主观”的认知，还不一定会成为客观的“现实”。正如同学佛之人都懂得持戒却不一定真能做到持戒，懂得慈悲却不一定真能做到慈悲一样，知行不一是常人的普遍现象。我周围的很多朋友想戒烟戒酒，但痛下决心试了若干次就是做不到，要么戒了酒戒不掉烟，要么戒了烟戒不掉酒，总之就是戒不掉，这就是“理性”没有成为“精神”的典型例子，因为有足够的“认知”，但就是没有真正的“现实”。如何让“意识”变成“现实”，让“理性”成为“精神”，让“确定”成为“真理”，这里有一段漫长的过程。

其实横在“理性”和“精神”之间或者说“认知”和“现实”之间的这道“坎”就是“我”。你想戒烟但戒不掉烟，想戒酒但戒不掉酒，总之你“想”的东西“做”不到，也就是“知”与“行”不能统一，根本原因就是“我”在起作用。你可能会说正是“我”想戒烟、想戒酒呀，“我”又怎么成为障碍了呢？难道“我”一会儿想，一会儿又不想了吗？错！其实想戒烟戒酒的“我”与阻碍戒烟戒酒的“我”并不是一个“我”，所以，明白“我”不是一个恒常不变的“一直在”的实体是做到“知行合一”的第一步。“我”其实只是一个“表象”，它并不真实，当“我”想戒烟，也就是一个想戒烟的“我”起作用时，一定是一个戒烟的因素出现的时候，可能是某篇讲吸烟有害健康的文章深深刺激了你，可能是佛门讲持戒的观点深深触动了你，也可能是某个吸烟的人最终的结局深深震撼了你，也可能是对家人的影响真正唤醒了你，还有可能就是你突然发现身体特别难受而这又与吸烟有关，总之，一定是某些因缘的出现才在你心里产生一个想戒烟的“我”，记住，不是“我”产生了一个戒烟的想法，而是产生了一个想戒烟的“我”，这是要害。既然戒烟的“我”是某些因缘出现才产生的，那么抽烟的“我”肯定也是当初的某些因缘存在才产生的，那么，当初的这些因缘消失了吗？如果没有消失，那个抽烟的“我”就一定还会不断产生，这样，就会有两个“我”同时不断地产生：戒烟的“我”和抽烟的“我”，然后人就会陷入两个“我”的战斗中。

怎么办？首先是让抽烟的“我”产生的条件或者说因缘从自身慢慢消失，这包括外在和内在。抽烟是有外在条件的，远离喜欢抽烟的人群和环境是第一步，第二步是远离抽烟的状态：独处或独思。很多人抽烟都是学会抽烟以后因喜欢独处或独思而得到强化的，如果一个人总是把自己放在一个忙忙碌碌的做事的环境中，抽烟的念头起来的时候就会少很多，也就是想抽烟的“我”就不容易产生。那一个人总有没事独处的时候怎么办呢？独处也别独思，找事做别让自己的思维空转，因为“思维”就是“自我”，闲下来的“自我”按照惯性就一定是一个想抽烟的“我”。所以，戒烟的人应让自己忙起来，让自己少陷入一个人的“思维”中是戒烟的外部条件和因素。抽烟的内部条件当然是喜好，也就是在吸烟过程当中享受到的快感，正像烟民说的：饭后一根烟，快活似神仙。怎样面对自己的“快感”和“享受”才是戒烟的关键，为什么很多人戒不掉烟，原因其实很简单：当下的快感和享受远胜过未来的危害和恐惧，自己的快感和享受远胜过他人的危害和厌恶，感官的享受和刺激远胜过理性的判断和对错。所以，凡是不能持戒的人一定具有这三个特征：眼前看得远比未来重，自我看得远比他人重，感觉看得远比理性重。其实这三点归结为一点，就是这样的人一定是一个非常自我的人、自私的人、目光短浅的人，因而也就是一个严重缺乏“整体”感的人。戒这件事表面上只是一件小事，但其实就是一场修行，一场由人的“个体”性向“整体”性的修行，只有逐渐培养自己的“整体”性，放下自己的“个体”性，才能真正想到做到，知行合一。

其实无论从哪个角度升起了戒烟的“心”，实际上都是“整体”对“个体”的超越，意味着在我们的意识中“整体”开始占上风。比如从身体健康角度我们想戒烟，说明身心这个“整体”的意识起来了，过往抽烟是追求快感，这是“感觉”在支配自己，身体健康被放在了一边，戒烟就意味着身体健康的因素和感官愉悦的因素被放到“整体”中来考虑了，是“身心”一体才让我们作出戒烟的决定。又如为了家人而动了戒烟的“心”，显然是从家人与自己是“一体”的这个角度出发形成的意识。而为了自己的健康是将眼前与未来视为“一体”才能产生的想法，因为毕竟很少人会当下面临一抽烟就大病或死亡的处境，也就是说，抽烟危害的呈现往往是未来的事，没有眼前、未来的“整体”性思考一个人不会产生戒烟的紧迫感。所以无论怎样，缺乏“整体”感的人戒烟不容易成功，甚至戒什么都不能成功，我的友人当中明知喝酒伤害自己而一意孤行最终走向绝路的还真有其人，眼睁睁地看着他走到那一步却又无能为力，听到最终的消息时内心真的感慨：人怎么就能如此糊涂，感官的享受真的会要人命。所以，一个人如果不能真正明白佛门所言“观受是苦、苦是人生”，无论戒烟还是人生都将是没有希望的悲剧、闹剧。当然人生也不是不能追求快乐，这是一个人的本能，但我发现只有当你追求的快乐也能给周围的人带来快乐时，这样的快乐才不会给你带来未来的惩罚；如果你追求的快乐给周围人带来的是痛苦和伤害，那十有八九未来有惩罚在等着你。佛门把这叫“因果”，其实就是“整体”的力量，这也说明人的本质属性是“整体”性的存在，顺应它即合了“天理、天道”，违反它则逆天而行，最终人生艰难。

三、人本质的历史呈现

中国的传统文化喜欢从持戒、克己、修身的角度来谈人如何做到“回归整体”，如何做到“知行合一”，也就是怎样让自己的意识成为现实，主动地在自己身上用力。而西方哲学擅长从历史演变或者说历史归纳的角度来看待这一问题，作为历史哲学集大成者的黑格尔便是从这一角度入手来探讨研究这个问题的高手，看一看他是如何分析这一问题的。他从两个角度考虑“整体”对个人的影响：一个角度是家庭或家族的角度，另一个角度是国家的角度。家庭或家族相对于个人毫无疑问是“整体”性的存在，为家庭及家族出力甚至作出牺牲，这是所有文化下的共同价值观，在中国近百年前乃至现代的一些乡村还存在着这样的价值观。巴金的《家》描述的大家庭中的一员“觉新”便是这样的角色，他的忍气吞声、忍辱负重的背后，都是大家庭这个“整体”给他这一“个体”带来的压力，以致他对自己的爱情都不能自主而悔恨终身。巴金对这个角色是持否定态度的，但不可否认的是，古往今来中国历史上正是因为有无数个这样从家庭或家族需要出发而放弃了“个人”幸福的人，才支撑起了这无数个家庭或家族的稳定和繁衍，才有了几千年持续至今的文明的国家形态。站在“个人”的角度他们是不值得的，但站在

“整体”的角度他们是不可或缺的，今天的社会诸多怪象也许正是缺少了这种为“整体”而牺牲“个体”的“精神”所致吧。中国现在的很多乡村还有“祠堂”，当然整体而言它已经失去了往日的荣光和力量，在过去，它既是家族的议事大厅，又是举办各种重大活动尤其是祭祀活动的场所，是活着的人与先人联系的纽带与空间，一个男人死后不能进祠堂是对这个人最大的惩罚，因为这意味着他将不是一个“完整”的人。所以，在那样的年代人是活在一个“整体”中的，这个“整体”是包括了“先人”们的，正如同电影《长津湖》里的七连编号包括了已经牺牲和退伍的所有士兵，正是这样一种包括了“先人”的“整体”意识才能激发出每个人的“整体”感和抑制每个人的“个体”性，从而唤醒人的“牺牲”精神，让人超越身体的存在而成为“精神”的存在，成为不可战胜的力量。黑格尔在他的《精神现象学》中把家庭或家族的这一现象和规律称为“神的规律”。

黑格尔在这里讲的“神”并不是宗教里面的“神”的概念，而是“阴间的或地下王国中”的存在，其实也就是我们中国人讲的“祖先”或“先人”。有很多学者认为中国民间并没有真正意义上的宗教，有的只是“祖先”崇拜，他们的观点正确与否学界没有定论，但中国人的“祖先”崇拜是事实，在中国的民间无论人们的信仰有何不同，但对“祖先”的崇拜较为一致，或者说，“祖先”是中国人心中无可置疑的“神圣”的存在。清明节是每一个中国人都非常看重的节日，清明会成为他们必须回到家乡的日子，因为他的根和魂在这里，他的源头在这里，他的“整体”在这里。近些年，各个地方的省亲活动或家族式的大规模祭祀活动的兴起无不反映了人们寻根意识的回归，而这背后其实是人的“整体”性本质的自觉。人是“整体”的存在，因而也必然是“精神”的存在，因为从物质存在的角度说，人当然是分开的“个体”。可是当我们的社会进入现代化，经济上的“一体”化逐渐瓦解了人们本质上的“精神”上的“一体”化，失去了“整体”性的人们因而也失去了他们的“精神”的家，成功的焦虑者和失败的恐惧者越来越多，无论成功或者失败人们都难安心，这就是病态，而根源在于我们失去了或者说迷失了自己的本质：整体。找回自己的“整体”性，活在“精神”的境界是现代人突围的方向。

家庭是人的本质——“整体”的基本形式，而国家是“整体”的更高级的形式。在中国传统文化中，家庭与国家这两种形式的“整体”是“同构”的，即是“统一”的，所以“国家”这个概念中既包含了“国”，也包含了“家”，如同一个大概念当中套了个小概念，但性质上是一样的，所以中国人才有“没有国哪有家”，或者“大河有水小河满”的观念，仿佛家庭是国家的细胞，因而在孔子的儒家思想中才能将国与家的价值观完全统一起来。君与父可以并称为“君父”，对君王的“忠”完全就类似于对父亲的“孝”，君臣关系更是类似于父子关系，故称“君君臣臣、父父子子”。比如在抗战期间，国军将领薛岳为了取得长沙保卫战的最后胜利，在得知老父亲病逝的消息时，毅然放弃了回家对老父亲的尽孝，而是“移孝作忠”，将对父亲的“孝心”化为对国家的“忠心”，忠、孝是“同质”的价值观。总之，家国“同构”是中国传统文化的一个特色，这应该也是中国社会能保持长期的大一统格局和文化的持续性的一个因素。但西方文化与我们在这一点上有很大的不同。黑格尔认为“把一个个体称为个人，实际上是轻蔑的表示”。很显然他认为个人不是“个体”性的存在。同时，他认为“人的规律，就其普遍的客观规律来说，是共体”，而且“共体只能通过压制这种个别性精神来保持自己”。因而“共体，或者说公共本质有它的否定方面，即对内压制个体的个别化倾向”。这些说法与孔子的“克己复礼”的思想是完全一致的，“压制个体的个别化倾向”就是“克己”，而所谓的“公共本质”就是“礼”。所以“礼”和“己”总是一对矛盾，即“整体”和“个体”的矛盾。

但在黑格尔看来，国家与家庭也是有矛盾的，他将国家视为真正的“共体”，所以他说：“一个人只有作为公民才是现实的和有实体的，所以他如果不是一个公民而是属于家庭的，他就仅只是一个非现实的无实体的阴影。”他甚至认为“公民不属于家庭”“共体之所以能继续存在下去，全靠它破坏了家庭幸福，把自我意识消融于普遍之中”。的确，在国家面临危难时，很多家庭便不得不付出巨大的代价和承受巨大的痛苦，并由此形成全民族的团结，众志成城如一人从而战胜外敌。所以黑格尔说：“一个民族对其自身力量与安全所持的深信不疑的确定性，即确信它的誓约能把全民族团结成为一人，这个确定性之所以真实，完全由于全民族的所有成员都具有着不言语的无意识的实体。”这个所谓的“不言语的无意识的实体”其实就是民族“精神”，在黑格尔看来它是每个人的“本质”。战争是残酷的，但黑格尔也认为：“战争使个别的财产体制和个人的独立自由以及个别的人格本身都亲切体会到否定力量，另一方面，正是这个否定本质，在战争中，一跃而成为整体的捍卫者。”只有在战争这种极端情况下，人的本质存在才会以“民族精神”的形式，将代表人的“个体”性的诸多要素，比如个人财产、个人自由、个人人格等彻底否定掉，只有这时我们才会明白人的“个体”性是何等虚幻，执着于这种“个体”性的人是何等荒谬，无论你是否愿意，你都会投入“整体”行动的洪流中，无论生死。这是过去战争或革命年代的真实事实，无数的先烈用自己的生命诠释了这一真理。

四、教化的力量

中国传统文化对国与家关系的看法为何与西方文化有明显的差异呢？这应该与中国和西方各自的历史有关，我们知道中国形成大一统的国家形态已经有 2000 多年的历史，尽管中间也有分裂，比如魏晋南北朝时期以及五代十国时期，但相较于大一统的朝代而言，时间不算很长，即便处在分裂时期，社会文化上也没有真正“自立门户”，因为这些分裂的小国并没有构建独立的社会文化体系的能力和时间积累，因而文化上的统一性和传承性依然存在，这就为国家概念的深入人心奠定了深厚的社会基础。从另一个角度来说，在过去社会生产力极度落后和社会生产关系相对封闭的情况下，这种国家层面的大一统只能是政治军事层面的，而非经济生活层面的。名义上的当然也包括政治军事上的国家大一统的概念和事实上的或者说日常生活层面的各自管理的概念是并存的，并且持续了上千年。在这种状态下，非战争时期我们必然养成了国与家的相安无事、和谐共处的观念，国家希望百姓安居乐业，保持社会稳定，百姓希望国家维护和平局面，创造太平盛世。正是在这样的社会历史背景下，儒家构建的家国一体或者说家国“同构”的文化才能持续传承。

而西方的历史与此不同，自罗马帝国解体后，欧洲表面上还出现过几次帝国形态，但已经维持不了真正的大一统局面了，尽管中世纪时名义上罗马教皇还扮演着欧洲精神领袖的角色，但政治、军事上各地的君主各自为政，不仅整个欧洲形成不了大一统的国家，就连名义上的各个君主国也不是现代意义上的“国家”概念，各个领地的贵族在自己的领地内几乎拥有绝对的权力，包括军事的、政治的权力，也拥有自己的军队。所以当我们听到西方人说他的家“风可进，雨可进，国王不能进时”，我们觉得他们真牛，并把它当作自由的口号，但如果我们了解他们的历史可能就会明白，这意味着他们的国王其实并不享有中国过去的皇帝的权力，因为在各自的贵族领地国王的确是要止住脚步的，有时就连对外的战争国王都要动员各地的贵族投入自己的军队参战，而贵族是否参战则是视利益大小而自己决定。也就是说，它们还很难说是现代意义上的统一的国家，所以，我们看近代史的时候经常看到作者会将西方一些国家成为强国和成为一个民族国家相提并论，你可能会觉得奇怪，难道它们之前还不是一个民族国家吗？事实真是这样，这些国家在成为强国之前是一盘散沙，或者说是一个联合体，只是这个联合体的主要成员有自己内在的高度统一性，而这个联合体本身则可能是一群各自有着领地和军队的贵族，所谓的国王也只是其中一个较有实力的贵族而已。而最终成为“民族国家”即意味着这些贵族真正统一起来了，或者说那个强大的贵族真正统一了其他贵族，统一了他们的政治和军事，并将国家建立于这个政治军事上统一起来了的民族之上。这件事对很多所谓的西方强国而言只是近几百年的事。所以，西方的民族国家和贵族家族之间并不具有历史的天然的统一性，因而黑格尔在谈到“共体”概念时，重点强调的是“国家”概念，因为以家族为单位的贵族势力对“国家”构成的是分裂的力量。这就是他强调“国家”力量的原因。当然，中国的家族或地方势力也会对国家有一定的“离心力”，但在过去的皇权面前这种“离心力”是绝不敢公开显示的。正因如此，在文化上我们便形成了家国一体、家国同构的理念。

其实，无论是家国同构文化还是家国矛盾观念，其在对待人的“个体”性的看法上是一致的，它们都认为“整体”性才是人的本质，只有依靠“整体”来“压制个体的个别化倾向”才能使人回归他的本质。中国传统文化可能更注重家庭或家族为这一“整体”的呈现形式，而黑格尔这里相对于家庭则更重视国家为这一“整体”的呈现形式，尽管两者都不是真正的“整体”本身，只是真正走向“整体”的过渡形态。那么，无论家庭、家族还是国家，这种“整体”化的过程和方式是怎样的呢？用黑格尔的语言来说就是“教化”。黑格尔的原话是，“个体性的自身教化运动直接就是它向普遍的对象性本质的发展，也就是说，就是它向现实世界的转化”“它有多少教化，它就有多少现实性和力量”。为什么黑格尔会将人的“教化”与人的“现实性”和“普遍性”联系起来呢？因为黑格尔认为：“单独的个别的人，从其本意来说，只在它是体现着一切个别性的普遍的众多时才是真实的，离开这个众多，则孤独的自我事实上是一个非现实的无力量的自我。”也就是说，一个人离开了他的群体，他就会是一个无力量的孤独的自我，反过来说，只有当一个人代表着整个群体的时候，他才是真正有力量的，因而是“现实的”或者说“真实的”。黑格尔把这个群体称为“一切个别性的普遍的众多”，因为整个群体是由一个个的“个人”构成的，所以黑格尔称其为“一切个别性”，但这“一切个别性”又是一个群体，自然又有着“普遍的”共性，这“普遍的”共性必定会反映在这一个个“个人”身上，使这一个个“个人”成为“普遍性”的代表，集“个别性”与“普遍性”于一体，集“个体”性与“整体”性于一体，成为“普遍的众多”。

黑格尔这里讲的是“事实”，即无论怎样每个人都是如此，当你没意识到这一点的时候你是蒙昧的，是缺乏真正力量的、孤独的，而一旦你意识到并确信了这一点，你便拥有了超越个体的真实的力量，你所想的一切便能成为现实，所以黑格尔也说，“只有普遍的东西才具有现实性”“现实性直接是普遍的东西”。因为当你的意志代表了大多数人的想法和利益时，也就是你的想法与大家的想法不谋而合时，事情当然就这样成了，老话把这叫顺势而为，佛门把这叫“法界的加持”，也叫“因缘具足”。所以佛门做事一般讲看缘分，其实讲的就是看自己的想法是否与众生的意愿相符，相符了，便叫作“因缘成熟”，反之则称为“因缘不足”。其实就是看自己的“个体性”此时是否代表了“普遍性”，也就是自己的想法和行为是否与大家的需要吻合，如果吻合则很容易成功，成为“现实性”，因而也就是有力量的和真实的。意识到自己本身有代表整体的“普遍性”存在，并把自己的念头和行为调整到这样的频道，这就是一个人的“教化”过程。所以，黑格尔说：“它的现实性完全在于扬弃它的自然的自我。”“教化”的过程就是让一个人意识到自身的“整体性、普遍性”，并能主动调节自己的过程。为何需要“教化”呢？很多人从自然的“表象”去理解看到的是一个个分别的“个体”，也就是“自然的自我”，只有具备“离相”的智慧才能看到彼此的“一体”，看到“个别性”之后的“普遍性”，看到“个体”背后的“整体”，这就必须通过“教化”。

“教化”的方式是什么呢？在历史上这种“教化”的方式主要是两种：伦理道德和宗教信仰。无论东西方都是如此。中国的儒释道主要由儒家来负责伦理道德的教化，而由佛道两家负责宗教信仰的教化，显然，在儒释道三家中是以儒为主体或主流的，当然在局部的历史时期也有以佛或道为主体的现象，但时间和范围都比较有限，特别是汉武帝罢黜百家独尊儒术之后，基本上就确立了儒家思想在中国社会文化中的主体地位。所以，中国社会的一个明显特征便是“伦理道德”社会，佛道两家始终只是一个补充，宗教也很难成为社会的控制力量。但西方的历史与此不同，公元4世纪，基督教获得罗马皇帝的认可成为合法的宗教，随着罗马帝国的分崩离析，欧洲分裂为众多的小国，政治和军事上的分裂只有依赖宗教上的统一来保持文化和精神上的一致。直至公元16世纪宗教改革前的整个中世纪的1000多年间，欧洲社会从文化上来讲是一个宗教社会，所以，它的教化方式是以宗教信仰为主，伦理道德的教化含在其中。宗教化的社会文化在欧洲的中世纪达到了巅峰状态，甚至国王都不敢与远在罗马的教皇抗衡，因为这些国王的国民都是基督教徒，他们在精神信仰上只忠诚于他们的“主”在世间的代理人——教皇，以及教皇委派到各地的代表——主教和教士。所以当德国国王反对教皇的意志时，教皇便开除了德国国王的教籍，国王成了为全体国民所不齿的异教徒，国王还怎么领导和管理他的国民呢？最终国王在冰天雪地里跪了三天才得到教皇的宽恕，这就是与教皇抗衡的结局。各地教会的权力也非常大，以至于宗教改革前欧洲最好的土地70%归了教会，权力、财富都在向教会集中，这便是宗教化社会的真实状况，当然由此也阻碍了社会经济的发展，所以西方社会通过宗教的教化维持了罗马帝国分裂后的欧洲在文化上、精神上的统一局面，但社会经济发展止步不前达上千年之久，被史学家称为黑暗的中世纪。

五、教化的困境

中国社会“伦理道德”教化的成果是有目共睹的，2000多年的大一统局面和绵延不断的文化传承便是明证，但进入19世纪，这一传统的“教化”模式便遇到了前所未有的挑战，从两次鸦片战争到八国联军入侵再到甲午战争的失败，中国的社会精英们忍无可忍地向着“伦理社会”的教化模式开炮了，这一标志就是20世纪初的新文化运动。新文化运动直指儒家文化，孔孟之道遭到了新一代文化人毫不留情的批判，事实上这一批判的精神几乎持续了一个世纪。500年前的西方，随着宗教改革的兴起，宗教信仰的“教化”方式受到了极大的挑战，直至17—18世纪的启蒙运动还在延续着这一批判的精神，并催生了影响世界的法国大革命，直到德国古典哲学这里，尤其是黑格尔的出现才算是在思想界给这一股“狂飙”泼了一盆冷水，世界才算安静了一点，极端的个人主义才开始有所制衡，目空一切的理性主义才愿意给信仰再次留一席之地，信仰与理性、宗教与科学才能相安无事。其实恰好500年前中国也出现了一位划时代的人物，他对当时中国的传统文化进行了批判性思考，并一步到位地提出了“知行合一”的指导思想，为中国文化带来了变革契机。但是中国社会精英们的运气比西方当时的思想家们差得太多了，他们面对的是强大的皇权，尤其是与时代同步的思想停下脚步，等压在进步思想上的皇权崩盘时，列强已杀到了家门口，于是，新的思想就只能以扭曲的方式来呈现了，这就是彻底批判孔孟之道的因由。

“教化”是必需的，否则人就只能成为“自然人”，成为自然的“自我”，正如黑格尔所说，“孤独的自我事实上是一个非现实的无力量的自我”“只有普遍的东西才具有现实性”“它的现实性完全在于扬弃他的自然的自我”。自然存在的“个体”力量是极为有限的，只有“整体”才具有足够的力量让意志成为现实，只有当“个体”充分意识到自己的“普遍性”，即意识到自己与其他一切“个体”的“同一性”时，“个体”才能统一为一个“整体”，而这恰恰就是“伦理道德”和“宗教信仰”试图达到的目的，也就是“教化”的目的。传统的伦理道德的价值观多侧重于“整体”价值，比如中国传统文化所倡导的“仁、义、礼、忠、孝、信”等，强调的都是“整体”而非“个体”，即便谈“忠”也不是单方面强调一个“忠”字，而是说“臣事君以忠，君使臣以礼”，意思是臣对君要“忠诚”，但君对臣必须以“礼”相待，双方是对等的，都有自己必须遵守的规范，谁都不可以为所欲为，任何“个体”都不可任性或者说随意，都必须受到约束，这才是孔子说的“君君臣臣”的意思，即君要有君的样，臣要有臣的样，君要像君，臣要像臣，这才是“礼”，才是“义”，才是秩序。同理，儒家讲“孝”也不是单方面的，而是“父慈子孝”，这就是孔子在《论语》中说的“父父子子”的意思，即父亲要有父亲的样子，儿子要有儿子的样子，父要像父，子要像子，这才是规矩。所以，无论讲“仁”讲“义”，还是讲“忠”讲“孝”，其实讲的都不是单方面的行为规范，而是相处的双方如何各自约束收敛自己，以有利于“整体”的有序存在和运行。因为大自然的存在告诉我们，天地万物都有自己的轨迹和位置，正因为各自都安于其位，大自然才能得以持续存在并拥有强大的力量，这就是孔子在《论语》中讲的：“为政以德，譬如北辰，居其所而众星共之。”意思是只要各居其位，社会就能像北斗七星有序而耀眼地长存于星空。所以，伦理道德一定是从“整体”而非“个体”的角度来实施教化的。

西方的宗教信仰实施教化的目的当然也是如此，“上帝”将世间一切的等级压到了一个平面，因而每一个“个体”都变得失去了自己的“特殊性”，都成了“上帝”的创造物，这是让人放弃对“自我”的执着的第一步，让人放弃自己的狂妄自大，生起谦卑臣服之心是人能聚成一个“整体”的前提。《圣经》中人类的祖先亚当、夏娃偷吃禁果所犯下的原罪，让后世的人们必须活在忏悔和赎罪的心态中。上帝对人类的几次惩罚，如大洪水的故事及巴别塔的故事等让人必然生起敬畏之心。而摩西从圣山上请回来的十戒直接给了众生以行为的规范。总之，宗教所有的教义无非告诉人们，放弃自己的欲望和自我，听从一个远远超越自己的力量的指引。而现实中这个远远超越自己的力量不可能是无影无踪、无形无相的“神”，它一定是“有形有相”的人，即便有“神”，它在人间也必须有一个代表它的“人”。这股居于一切人之上的力量的存在，的的确确是过去那个年代能让人形成一个“整体”的条件。在那个年代，宗教的确起到了凝聚人心、凝聚众人的作用，这是无法否定的。社会发展的方向就是由“个体”到“整体”，在文明的初期，由“个体”到“整体”所采取的任何形式都有它的历史价值，因为完成对个体的“教化”才是它的任务。

既然“伦理道德”的教化或“宗教信仰”的教化有这样的价值和功能，那么为何到了近现代却受到了后人严厉的批判和否定呢？这就是黑格尔特别喜欢说的一个词，叫“异化”，“异化”就是背离初衷的意思：“伦理道德”异化成了一种“桎梏”，“宗教信仰”更异化成了一种压迫。黑格尔的原话是：“自身异化的精神以教化世界当作它的特定存在。”显然，黑格尔认为“教化世界”就是“自身异化的精神”，或者说是“精神”的异化。那么为何会发生这样的“异化”呢？我们看看黑格尔的说法，“精神用概念加以把握以后，由于出现了识见……都被弄得颠倒错乱，而分裂并扩展成此岸和彼岸的那个世界，则归返于自我意识”“在分裂意识那里占统治地位的是概念”。也就是说，“概念化”是异化的罪魁祸首。“伦理道德”的任何一种表达都是“概念”，仁、义、礼、忠、孝等当然都是“概念”，也只能是“概念”，但正如黑格尔所言：“精神用概念加以把握以后……分裂并扩展成此岸和彼岸的那个世界。”也就是说“概念”造成了“意识”的分裂，所以黑格尔才说它“在分裂意识那里占统治地位”。何谓“分裂”？或者说何谓“此岸和彼岸”？“彼岸”代表着完美的一切，而这正是“概念”所试图表达的，比如“仁、义、礼、忠、孝、信”，哪一个不是我们认为的理想的人格概念？我们当然愿意与具有这些品性的完美人格打交道，我们也希望自己具有这样的完美人格，这不正是孔子描述的“君子”人格乃至“圣人”人格吗？好是很好，美是很美，但我们做得到吗？或者要怎样才能做到呢？孔子自己都说圣人他见不到，能见到君子就知足了，可见君子也不容易做到。所以，树立了这些道德上的绝对完美的人格概念，同时让我们产生了人格分裂：现实的真实的人格品性，这叫此岸，以及理想的但目前还不具备的人格目标，这叫彼岸。这就是“分裂”，完美的人格概念、道德概念带来的“分裂”。所以，“概念”既能起到“教化”作用，又必然带来“异化分裂”作用，因为“分裂”就是“异化”。

“异化”就是把自己视为一个“异己”的存在，也就是一个异于自己的存在，本来“我就是我”，用黑格尔的说法叫“我 = 我”，但有了“概念化”的道德标准以后，我就既是我，又不是我了，因为我的内心里同时有了两个“我”：一个是我希望或者说社会希望的我，也就是符合道德标准的我，这是理想的我；另一个是我现在真实存在但自己并不满意的我。这两个“我”是分裂的，因而“我”也就是“异化”的，现实的“我”异化出了一个理想的“我”，所以，“分裂”就是“异化”。没有这种“分裂”或“异化”，“教化”就无法进行，人的“个体”性就永远无法向“整体”性发展，这就是社会文明早期无论通过伦理道德还是宗教信仰这种“教化”方式都必然会存在的原因，但“异化”的持续必然会弊大于利，从而导致这样的“教化”方式遭到批判和否定。“异化”的弊端是什么呢？最大弊端就是由个人的“异化”变为社会的“异化”。本来每一个人给自己设定一个理想的人格牵引，这对个人的成长是极为有利的，但一旦社会依据这些绝对的道德概念将人分成三六九等，那么那些掌控了社会权力的人便拥有了对这些道德概念的解释权，并有权给人贴上相应的标签，从而从精神上达到对人的控制，拥有控制和分配社会资源的合法性，这就是社会的“异化”。

六、人本质的异化

“概念”为什么会带来“分裂”和“异化”呢？因为“概念”是思维上的存在，而不是现实性的存在，正如黑格尔对“道德”的评价那样：“现实的道德意识……是它的现实的一个彼岸，但是这个彼岸，同时也是存在着的东西，不过只是被思维为存在着的而已。”正因为道德的这些“概念”是思维中的存在，并不是现实性的存在，所以黑格尔说，“没有道德上现实的东西”“道德的完成是不能实际达到的，而勿宁是只可予以设想的一种绝对任务，即是说，一种永远有待于完成的任务”。因而黑格尔认为它是“被设定于现实之彼岸的东西”。黑格尔甚至直接对道德下了这样的结论：“因为道德行为是绝对目的，所以绝对目的就意味着：道德行为根本不存在。”这就是作为思维中的概念——“道德”的本质和真相。这样的真相当然是让人沮丧的，因为如此美好的理想却只是虚幻的存在，毫无现实性可言，那我们还谈“道德”干什么呢？这的确是一个颇费脑力的事情：所有的智者都知道“个体性”不是人的本质，“整体性”或“普遍性”才是人的本质，并且都赞成通过“教化”的方式来完成这种从“个体性”到“整体性”的转化和觉悟，那为什么面对人类用代表了“整体性”的道德概念来实施这项伟大的工程时，后世的智者却又拿起了批判的武器口诛笔伐呢？仅仅是因为“概念”带来的“异化”吗？问题是把“异化”消除，“概念”也就消除了，因为“异化”就是“概念”带来的，而消除了道德的“概念”，道德又在哪里呢？就如同把“仁、义、礼、忠、孝、信”这些概念都消除了，社会还有“道德”吗？人的“个体性”还能向“整体性”转化吗？缺失了“整体性”，社会不就成为一盘散沙，个人不就变得极端自私了吗？社会的现实不正是如此吗？

所以，中国社会几千年发展过程中，儒家的伦理道德取得了伟大的成果，形成了几千年绵延不断的文明和国家；但也带来了创新力的缺失，这是不争的事实，否则又怎么有新文化运动和持续不断的上百年的社会变革呢？

新文化运动直接针对的就是中国的儒家文化或者说儒家的伦理道德文化。但批判和否定的结果又如何呢？当然经济发展了，国力强大了，同时“个体性”得到了前所未有的膨胀，极端的自私、信仰的缺失成了很多经济富裕了的人们的致命伤，焦虑和抑郁在所谓的成功者群体中蔓延。事实上灵魂深处归属感的缺失才是焦虑和抑郁的罪魁祸首，而归属感的缺失正是“整体性”的缺失，所以，几千年传承下来的道德教化体系的运作被破坏，出现“整体性”的缺失就会成为必然，但传承了上千年的道德教化体系又的确存在着问题，这该如何是好呢？

应该说，道德“概念”是必需的，它是人由“个体”走向“整体”的保障，但道德“概念”又必然是“异化”的，不以人的意志为转移。“异化”意味着它的非现实性和虚幻性，正如黑格尔所说的那样，但正因为它的非现实性，它才会成为人的自我提升的牵引，理想才会激励现实。所以，“异化”不仅不能避免，而且是有意义的，问题在于我们不能把这种“理想”对现实的牵引“强制化”“绝对化”“权威化”。也就是说，不能把社会的“教化”和“管治”混为一谈。“教化”是一个人自我提升的过程，“整体性”和“普遍性”是每一个人本自具足的东西。“教化”只是外在的促使每个人“觉悟”到自己的“整体性”和“普遍性”的方式而已，“觉悟”才是关键。也就是说，在通过伦理道德实施“教化”的过程中，外力只是辅助，“觉悟”才是目的。作为辅助的“外力”不应该具有强制性或者说强迫性，一旦它具有了强制性、强迫性，就会走向它的反面。因为诚如黑格尔所言，道德“概念”只是思维中的存在，并不是现实中的存在，它本身就只有理想的标杆所带来的牵引作用和极限意义，即从严格意义上说，它的这些“概念”所代表的境界是任何个人都无法真实达到的，它本来就是给每个人做参考的。每个人对照着它可以知道自己做得怎样，还有哪些做得不够，然后可以持续地前进。事实上每个人这一生都做不到真正的“仁、义、礼、忠、孝、信”，但这个标杆在这里可以让我们一直接近它。那么“教化”就是把标杆立起来并且辅助人们走向它，是辅助而不是强制。遗憾的是，因为“教化”会带来“管理”的益处，过往历朝历代的统治者便投机取巧，用“教化”替代“管理”，实施“政教合一”的管治模式，从而让“教化”带来了巨大的负面影响。

这里讲的“政教合一”不是政府和宗教的合一，而是政府和教化的合一。比如中国历史上的科举制度就是一个典型：科举考的主要是儒家思想，优秀者自然成为政府管理者，结果就是，在社会的“教化”中胜出的人，就是政府的“管理”中有权的人，如此“教化”与“管理”就捆在了一起，并且让全国的读书人走上了读书做官的独木桥。“读书”原本只是“教化”，而读书做官的风气让“教化”成为“管治”最重要的方式和手段。国家的“管治”必然是强制性的，由此“教化”也成了强制手段，且标准还是谁都难以达到的，这样一来幻象就会成为“事实”，“事实”就全是幻象。伪劣成为风气，伪君子满大街都是，真小人充斥着官场，也没有人会真正地按圣人的教导去学习和践行“仁、义、礼、忠、孝、信”了，因为这与科举考试无关，与当官无关。科举考的也只是“概念”，只是“思维”中已经“异化”了的东西，与真正的伦理道德所试图达到的“整体性”没有丝毫关系。最终“道德”成了口头禅、挡箭牌、假面具，“文化”成了对人性摧残的工具，所以能不变革吗？历史也恰好走到了19世纪下半叶和20世纪上半叶，东西方文明发生了对撞，一切开始改变。

有的人可能觉得奇怪，为什么恰好是19世纪下半叶至20世纪上半叶，中国上千年的伦理道德社会遇到了巨大的挑战，尤其是在新文化运动中，儒家文化受到了猛烈的批判和否定？原因很简单，这几十年间东方文明遇到了西方文明的强烈冲击，而根源就在于从16世纪开始，直至十七八世纪，一场反对传统“教化”方式的社会运动在西方持续爆发，16世纪初开始的叫“宗教改革”，18世纪持续的叫“启蒙运动”，当然更早兴起的“文艺复兴运动”可以视为这二者的前奏。这些运动的宗旨其实都是对整个中世纪统治欧洲的基督教神权的质疑乃至批判，也就是将“人”从“神”的笼罩下解脱出来，让人成为独立的不依赖于神而存在的真正的“人”。当然这几场运动的侧重点有所不同，较早的文艺复兴运动只是在文艺作品中突出了“人”的色彩，比如达·芬奇的名画《蒙娜丽莎的微笑》。尽管达·芬奇的艺术功底是这幅作品成为传世之作的基本因素，但更为重要的是在整个绘画领域以宗教或宫廷为主要题材的中世纪，达·芬奇作为著名的画家竟然用他的画笔将一个非常普通的女人描述得如此美丽，显然，他的重心已经向世俗的普通人倾斜。换句话说，他把世俗的普通人请上了艺术的圣殿并端坐在了上面，“上帝”仿佛已经不是唯一神圣的存在，普通的人以及人性的美同样会发出神圣的光来。所以，达·芬奇的作品《蒙娜丽莎的微笑》在那个时代的象征意义远大于它的纯艺术价值，因而成了无法超越的存在。

产生于德国的宗教改革更多的是从宗教系统本身发起了对权威的挑战，改革者的主要诉求是人人都可以通过《圣经》直接与上帝对话而无需教士和教会的中介，一个人只要心中信上帝，就能听到上帝的声音。这些观点直接将宗教信仰的“教化”功能由依赖于教会和教士的“教化”转变成了教徒自我的“教化”，让宗教向信仰的回归跨出了一大步。中世纪的欧洲依赖于基督教信仰带来的“教化”，维持了一盘散沙式的欧洲在精神和文化上的统一，这是宗教信仰这种“教化”模式给欧洲社会带来的巨大价值。但正如我们的伦理道德“教化”模式带来了2000多年大一统的同时，也带来了诸多弊端一样，欧洲宗教信仰的“教化”模式也带来了巨大的弊端，因为它同样是强制性的。所有的宗教信仰都应该是基于个人自愿，名义上基督教初期的发展也是以自愿为前提的，但随着基督教力量的壮大，宗教信仰的性质发生了变化，信仰的意义越来越被组织的功能替代。无论何种组织，只要成为组织，它就有它自身的目的和功能，它所秉承的教义尽管依然被组织奉为经典及准则，但对这些教义的解释必然受到组织需要的左右，也就是说，宗教起于信仰，却一定会偏离信仰。中世纪的欧洲也一样，基督教的势力涵盖整个欧洲，教会成了欧洲最大的组织，教皇成为欧洲最有权力的人，这一切当然意味着宗教信仰的“教化”功能已然成为一种“强权”，就连各国国王都无法与之抗衡，何况普通民众。所以在这种强制和压迫下，宗教的“教化”功能完全“异化”成了对人的剥削和管制功能，因而反抗和变革是必然也是迟早的事情。

说中世纪的欧洲是教会在管理上忽视了各个国家君王的存在，也忽视了贵族们的势力，但教会在当时的影响力的确无法轻视，大到以宗教的名义多次发动战争。说起来是自发的，但没有教会的号召，大规模长时间的战争怎么可能发生，甚至国王和贵族都不得不支持乃至参加这样的战争，这就是教会的力量。教会的触角几乎遍及欧洲的任何一个村庄，尽管罗马教廷并没有对这些村庄实施日常的行政管理，但它通过教区乃至各个村一级的教堂，完全控制了教徒也就是所有的村民，这样的管理还要怎样深入“基层”呢？最终就是对经济的控制，什一税是教会征收的税收，即10%的收入归到教会，后期教会甚至以赎罪券的方式来收人头税，即让教徒花钱购买赎罪券以获得死后进天堂的机会，正是这一赎罪券引发了德国传教士马丁·路德的不满，从而引发了遍及欧洲的宗教改革。可见，无论是伦理道德的“教化”模式还是宗教信仰的“教化”模式，也无论它的初衷如何美好，只要它与社会的管理合而为一，就一定会严重偏离它的初衷而最终走向反面，因为“教化”的本质是人的成长和觉醒，绝不可以以管制的方式来进行。也就是说，社会的“教化”和社会的“管制”绝不可合而为一，“管制”是必须也必然是强制性的，因为它以服从为准则，而“教化”只能以自愿为准则，因为没有任何人敢说自己是圣人或上帝。无论伦理道德中理想的人格还是宗教信仰中神圣的存在，本质上都只是人的思维中的存在，这就是黑格尔对历史的总结。

七、异化的回归之旅

“教化”的本意是让“个体性”回归“整体性”，让人的自然性升华为普遍性，但“教化”本身存在的“异化”现象带来了对人性的扭曲和伤害，违背了“教化”的初衷，无论伦理道德的“教化”还是宗教信仰的“教化”都是如此。伦理道德的“教化”经过了两次“异化”，一次是“概念化”的阶段，另一次是“组织化”的阶段，即将伦理道德的“教化”作为社会管理手段的阶段。宗教信仰的“异化”也经历过类似的两个阶段，“组织化”的异化阶段在欧洲的中世纪达到了登峰造极的状态，那么，它的“概念化”的异化阶段是怎样的呢？我们顺着黑格尔对信仰本质的分析看看这个问题的答案。黑格尔把这个“异化”分成了两个阶段：“异化”之前和“异化”之后。“异化”之前，“信仰事实上即是对本质的一种纯粹意识”。也就是说，这个阶段信仰还只是一种“纯粹意识”，尚未进入“自我意识”，因为按照黑格尔的进化五阶段，“纯粹意识”也就是“自我意识”之前的“意识”阶段。这便是信仰没有“异化”之前的阶段，在这个阶段，“本质是直接存在于信仰中的，其所以是直接的，是因为信仰的对象即是本质”。也就是说，在“纯粹意识”里，“对象”和“本质”是一体的，或者说“本质”还没有“对象”化，即信仰本身还没有“对象”化，信仰还是一个自在的无对象的存在。黑格尔将信仰的初始状态定位成无对象的自在的存在，这是非常重要的观点，这为之后有关信仰的觉醒和“异化”的回归做了关键的铺垫，而且与佛法中禅宗六祖惠能的“自性本自具足”的观点是高度吻合的。无对象的自在的信仰就是“自性”，它是一切的源头，是道家讲的“天下万物生于有，有生于无”的那个“无”，也即佛门讲的“空”，所以，空和无都不是没有，而是能生万有的存在，却是“无相”的存在，这个存在就是黑格尔讲的“纯粹意识”中的信仰，也就是六祖惠能讲的“自性”。所以六祖惠能紧跟着说“何期自性，能生万法”，因为一切都是这无相的自在的“信仰”所生。这一“生”的过程也就是它“异化”的过程，如何“异化”的呢？

黑格尔说：“一旦思维进入了意识，或纯粹意识进入了自我意识，这种直接性就获得了对象性存在的含义，意味着是一个处于对自我意识之彼岸的对象性存在。”也就是说，“思维”或“概念”的介入是关键，这种介入让“纯粹意识”进入“自我意识”阶段，“本质”和“对象”的一体化状态终结了，或者说信仰本身便以“概念”的方式分裂出了一个外在的对象来与信仰相对，成为彼岸的存在。所以黑格尔说：“信仰把［绝对］本质拟人化了，搞成对象性的和可以表象的东西了。”很显然，这个所谓的“拟人化”的、“对象性”的、“表象”的东西就是信仰崇拜的对象，而它实际上是信仰自身分裂出去的东西，所以黑格尔也说“信仰是一种自我意识”，因为它崇拜的对象是自己，只是它并不知道，因为信仰已经“异化”了。因而黑格尔说：“那对信仰而言是绝对本质的东西，乃是信仰自己的意识的一个存在，乃是信仰自己的一个思想，乃是一个由意识创造出来的东西。”所以，信仰是母体，是先于一切对象的存在，也包括信仰崇拜的代表了“绝对本质”的对象，即宗教中的“神”一般的存在，都是因信仰而存在的，都是信仰本身所产生的，这是真相。

信仰的“一分为二”带来的“异化”使信仰者迷失了“自己”，将本是自己的“表象”当作外在的追求和崇拜的对象，也就是说，我们在宗教中崇拜的“他者”，其本质是自己，是自己内在的“普遍性”和“整体性”，也可以说就是“信仰”本身，所以佛门讲“自性是佛”，禅宗六祖惠能在《坛经》中说“自佛不归，无所依处”，意思都是我们崇拜的佛或者神都不在“他方”，就在崇拜者的虔诚的“信仰”中，这股“虔诚”的确信的力量就是让我们创造一切和改变一切的力量。所以，一个人只要有绝对的诚恳的心，就是心中有佛之人，也就是老百姓讲的菩萨保佑加持之人，这也正是儒家经典《中庸》所言“诚者，天之道也；诚之者，人之道也”的意思。《中庸》所言表明“天道为诚”，即世界的普遍的本质就是一个“诚”字，而人做到了“诚”就顺应了“天道”，就回归了世界的本质，“个体性”就回归了“普遍性”，而“诚”的本意就是真实面对“自己”。因此，不向外求，回归自心，才是消除“异化”的良方。然而，历史并不会一步到位，人们在“异化”和回归的道路上注定还有弯路要走。信仰的“异化”导致的弊端人们感受到了，但“异化”的原因人们直观的感受只是“组织化”，因此人们的回归之旅首先迈出的一步就是“反神权、反教会”的社会运动，历史上也叫作“启蒙运动”。

发生于西方18世纪的“启蒙运动”，其观点诉求其实包含了诸多内容，而且作为“启蒙运动”精神领袖的伏尔泰、卢梭、狄德罗等人的思想观点其实并不完全一致，甚至他们个人的观点前后也并非完全相同。但在对待教会和神权问题上他们显示出了较高的一致性，事实上“启蒙运动”的兴起正是因为欧洲当时的教会对人们思想的禁锢以及迷信的盛行，这些思想者已经无法忍受人的权力和人的本性所受到的教会以神的名义施加的压制和逼迫。从个人生活方式的角度而言，无论伏尔泰还是卢梭都是极其浪漫甚至放荡不羁之人，伏尔泰公开承认自己是一个享乐主义者，喜欢奢侈、舒适的生活，而卢梭的私生活则只能用放荡不羁来形容，看过他的《忏悔录》的人都会被他在女人问题上的真诚的忏悔之心打动。他们这样的思想理念和生活方式当然是与正统的教会理念相冲突的，而现实教会的腐败和专制又让他们看穿了教会理念的虚伪和欺骗，最终导致他们不仅从个人生活方式的角度，而且从社会正义的角度、从人性的角度，将教会和神权树为批判和否定的对象。尽管他们有时并不否认自己是一个有信仰的人，比如卢梭就公开表示他并不反对基督教的基本教义，但对于教会组织他们基本上保持批判和否定的态度。也就是说，对于信仰的“组织化”带来的弊端他们是深知其害并深恶痛绝的，所以在后人的总结归纳中，将人从神的笼罩中解放出来始终是“启蒙运动”的第一宗旨。

但在对待“民主、自由”等我们今天听起来耳熟能详的启蒙运动的理念上，他们真实的思想与今天世人的理解有不小的出入。比如对待民主政治的问题，伏尔泰的观点其实并不站在“共和”一边，相反，他一再主张开明的君主主持国政，他觉得这比交权给易变、未受教育、迷信的群众能获得更大的进步。而且他认为自己与之战争的不是国家，而是天主教会，在这场与教会的战争中，国王的支持是难得而珍贵的帮助，也就是说宗教信仰自由才是他的真实目的。伏尔泰并不像卢梭一样对平等论异常热忱，他知道人生而不自由、不平等，他认为君主政体是一种自然的政体，在回答当时“为何全世界都是由帝王统治”这个问题时，他给出的答案是：人差不多都不值得拥有自治权。因而他不太赞成民主政治，认为共和政体并不比君主政体更有德行。尽管他的思想在晚年有所变化，但从根本上说，他是一个反神权而并不反君权的人，所以他与各国的君王都保持了较好的关系，往来甚密。

而卢梭的“民主、自由”的思想其实与今天一些人的理解并不完全一致，首先他在其名著《社会契约论》中的那句“人生而自由，却处处都在桎梏中”就表明他对自由的理解并不是我们认为的那样，他甚至说“服从我们自己制定的法律就是自由”。可见，卢梭从不认为“自由”是第一性的绝对的概念，而是必须服从于公共意志，也就是人们共同制定的法律。同样他也并不反对君主制度，只要国家由法律而不是独裁君主的命令来统治，这样的君主政体他认为就是共和政体。当然，前提是法律应该是公共意志的表现，在这种代表了公共意志的法律面前，国家有权强迫个人服从法律，他认为这不是侵犯自由，而是保护自由，卢梭把这称为社会强制个人享有自由。在对代表了公共意志的法律推崇备至的同时，他几乎走到了私有财产的对立面，谴责私有财产几近无恶不作，尽管他最终还是承认私有财产制是有必要维持的。所以，卢梭的“民主、自由”的思想并不如我们想象的那样，并不是个人主义的，尽管他早期的思想中个人主义色彩的确较为浓厚，但随着思想的成熟，他的内心发生了较大的改变，以至有人称他为个人主义的叛徒，因为他的思想逐渐由维护自由而倾向于维护秩序，政治思想上他也开始由攻击基督教转而批评国家。总之卢梭其实是一个性格和思想都充满了矛盾的人。

席卷欧洲的“启蒙运动”将人从神的权威下解放出来，由此带来了欧洲社会持续不断的社会革命，法国的人权宣言和美国的独立宣言也都深受其影响，法国大革命则直接把“启蒙运动”推向了顶峰。可以说现代的任何一个国家的政治体制和社会价值观都受到了“启蒙运动”的深刻影响，“启蒙运动”的确带来了人对自己的重新认知，即便他们没有从王权的统治下彻底解脱出来，但也至少从神权和迷信当中获得了解脱。总之，人是不依赖于其他任何因素的自在的存在，通俗地说，人是独立而自由的存在，这一点成为绝大多数深受启蒙思想影响的人的共识，因而人的独立意识、权力意识得到了空前的提高，这为现代文明社会的构建和创造力的发挥提供了前提和基础，所以，没有人能否定“启蒙运动”的价值和意义。然而“启蒙运动”是否如其所愿地彻底解决了“异化”问题呢？当然没有。对个人权力和独立性的过度重视导致了极端个人主义以及无政府主义的思潮泛滥，对“自由”概念的极端解读至今都还影响着人们对它的正确理解，以至于倡导“自由”便是不受约束，一有约束便是破坏“自由”，成为我们的惯性思维。

其实无论“个人主义”还是极端的“自由主义”都绝不是“启蒙运动”思想家们的初衷，而是后人对他们思想的误解和各取所需式的剪裁。但“启蒙运动”衍生出的这些副产品给历史增添了麻烦，因为极端的“个人主义”和“自由主义”引发的毫无疑问是“集权”和“专制”，这就是我们在欧洲看到的19世纪乃至20世纪多次出现的“专制”和“独裁”现象。无论是拿破仑还是俾斯麦，甚至包括后来的希特勒等，以及其他欧洲近200多年冒出来的拥有权力的铁腕人物，对世界产生了破坏力。这200多年既是人类文明日新月异的时期，也是人类自身血雨腥风的多事之秋，从18世纪的法国大革命算起直到20世纪二战的结束，从革命者和被革命者交替上断头台，到两次世界大战全人类深陷其中的灾难，人从“神”的权威下解脱了出来，没有“神”的束缚，人获得了精神的独立和自由，然而人又干了些什么呢？人类普遍幸福了吗？世界真正太平了吗？事实证明并不是这样。所以，宗教的“异化”摆脱了，人并没有达到自己想要的状态，人还在自我的捆绑中活着，这便是“启蒙运动”没有完成的任务。没有了神的至高无上的权力的威严，要构建新的社会秩序就只有依赖人的权力和威严，所以，社会中个人的权力意识和自由意识越极端，社会的离心力便越强大，那么构建整体秩序的向心力便必须更强大。由此，强硬派和极权人物的出现便成了极端个人主义和自由主义的孪生兄弟，这便是这200多年极端个人主义、自由主义盛行，同时极权人物、铁腕人物层出不穷的原因。只是铁腕人物创造了强大的帝国同时往往造成世界性的灾难，而极端个人主义者和自由主义者带来了让人热血沸腾的正义的假象的同时，把极权人物推上了历史舞台，最终让自己也成为牺牲品。所以，今天的历史是一个“启蒙运动”带来的并未讲完的故事。对此，黑格尔早有预判，尽管后世的哲学家把康德开创、黑格尔集大成的德国古典哲学都纳入了“启蒙运动”的范畴，但黑格尔并不买“启蒙运动”的账，因为他知道“启蒙”仅仅是接近于“精神”成长五阶段的“理性”阶段而已，靠近了中间。尽管“启蒙运动”也树起了“理性”的旗帜，却并没有真正进入“理性”，当然也就远没有到达“精神”或者说“客观精神”的阶段，所以，他对“启蒙”仍持批判态度。

严格来说，“启蒙运动”所标榜的“理性”与黑格尔所认为的“理性”还是有较大区别，“启蒙运动”所标榜的“理性”是与“迷信”相对立的概念，既包含着实事求是的实证精神，又包含着论证严谨的逻辑思维，因而是客观且合理的。但黑格尔讲的“理性”是“意识确知自己即是一切实在”这个确定性，是一种超越自我意识的认知。在黑格尔的“理性”中，我与非我是一体的存在，所以黑格尔说“我是我们，而我们是我”，人在认知上是超越了“个体性”的，到达了“整体性”的存在。但在“启蒙运动”这里，人只是充分意识到了自己作为“个体”存在的权力和自由，并试图通过形成“公共意志”的方式来完成“个体”向“整体”的过渡，比如像卢梭所说的那样。但卢梭所说的具有了“公共意志”的整体，也就是国家，其实质是“个体”的集合或联盟，它是基于“个体”的存在。在卢梭的思想中，“个体”并不天然等于“整体”，“整体”也不是“个体”的简单叠加，除非“个体”之间能以法律的形式形成“公共意志”，也就是说“个体”与“整体”本身不是一回事。

但黑格尔说的“我是我们，而我们是我”表明“个体”与“整体”本身就是同一的存在，无论“个体”是否联合，“个体”就是“整体”，只是看你怎么意识到这一点，意识到“整体性”才是“个体”的本质。而意识到了这一点的人，黑格尔就把他称为“理性”的人，即“意识确知自己即是一切实在”的人。所以，黑格尔的观点才是真正的“觉醒”，他是让人直接从“个体”身上意识到自己本自具足的“整体性”，认识到“整体性”才是自己的本质。而“启蒙运动”的精神领袖卢梭等人只是让人意识到了自己的“个体性”存在是完全独立自主的，要想获得“整体性”存在还需要彼此的联合以形成“公共意志”。“个体”只是“个体”，哪怕他拥有充分完整的独立的权力和人格，这便是“启蒙运动”与黑格尔思想的本质区别。所以，我说“启蒙”是发现人的“个体性”，而黑格尔的“觉醒”是发现人的“整体性”，“启蒙”是发现自我，而“觉醒”是发现自己，自我是自私的，而自己是无我的，或者说是“人我一体”的。

因此黑格尔批评道，“启蒙的权力是自我意识的权力”，它“已把享乐和占有视为完全本质性的东西”，因为“它对绝对本质什么也不知道”“它只对有限事物有所知道，而且更确切地说，它知道有限事物是真实的东西，并且认为这种关于有限事物亦即关于真实东西的知识是最高知识”，所以，他认为“信仰有权力反对启蒙，这种权力是神圣的权力”。如果不是亲读黑格尔的原著是不敢相信黑格尔对“启蒙”的批判和否定，因为后世大量的哲学家把黑格尔以及德国古典哲学归入“启蒙运动”的行列，这的确是一个大大的误会。那么，为什么黑格尔要如此评价“启蒙运动”呢？直接的原因就是他认为“启蒙”本身还处在“自我意识”的阶段，连真正的“理性”都还未达到，尽管“启蒙运动”本身标榜自己“理性”。以个体性的“自我意识”来解决宗教信仰的“异化”问题，也许只能克服神权对人权的组织性的压制，而对于“信仰”本身，“启蒙”其实是很无知的，因为“它对绝对本质什么也不知道”，甚至“启蒙”以为“有限事物”的知识就是“最高知识”。“自我、无知”算是黑格尔对“启蒙”辛辣的批判了。黑格尔以如此不屑的语气批评“启蒙”，说明“启蒙”有它的幼稚之处，根本的原因在于黑格尔对世界理解的高度以及深度的确远远超越了“启蒙”这个概念，因为他相信并“见”到的是世界的本质，即那超越“有限事物”的存在。所谓超越了“有限事物”，当然是指非“有限事物”，也就是“无相”的存在，因为“有限”即“有相”，“无限”即“无相”。黑格尔洞悉了世界的“无相”的本质，他还能接受“启蒙”这种掉在“相”上，也即掉在“有限事物”上的东西吗？而且他很明白，跟这“无相”的存在打交道，除了“信仰”，我们别无他法。所以，他对“启蒙运动”反抗教会和神权的思想并无异议，但他绝不主张对“信仰”的否定，也就是说，对于宗教组织和精神信仰他并不混为一谈，而且他坚定地维护“信仰”的价值，直接认为“信仰有权力反对启蒙”。这为后世精神信仰与世俗理性的平衡奠定了基础，为宗教向信仰的彻底回归铺平了道路，为西方精神的进化指明了方向。

八、回归良知

无论是伦理道德的“异化”还是宗教信仰的“异化”，除了组织化带来的社会性“异化”外，心智上的“异化”都是“思维”和“概念”带来的。

伦理道德的“概念化”不可避免地让代表“整体性”的优良品性成为绝对完美的“标准”，从而让其失去了现实性的“人格”示范意义，一旦组织化运作，成为社会管理的“范式”，必然成为虚幻的“表象”，并成为压抑人性的力量。由于宗教信仰的“思维”介入，信仰自身的本质成为对象化的绝对完美的“概念”和“表象”，人自身的力量异化为人对其顶礼膜拜的力量，组织化的运作同样将其外在化为控制人的力量，导致的便是教会的腐败和神权对人权的束缚。“启蒙运动”本是用于解决这一“异化”问题的方案，但正如黑格尔所批评和历史现实所呈现的那样，它本身既促进了文明的进化，也因自身的“异化”而带来了诸多社会问题。犹如中国社会通过新文化运动对儒家的伦理道德文化进行了一定程度上的否定和批判，同样给中国社会带来了现代化的契机，但也引发了人心的混乱。毫无疑问，一个上千年伦理道德占据主导地位的民族突然否定了传统的伦理模式，其形成的人心的“真空”带来的肯定是五花八门的思想，而西方因为“启蒙运动”形成价值观，在我们这里人心的“真空”中，却扭曲成了极端的“自私”和“任性”。总之，混乱是“启蒙”试图消除“异化”而带来的副产品，但对社会的影响和危害不容小觑。也就是说，“启蒙”本身也在这里产生了“异化”，违背了自己的初衷：消除“异化”。为何这一系列本质均为促进人类进步和发展的活动却在促进人类进化的同时带来了对人类进步的阻碍呢？其实根源在于“思维、概念、表象”的介入。伦理道德、宗教信仰、“启蒙运动”等都是极好的开启人的心智，让人走向“整体”，回归人的“普遍性”本质的有效方式。但“思维、概念、表象”带来的非现实的却完美的“标准”，在现实中与并不完美的人性结合时产生了反差，形成了矛盾冲突，产生出扭曲的张力，这也的确是文明发展的无奈。就比如“启蒙运动”倡导的“自由、人权”等美好的价值，在现实中很容易滋生出极端个人主义和利己主义的“杂草”。所以，正确控制“思维、概念、表象”的作用，才能让我们的“教化”成为一场“觉醒”的运动，文明才能找到突破的支点。

其实这就走到了东方古老文明精彩的地方，禅宗六祖惠能在《坛经》中说“无念为宗，无相为体，无住为本”，恰恰为我们摆脱“思维、概念、表象”的束缚提供了思路和方法。六祖惠能的“无念”是“于念而无念”，并不是毫无念头，而是“当下一念”，随生随灭，绝不“念上生念”，不形成“思维的链条”，这叫“正念”“正思维”。“无相”不是没有任何“表象”，而是“于相而离相”，知道“凡所有相，皆是虚妄”，放下分别、执着，知道而不评价，便能不受“相”的困扰，此叫“正见”，也叫“离相为禅”。“住”是指依托，“无住”便是无所依托，当一个人的信心乃至信仰不依赖于任何“有限事物”而生起并保持其强大时，人便找到了自己的“本质力量”，因其不需要依赖于其他相对的条件，便具有了“绝对性”，故被称为“绝对本质”。“绝对本质”是黑格尔的说法。所以，黑格尔试图寻找的解决方案在中国千年以前便已成为成熟的思想，名为“禅”，或者称“觉性”。

中国的儒家思想到了公元15世纪末16世纪初的王阳明这里，成为儒释道三者的集大成者，并创立了“心学”，也可以称为关于“良心”的学问，其核心思想就是“致良知”和“知行合一”。“良知”是王阳明“心学”的本体论思想，“知行合一”则是王阳明“心学”的方法论，二者合一便很好地解决了伦理道德教化中的“异化”问题。

为什么王阳明“知行合一”的心学较好地解决了教化的“异化”问题呢？因为无论是伦理道德的教化还是宗教组织的教化，其初衷都是无可厚非的，但其思维的概念化和完美的标准化必然导致事与愿违的“异化”，那么消除这种“异化”的出路便在于让思维和概念退出教化的舞台。失去了思维和概念的教化活动还怎么进行呢？还能否进行呢？中国传统文化一直试图回答这一问题。儒家宗圣曾子在《大学》中提出的“明德”思想便是对这一问题的回答，曾子认为每个人的内心都有与生俱来的“明德”的存在，这个“明德”便是明辨是非的能力，本能知道自己该做什么，不该做什么。孟子后来将其总结为四端：“恻隐之心，仁之端也；羞恶之心，义之端也；辞让之心，礼之端也；是非之心，智之端也。”孟子认为“仁、义、礼、智”四端是人本自具足、与生俱来的天性，统称其为“良知”。“良知”不是后天学习而来、教化而来、思维而来的，故孟子说“不虑而知，谓之良知”。本来，无概念、无思维、本自具足是“良知”的特点，而我们所要做的只是让这本自具足的“良知”显发出来即可，曾子把这一过程称为“明明德”，即让“明德”显现。可惜后来之人遗忘了“本自具足”这一点，把“仁、义、礼、智”当成了圣人教诲，当成了必须通过教化才能让人具备的东西，而在“仁、义、礼、智”的具体解读上又衍生出了各种各样标准化的仪轨和形式，从而完全否认了“仁、义、礼、智”天性的存在，用统治者对“仁、义、礼、智”概念性的规定压抑了人自身的“仁、义、礼、智”的天性，形成了教化的“异化”。直到王阳明这里，才又将“良知”视为天性对待，重新唤起了古老的儒家精神。

王阳明认为：首先，“良知”是本自具足的，犹如六祖惠能讲的“自性”即佛性是本自具足的一样；其次，“良知”是能带来与其相应的行动的，这就是王阳明讲的“见父自然知孝”的意思。见父的“见”是“知”，知道那是自己的父亲，孝是行动，是“行”。这个“知”和“行”之间是无需思维的，也没有其他概念进来的，不用问为什么，也不用想我这样符合什么样的标准，也不用管别人怎么评价。总之，一切伦理道德中的概念性的、思维性的东西都是多余的，因为这是人自然的天性。这就自然避免了思维和概念介入而导致的“异化”现象。但问题在于实际生活中还是有许多不孝之子的存在，这又如何解释和解决呢？王阳明认为这些不孝之子并非天生如此，总有各种挂碍的出现才让这些人失去了人之天性，事实也是如此，谁天生不亲近自己的父母呢？有的人因小时候父母没有很好地养育自己，有的人因为兄弟姐妹之间互相推责，有的人则因为自身生存压力太大忙于拼搏，等等，这些东西障碍了良知的显现，所以，只要想办法消除这些障碍，王阳明把这称为“格物”，良知便能显发出来，这就叫“致良知”，而有了“致良知”，合理的行为则必然产生。当然王阳明讲的“行”还是“行动”的念头，实际的行动还与外境有关。总之王阳明认为良知的“知”和“行”是一个念头，无须思维和概念的介入，这为摆脱伦理道德教化带来的“异化”指明了方向。其实，王阳明也是在2000年儒家思想实践的基础上总结了经验和教训而得出来的结论，本质上也是对儒家开创者的精神的回归。可见，王阳明时期伦理道德教化的“异化”问题已经显现出来了，他只是回归本来而已。

黑格尔最终找到的解决“异化”问题的突破口也在“良心”这里。他是这样说的，“良心，对其自己来说，其真理性就在它的自身直接确定性那里”“对于良心来说，自身确定性就是纯粹的直接的真理性”“良心于是就是自身确信的精神，而自身确信的精神本身就包含着它自己的真理性，它的真理性就在它自身中”。“真理性”这个词在黑格尔这里代表客观的“现实性”，其与代表主观的“确定性”是相对的，也就是说，在“良心”这里，主观的“确定性”代表客观的“现实性”，即符合“良心”的就一定是现实存在的。这其实与王阳明的“知行合一”有异曲同工之处，王阳明认为“良知”一定会带来行动，而且行动一定符合“良知”，即“良知”一定会呈现出与自己相吻合的现实，这正是黑格尔通过西方的哲学语言所试图表达的，两者可谓不谋而合。

所以，凭“良心”或者说凭“良知”做事不需要概念的介入，也就是说不需要伦理道德的诸多概念的介入，它是直接的，是不需要背负责任和义务的压力的，正如黑格尔所说,“良心并不受任何义务的规定性的束缚”“在良心不可动摇的确定性中，义务根本就不发生经受审核的问题”。所以，“良知”导致的行为并不是在“义务”的压力下发生的，“良知”和行为之间没有任何“道德”判断发生，任何的思虑、概念、表象都不会介入其中，它完全是在“良知”这个“无”中生出的“有”，简言之即是“无中生有”，因而不需要任何理由或计算。黑格尔自己也说：“良心的本质正在于去除这种计算和权衡，不根据任何这样的理由而直接凭它来自己作出决定。”这不正是孟子讲的“不虑而知，谓之良知”的意思吗?

“良心”或者“良知”的这种无规定性和非义务性是“良知”有别于“道德”的根本区别，因为正如黑格尔所说：“道德之所以是道德，全在于具有知道自己履行了义务这样一种意识。”也就是说，“道德”是与“义务”紧密相关的行为品性，“义务”恰恰是对“道德”的规定和限制，而“良心”或“良知”则不受任何规定的约束，黑格尔说，“良心不承认任何内容对它说来是绝对的，因为它是一切被规定的东西的绝对否定。它完全由自己本身来进行规定”“良心知道自己完全不受约束，完全独立自由，并且自己拥有绝对权力”。“良心”是“任性”的，但它一切“任性”的行为又偏偏都是与“天理”相吻合的，这就是王阳明讲的“良知即天理”的意思，也是孔子讲自己“七十而从心所欲不逾矩”的境界。为什么会有如此美妙的“境界”呢？黑格尔给出了问题的答案：“良心是不同的自我意识的公共元素，而这个公共元素乃是行动在其中可以取得持续存在的和现实性的实体。”“良心”之所以有这么神奇的功能，既可以“极端任性”而又必然中规中矩，既可以完全不受任何义务规定的约束，完全自由，又能持续获得现实性的存在，根源只有一个：它是所有自我意识中的“公共意识”。即它是事物“普遍性”“整体性”本身的力量，这股力量是事情自身的主宰，人回归自己的“良心”“良知”，就能让事情回归它本来的样子，所以黑格尔说：“在良心这里，事情自身就是主体。”这叫“顺其自然”，也叫“顺势而为”。因缘俱足的事情当然马到成功，因此所谓的“良心”就是“承认一切自我并为一切自我所承认”的那颗心，找到了这颗心，或者说让“心”回到这样的状态和境界，也就让个人的“自我意识”回归了“公共意识”，与人相通，与万物相通，心意与天理合一，事情顺应自己的本来发展，岂有不成之理？所以黑格尔赞叹道：“良心就是这样一种创造道德的天才，这种天才知道它自己的直接知识的内心声音即是上帝的神圣声音。”黑格尔在这里直接将“良心”等同于“上帝”般的存在，这与王阳明的“良知即天理”如出一辙，它们都表明了我们内在的“良心”或者说内心的“良知”才是神一样的存在，才是我们内心真正的神和上帝，“道德”只不过是它创造的作品而已，当“道德”异化时，我们唯有回到“良心”、唤醒“良知”，才能获得解脱。

但怎么才能回归“良心”、唤醒“良知”呢？确信它的存在，无条件地确信它的存在，即对“良心”的相信达到“信仰”的高度，这是回归“良心”的唯一通路。佛门言“佛法大海，唯信能入”便是此意，黑格尔在谈到“良心”时多次用到“自身确定性”或“自身确信”这些词也正是此意，他的意思是，唯有自己知道并确信“良心”的存在，才能让本自具足的“良心”显发出来，否则，尽管有“良心”也会被个人的“自我意识”或“自我意志”干扰和遮蔽。儒家宗圣曾子在《大学》中讲的第一句话便是“大学之道，在明明德”，我们已经说过“明德”即“良知”“良心”，那么“明明德”便是让我们明白自身“良知”“良心”的存在，为什么要将这一点作为首要的任务呢？因为“明德”是我们的“本体”“根本”，只有知道并立足于这个“根本”，才能谈论其他，因而《论语》才说“本立而道生”。可见，儒家从头至尾都是将代表着人的“整体性”和“普遍性”的“良心”“良知”作为人的“本质”“本性”来对待，即2000多年前儒家思想就已经确立了人的本质是“整体性”和“普遍性”的存在，而非“个体性”的存在这一伟大的思想，整个儒家的后世都在试图传播普及这一思想，但遗憾的是当它以伦理道德的“教化”方式完成这一使命时，“异化”尤其是组织化运作产生的“异化”现象反而带来了严重的副作用，直至王阳明这里，才将“良心”的本自具足旗帜鲜明地置于他的“心学”体系中。既然是本自具足的东西为何要强行灌输呢？既然是我们自身的本质为何要视为义务和责任而变成外在的规定呢？王阳明讲的“知行合一”的思想重点就在于它让人知道只要我们真正回到了“良知”上，我们就一定会行动，并且这个行动的结果一定是符合“良知”的，是自利利他的，这就像人知道了寒冷就会多穿点衣服一样自然。既如此，重要的就应该是让人回到自己的“良知”上去，而不是被迫接受一系列的外在规定和义务，唤醒人的“良知”而非强化道德标准是王阳明“心学”的真正意义所在。300年后西方的黑格尔的思想完全与此吻合，因为他们都是为社会“教化”带来的“异化”现象寻找出路的人，答案当然只能有一个，那就是承认人心的本体是“良心”，承认人的本质是“整体”而非“个体”。

知道并无条件地确信了“良心”的本体性，承认了人的本质的“整体性”，在处理和面对任何事情时都坚持这样的理念，就能让内在的“良知”显发出来，当然这一过程并不会一帆风顺，会经历黑格尔讲的“绝对的支离破碎”的内心体验，也就是孟子讲的“苦其心志，劳其筋骨，饿其体肤，空乏其身，行拂乱其所为”的过程。只有在这个过程中还能如黑格尔所言“保持其自身”，才能使“良知”成为我们的“精神”，即成为现实性的存在，无数的历史事实都印证了这一点。所以，“精神”是一种现实性的存在，正如民族精神是一种在这个民族的绝大多数人身上能看到的现实性的存在一样，而不只是一种主观上的认知，这恐怕就是黑格尔在他的精神进化五部曲（意识、自我意识、理性、精神、绝对精神）中将“精神”作为“理性”的下一步的原因。因为人到了“理性”这里，“意识确知自己即是一切实在”，“整体性”已经在意识当中树立起来了，但这还只是一种主观的状态，还不能保证这种“整体性”的意识能贯穿我们行为的始终，并主宰我们的行为，所以“理性”还必须客观化、现实化，向前发展成为“精神”，它才天然地具有“现实性”，也就是黑格尔讲的“真理性”，成为一种客观的现实。所以，黑格尔也把“理性”归为“主观精神”，而把真正具有“现实性”“真理性”的精神称为“客观精神”，其具体标志就是“良心”的呈现。也就是说，“良心”是“理性”发展的更高阶段，是“精神”的核心和主体，是“精神”具有“现实性”和“真理性”的根本保证。

九、神是觉醒了的人

那么，“理性”发展到了“精神”，主观的认知进化到了现实的“良心”，为何还会继续向前直至“绝对精神”呢？其实无论是“理性”还是“精神”都只是“个体性”走到了“整体性”和“普遍性”而已，而“整体性”和“普遍性”还是“相”上的存在。它们与“个体性”的区别类似于佛门所讲的“一合相”与“分别相”的区别，“一合相”与“分别相”有本质的区别，但仍在“相”上，而“相”上的一切就不可能是绝对的完美的，必然还有残缺性、二元性、对立性，“意识”的进化就还没有完成，它必须向前，直到绝对完美的境界。事实上，“精神”的特征也正如黑格尔讲的那样，尽管“精神在其绝对自身确定性中乃是凌驾于一切行动和一切现实之上的主宰”，但精神毕竟“是在自己的外在化中对自身的认识”，因为“精神是绝对对立的东西认识到自己与对方是同一的运动，而这种认识是打破两个极端之间的对立而达到的一致”。也就是说，“精神”包含着对立的两极，它恰恰是这对立两极的统一，尽管它是统一的，但它的内在依然是二元的、对立的、矛盾的，因而还是残缺的，没有绝对的完美性。对立的一方缺失了对方，必然就是“残缺”的，而拥有了对方，又处在对立和矛盾的状态，依然是“残缺”的，因为它无法安息，它总处在对完美的偏离状态。所以，只要事物的存在有相对性，它就必有依赖性、有条件性，它就不是绝对完美的存在，它就必然还要继续向前，直到绝对完美的存在，它才会安息。正如黑格尔所说，“只有在全体中才能安息”。那么绝对完美的存在究竟存在于哪里呢？用佛门的说法叫“无相”，所以，黑格尔的“精神”必须向前直至“无相”的境界，这便是“绝对精神”的境界，用黑格尔的话说就是，“精神，只有当它在自身的确定性中，亦即在它自身的真理性中时……它才真实地是绝对精神”，而“对确定性的明白的确信只有在忘怀［一切区别］中可得到证实”。尽管黑格尔用的是“忘怀［一切区别］”这样的词，但用佛门的语言来理解和翻译便是“离相”，因为所谓的“忘怀［一切区别］”直接的解释是“不分别”，这正是佛门“离相”的要害，所以，黑格尔的“绝对精神”是必须包含“离相”概念的，“有相”就有相对，就有残缺，就不可能具有“绝对性”，“绝对精神”便不成立。

而黑格尔为了达成这种绝对性，不得不把宗教又提了出来，因为离开了宗教信仰，没有什么能让人想到“绝对”的存在，只不过黑格尔在谈到“绝对精神”时的宗教信仰是去了神秘色彩的，因为“启蒙运动”已经把宗教的神秘色彩批判得体无完肤了，黑格尔又怎么可能把自己的地位摆得比“启蒙运动”还低呢？所以，他的宗教准确地讲只是“信仰”，因为他认为：“在宗教中精神把自己表象给自己。”意思是，人们在宗教中崇拜和信仰的对象其实是自己，准确地说，是自己的“精神性”本质，“精神”的自己外化为一个对象，一个绝对的“神”，一个人格化的“上帝”，然后呈现在自己面前。当你认为它是外在的存在时，你是迷信的，你还活在自我意识当中，因为外在的这个“神”当然不属于你的“自我”，只是被你“意识”到了而已，你的“意识”也就还没有成长为“精神”，它只是被动的“认知”，还不知道自己其实是一切的创造者。当“精神”认识到了它是自己的投射，就是自己时，你是“觉醒”的，“精神”找回了自己。所以，宗教并不是毫无意义的，也不一定就是欺骗性的，你迷信它，它是欺骗；你信仰它，从中看到的是“自己”，它就是你“觉醒”的工具，是你到达彼岸的渡船。所以黑格尔说：“精神，在它的宗教形式里，达到对自身的意识。”为何“精神”适合于在宗教信仰里达到对自己的意识呢？这是因为人在宗教信仰里是最容易放下“自我意识”的，放不下“自我意识”，“精神”永远也不可能成为“意识”知道的对象，我们“意识”到的永远只能是“自我”。用佛门的说法，我们的“色身”一定会阻碍我们见到自己的“法身”，《金刚经》反复讲“无我”就是想告诉世人“法身”的存在，而这才是真正的“自己”，叫“真我”。不放下“色身”，执着于“色身”就是自己，当然无法证悟“法身”，永远也无法知道“法身”才是自己。

黑格尔认为“精神是不可能缺少意识到自身这一环节的”，所以他说“精神就是自己知道自己的精神”“自己意识到自己作为精神的精神”“自己知道自己是精神的精神”。黑格尔之所以不厌其烦地说着这许多拗口的话，无非想表明“精神”离不开“自知”，没有“自知”，“精神”可以是“意识”，也可以是“自我意识”，甚至是“理性”，但绝不是“精神”，因为“主客”还不统一，“二元”还有对立，只有在“自己知道自己”的“精神”这里，“主客”才能统一，因为精神“在对象中直观到自己”“精神就是在自己的外在化中对自身的认识”。所以，“自知”是一切宗教信仰最终的目的，当然不是对“自我”的知，而是对“本体”的知，对自己的“本来面目”的知，而这还需要“精神”再往前走一点，让“人”走到“神”这里。因为黑格尔认为“神是精神”“神的本性和人的本性是同样的东西”“神和人本来就是没有分离的”。黑格尔之所以最终在他的信仰里保留了“神”的位置，是因为他否定了“人格化”的具象的“神”，这样的“神”在“启蒙运动”那里就已经被彻底否定掉了，作为超越“启蒙运动”的“觉醒”者，他肯定不会把这样的“神”请回来坐在他的思想顶端，他也不会只是人云亦云地跟在“启蒙运动”后面把“神”批倒批臭，这也毫无意义。他的高明之处就在于他把“神”请了回来，但请回来的其实是“人”，这种“人神同一”的说法终于为“绝对精神”找到了立足之地，因为“神”就是“绝对性”的存在，“完美性”的存在，而“神是精神”这一伟大的命题，立马就将“神”的“绝对性”和“完美性”赋予了“人”，只不过赋予的并不是人的“相”，而是人的“本来面目”，乃至于是一切的“本来面目”的“无相”的存在：绝对精神。所以黑格尔说宗教信仰“不仅是对于神的直观，而且是神的自我直观”。所谓“神”的自我直观正是精神“自己知道自己”，黑格尔通过把“神性”赋予“人性”，立马将人从“个体性”“整体性”“普遍性”这些“相”上的纠缠中解脱出来，最终通过“神圣性”或“神圣感”的介入，让“精神”进入“完美”而“绝对”的“无相”的境界，因为“神圣”是“无相”的，它让“客观精神”得以超越“整体性”和“普遍性”带来的“相”的局限而走向“绝对”和“完美”。

这与佛门的说法其实完全一致，在佛法中，“佛”并不是一个他方的“神”，而是“觉悟”了的人，所以佛门才说“人成即佛成”，意思是，当一个人成为真正的“人”时，他也就成了“佛”。何谓真正的“人”呢？也就是“觉悟”了的“人”。何谓“觉悟”呢？即知道了自己的“本来面目”，这与黑格尔讲的“自己知道自己”是一个意思，只不过黑格尔把这个“本来面目”说成了“绝对精神”，而佛门把这个“本来面目”称为“佛性”“自性”或“觉性”，也称为“法身”。但从它们是绝对完美的无相的存在这几点来说，“绝对精神”和“佛性”或“自性”是没有区别的。先看“绝对性”，“绝对”的意思是无条件的存在，即它没有来源，它不是其他任何东西创造的作品和产生的果，也就是说它是真正的“第一因”，但它又是其他一切事物的原因和条件，这一点与上帝类似，只不过我们不能说上帝是自己，因为上帝创造了我们，是外在于我们的存在。黑格尔所讲的“绝对精神”概念里本身就包含了“绝对性”，已经明确了它的无条件性和“第一因”的属性，那么，“佛性”或“自性”是否也是如此呢？我们分析一下禅宗六祖惠能的话，他在五祖弘忍处听到《金刚经》中“应无所住而生其心”时，言下大悟，说道：“何期自性，本自清净；何期自性，本不生灭；何期自性，本自具足；何期自性，本无动摇；何期自性，能生万法。”为何六祖惠能听到“应无所住而生其心”便言下大悟呢？因为“无住”便意味着无所依托，即无条件的存在，意思是，我们的“本心”是无条件的存在，它没有来源，它一直都在，它是万事万物的“第一因”。确信万事万物的“第一因”是我们的“本心”，不在“他方”，不是“他者”，这是一个伟大的命题，黑格尔也意识到了这一点。六祖惠能用“何期自性，本自具足”表达了这层意思，紧跟着又用“何期自性，能生万法”表达了“自性”作为万事万物的“第一因”的必然作用，即形成“万事万物”。也就是说“自性”的存在没有来源，没有原因，没有条件，因为它是“第一因”，是“无条件”的存在，是“绝对的”存在，但它自身又是一切事物的终极原因，是一切事物存在的“条件”。这就对“自性”即“佛性”的绝对性做了很好的阐述。

而六祖惠能用一句“何期自性，本自清净”阐述了“自性”的“完美性”。“清净”与《心经》所讲的“不垢不净”是一个意思，它意味着“自性”不属于“好”或者“坏”、“善”或者“恶”、“长”或者“短”，也就是说，它是不可以贴标签的，不可以被定义的。世上再好的事物，再善的德行，再高大的物体，只要是可以定义的，都还是有限的，都有更好、更善、更高、更大的存在，因而就不可能是“完美”的。只有非善非恶、非好非坏、非长非短、无形无相，不可定义、不可描述的存在，才具有“完美性”，因而《心经》说“不垢不净”，六祖惠能称之为“本自清净”。既然“自性”是“无相”的存在，它就自然是“不生不灭”的存在，因为有“生”必有“相”，否则如何知其“生”？有“灭”也必有“相”，否则如何知其“灭”？六祖惠能用“何期自性，本不生灭”“何期自性，本无动摇”表达了这一思想，与《心经》中“不生不灭”的说法完全一致。黑格尔其实在《精神现象学》的结尾处也对“绝对精神”做了类似的描述，“精神的力量不如说正是在它的外在化中始终保持其自身等同，而且作为自在自为存在着的东西”“毋宁是好像并不活动，它只是在观察那些有差别的东西是如何在它自身中运动和如何返回到它的统一的”。显然，“保持自身等同”“并不活动”代表的就是“本无动摇”“本不生灭”，即佛门讲的“如如不动”，而“观察那些有差别的东西是如何在它自身中运动和如何返回到它的统一的”则代表了佛门讲的“了了分明”，“如如不动”而又“了了分明”的就是佛门讲的“觉性”。而“觉性”就是“佛性”，故六祖惠能说“佛者觉也”，“佛性”又即“自性”，因为六祖惠能在《坛经》中说“自佛不归，无所依处”，“自性觉即佛”，意思是佛性即我们的“本性”，因而被称为“自性”。

自此，黑格尔为他的“意识”进化找到了一个圆满的归属，这也让黑格尔自己有了一个圆满的精神体系，同时让他毫无悬念地走进了东方古老的文明，东西方智慧的江河共同汇入了人类文明的大海。

第七章

心灵的救赎

一、何谓存在

海德格尔说“存在这个概念是不可定义的”。“不可定义”当然并不意味着“不可知”，否则我们怎么会谈论“存在”这个话题呢？但“不可定义”也的确意味着不可用严谨准确的词语进一步去描述它，如果可以用其他更为精准的词语去描述它，那就意味着它还不是那个“最终”的东西，而事实上，我们是用“存在”来表示“最终者”的，即表示“本体”或“本来”的意思，因而，“存在”不可定义原本就是正常的事。

康德在其《纯粹理性批判》中对人的思维方式进行过一次彻底的审视，他发现人的思维有一种追根溯源的偏好，如同我们会问一个人是怎么来的，当然我们会追问到他的父母，如果再追问到他父母的来源，肯定会追问到他的爷爷奶奶和外公外婆，依次我们可以一直往上追溯，这就像我们整理家谱一样，由此我们会得到一个血缘关系的序列。康德称这样的序列为“有条件者”构成的序列，因为这个序列当中的每一位都是“有条件”的存在，他们每个人当然都还有自己的父母，他们的父母便是他们产生的“条件”，所以，他们都是“有条件的”存在，因而称为“有条件者”，这样的序列也就被称为“有条件者的序列”。随着人的思维继续往上追溯，我们的思维会给自己寻找一个“终点”，我们称这个“终点”为“绝对无条件者”，譬如“上帝”，犹太教和基督教就是基于“上帝”来解释人以及万物起源的。

在犹太教和基督教的信徒那里，“上帝”是真实存在的“神”，是这一切的造物主，是“绝对的无条件的存在”，它使得一切都成了“有条件者”，因为它就是这一切得以存在的最终的“条件”，而它自身没有来源，因而它的存在不需要“条件”，所以它是“无条件件者”，其他的一切都是因它而存在或者说相对于它而存在，它便成了“绝对的存在”，因为所有一切都还未存在时，即“上帝”还未造出它们时，“上帝”就存在了，所以“上帝”自然是“绝对的存在”。故而，“上帝”是作为“绝对无条件件者”而存在的。康德与犹太教徒或基督徒的区别在于，他也承认“上帝”是“绝对无条件件者”，只是他认为这是因为我们的思维需要一个这样的“存在”，由此才能让我们的思维构成一个完整的序列，否则我们的思维就会继续往前追溯，直到一个“绝对无条件件者”出现来终止这一追溯。看出这种区别了吗？信徒们把一个“绝对无条件件者”当作真实存在的“神”，借此终止自己的思维，而康德是说人反正需要一个这样的“绝对无条件件者”来终止自己的思维，其实目的都一样：终止思维，或者说找到一个思维的原点。你把它当成“真神”，你也只是找到了一个思维的原点，我把它当成思维的规律，我找到的也是一个思维的原点，这一点从功用上倒还真没有什么不同。但康德因此成了罗马教廷的敌人，他竟然把神圣的“上帝”视为人思维中的存在，尽管是作为一切存在的前提的“存在”，但人成了自己的主人是不争的事实，而且作为一切的前提，毕竟只是为了给人的思维活动提供一个原则，提供一个原点而已，是为思维活动服务的一个工具，俗称为“理念”，康德也称其为“理性的理想”。总之，在康德这里，“上帝”这个概念有用但其真实性变得不重要了。因此，罗马教廷对康德的攻击和声讨一直都未停息，但康德提出的这一“理性”而非“神性”的“绝对无条件件者”成了后世哲学家思考这类问题的模板，海德格尔提出的“存在”便是这样的概念。

海德格尔之所以认为“存在这个概念是不可定义的”，认为“存在是自明的概念”，就是因为他是“把存在设为前提的”，所以，他说“存在并不是类，并不是一般存在者的存在”“存在实际上不能作为存在者通达”。海德格尔要严格地将“存在”与“存在者”区别开，正如同基督徒要将上帝与人区别开一样，一个是“绝对无条件件者”，而另一个是“有条件者”。这个“绝对无条件件者”并不是“有条件者”的某种本质属性的抽象，也不是“有条件者”的集合或归总，而是“有条件者”的来源，并且这个“绝对无条件者”本身无需来源，原本就在，一直都在，因为它是世界的本源、本来。承认我们面对的这个纷纷扰扰的无常多变的世界有一个恒常不变的存在作为它们的本来面目或者叫本体，是一切宗教和哲学努力揭示的真理或真相，无论它们在表述上如何不同，对这一目标的追寻是始终如一的，海德格尔把这一本体称为“存在”。其实把“本体”称为“存在”并非始自海德格尔，他只是借了这样一个开端展开自己的体系，或许开端没什么惊人之处，但接下来的展开就拉开了他与之前一些哲学家的差距，因为他开始借鉴东方思维述事了，他提出了“此在”和“领会”这两个极具东方特色的概念。

何谓“此在”？回到海德格尔的“存在”概念，“存在”与“存在者”究竟有何区别？“存在者”是具象的，是一棵树、一支笔、一个人等，但“存在”不是这些具体的东西，因为这些具体的东西都是“有条件者”。一棵树来源于树的种子，树的种子又来源于前一棵树，以此类推至于无穷；一支笔来源于工人的制作，工人的制作需要材料和设备，而材料和设备又来源于之前的工人的制作，以此追溯至于无穷。所以，凡“有相”之物，必为“有条件者”。而“存在”概念是作为一切的前提，即“绝对无条件者”而提出的，所以它必是“无相”的。再者，“存在者”作为“有相”的存在，也必是“有限”的存在，其空间有限，时间有限，乃至于能力有限，它不可能具有“无限性”。而作为“绝对无条件者”的“存在”，它因为是一切的来源，必具备“无限可能性”，或者说，正因为它具备“无限可能性”，才能成为一切的来源，而这恰恰又在于它的“无相”性。因为“无相”，所以它没有空间的局限，没有时间的局限，也没有能力的局限。所以，“存在”的本质就是它的“无限可能性”，而形式上来讲就是它的“无相”性。

其实，从“存在”的本质和形式来讲，“存在”与“神”并没有什么不同，“神”创造一切，所以“神”当然具备无限可能，“神”无处不在，当然它也无形无相，世俗间关于“神”的各种描述其实都是人的猜测，并不代表“神”真的就是如此模样。“无相性”或“无限可能性”作为“绝对无条件者”的本质特征，在东方的佛教与道教这里也得到了充分的表述，禅宗六祖惠能在《坛经》中曾言："何期自性，本自清净；何期自性，本不生灭；何期自性，本自具足；何期自性，本无动摇；何期自性，能生万法。"一句"能生万法"，当然是讲它的"无限可能性"，而"本自清净""本不生灭""本无动摇"是讲它的"无相"，"本自具足"则是讲它的"存在"，并且是"无条件"的存在，只不过六祖惠能给它取的名字叫"自性"。"神""主""存在""自性"，这些名字不重要，重要的是所有的文化都把源头建立在"绝对无条件者"这里，这倒是没有异议的。

中国的道家也如此，一句"道可道，非常道；名可名，非常名"就将"道"的"无相性"即它的绝对无条件性展示出来了，这跟海德格尔讲的"存在这个概念是不可定义的"不是一回事吗？而"无名天地之始，有名万物之母"，以及"天下万物生于有，有生于无"，则又将"道"的"无限可能性"讲得很清楚了。所以，道家也是把"无相"和"无限可能"作为它的源头来对待的。

那么，海德格尔不说"神"而说"存在"，佛家讲"自性"，道家讲"道"，这些与讲"神"有什么区别呢？

简言之，讲"神"就没有中间环节了，譬如无论犹太教还是基督教，讲神创世纪，只需讲"上帝说要有光"就有了光，而至于怎样有的光是不需要讲的。而讲"存在"，就必须讲这无相的"存在"是怎样成为有形有相的"存在者"的，这里就出现了过程和环节。正如同讲"自性"，就必须讲"业力"，否则"相"的世界如何从"无相"的本体中冒出来呢？讲"道"的"无"，还必须讲"名"的"有"，才能讲"万物"。这里的"业力""有"都是中间环节，因而它们都是哲学。那么，从海德格尔无相的"存在"到有相的"存在者"，它的中间环节是什么呢？对！就是"此在"。

王阳明说："你未看此花时，此花与汝心同归于寂；你来看此花时，则此花颜色一时明白起来，便知此花不在你的心外。"在王阳明看来，未看花之前的"花"是"寂"，"寂"是佛门语言，就是"无相的存在"，"寂"是"无相"的，但又是"存在"的，这也就是海德格尔讲的"存在"。但这个"无相的存在"是如何成了相的呢？"你来看"是关键，也就是"观"，有了

“观”，“相”便出来了，“此花颜色一时明白起来”。可见，“无相的存在”要呈相，必须有一个“观”在此，所以，“在此”才是“存在”显现的条件。

量子物理讲的也是这个道理，它认为物理世界本来的状态是不确定的，称为“叠加态”，意思是N个状态的叠加，这个“N”是从“一”到“无穷大”的，也就是说，它的本来状态只是无限种可能而已，究竟是何种状态，这取决于“观察”。未观察前，它没有确定的状态，显然这是“无相”的存在，而又因为它是无限种可能状态的叠加，所以，它具有“无限可能性”。可见，量子物理对世界本来面目的描述与哲学和宗教其实完全相同。当“观察”介入时，物理世界立马从“叠加态”坍塌为某一特定的“本征态”，具体的“本征态”与“观察”方式有关，也就是说它成的“相”与“观察”相关，譬如，电子在双缝或单缝“观察”时呈现为“波”，而在无约束状态下呈现为“粒子”，所以，电子具有“波粒二象性”，德布罗意发现所有的物质其实都具有“波粒二象性”，物理学界称之为“德布罗意波”。因而，观察前，究竟是“粒子”还是“波”是不确定的，或者说它没有一个确定的状态，即“无相”，王阳明称之为“寂”，在不同的“观察”方式下，它呈现为不同的“相”，它有“无限可能性”。所以，“存在”只是那个“无限可能”，必须还要有一个“在此”，“存在”才能成为“存在者”，这是海德格尔与量子物理和王阳明共同的认知，海德格尔据此提出了“此在”。

那么究竟什么是“此在”呢？讲到这里仿佛海德格尔说的“此在”就是“人”，但海德格尔并不简单地这样认为，他说，“现成存在这种存在方式本质上和具有此在性质的存在者的存在方式了不相干”“此在永不可能从存在论上把捉为某种现成存在者属中的一员和样本”“此在本质上不是现成存在，它的空间性不可能意味着摆在‘世界空间’的一个点上”。我们总不能说“人”不是现成存在吧，或者说“人”不在“世界空间”中的一个具体位置吧，所以，海德格尔并没有将“此在”与“人”画等号。那么他的“此在”除了“在此”，还有何深意呢？

其实，能让“存在”呈相为“存在者”的“在此”，除了人还可以是某个动物，比如狗；又或者是一台机器，比如X光机；等等。狗能观察、能成像，X光机也能成像，并且它们成的像肯定与人不同。狗的世界肯定不同于人的世界，而X光机能将人的体内状况呈现出来，因为人眼的分辨率为70微米，只能在可见光范围内成像，而X光机或其他的装置能在其他波段成像。可见，成像既取决于那个“存在”，也取决于“观察者”，所以，观察者的“在此”的确是“存在者”出现的前提。然而，海德格尔讲的“此在”不能简单地等同于某个“在此”，因为他的“此在”也是“无相”的，正如他自己所言，“此在总作为它的可能性来存在”“此在不是一种附加有能够做这事那事的能力的现成事物，此在原是可能之在”“此在是自由地为最本己的能在而自由存在的可能性”“此在在生存论上就是它在其能在中尚不是的东西”。海德格尔已经讲得很清楚了，“此在”只是一种可能的“在”，而不是一种现成的“在”，因而也是“无相”的存在。

要把握“此在”，就必须把握“领会”，因为“此在”是作为“领会”的主体被海德格尔提出来的，他的原话是“领会的‘主体’即此在”“此在是存在之领会的场所”。所以，“此在”不仅意味着“在此”，更意味着“领会”的“在此”，而不是一个动物或一台机器的“在此”。一只狗“在此”，它的世界会呈现出“相”来，一台X光机“在此”，X光片会呈现出来，但狗不能“领会”它的世界，X光机更不能“领会”X光片，因为它们只是成像，或者有简单的认知，比如狗会认识它的主人。但“领会”不是这样一回事。

从字面上讲“领会”当然可理解成“心领神会”的意思，或者“领悟”加“体会”，但无论怎样讲“领会”一词都更具有东方色彩，因为它既非感性的直观，也非知性的概念，更不是理性的理念。至少在康德总结出的人的心智能力中，只有感性、知性、理性这三大件，而“领会”是跟“悟性”或者说“觉性”相关的东西，因为感性是有相的，这就是直观的表象；知性也是“有相”的，它是自己创造的概念的表象；理性的理念也是有相的，康德说它类似于一个“图形”。总之，感性、知性、理性都是在跟“有相”的世界打交道，对于“无相”的世界，康德称其为“自在之物”，认为它是不可知的，因为我们的感性、知性、理性通达不了。但叔本华在其著作《作为意志和表象的世界》中已经明确提出了“悟性”，并且承认自己对东方文化中佛家和道家的借力，因为“悟性”“觉性”是东方文化的特色，它们是我们老祖宗用来与“无相的存在”打交道的法宝，尽管“觉”翻译成西方语言很是困难。海德格尔对中国的道家和佛学颇有研究，他抓住了“领会”这一有别于西方认知传统的概念，从而带来了一场西方哲学的革命。无论海德格尔自己怎么说或者其他研究者怎么说，东方文化中类似于“悟性”或“觉性”这样的词——领会，成了海德格尔思想中的关键词汇，并由此带来了他的有别于西方哲学传统的思想，这是不能否定的事实。

当然，真正理解“领会”这个概念是不能靠着对“领会”的中文顾名思义地去理解的，因为这毕竟是一个翻译过来的词，翻译得是否准确可能会有争议，最好的办法当然是看海德格尔自己是怎样使用这一概念的。海德格尔说，“我们向来已生活在一种存在之领会中”“我们不知道‘存在’说的是什么，然而当我们问‘存在是什么’时，我们已经栖身在对‘是’（‘在’）的某种领会之中了，尽管我们还不能从概念上确定这个‘是’意味着什么”。显然，海德格尔将“领会”置于“是什么”之前，这意味着什么呢？我们面对一件事情，能够搞清楚“是什么”是指我们可以用概念准确地去描述它，而“领会”发生在这个之前，发生在“还不能从概念上确定这个‘是’意味着什么”之前，这是一种什么状态呢？是“有”了，却还不能确定有“什么”的状态，“有”和“什么”的分离是海德格尔对西方哲学的一大贡献，“有”绝没有必要跟“什么”连在一起，没有“什么”，我们也可以“栖身在对‘是’（‘在’）的某种领会之中”。“有”“是”“在”是一个意思，这意味着“有”（“是”“在”）是可以与“什么”分开的，而这恰恰是“领会”起作用的领域，“领会”了什么呢？就是“领会”了“有”，“领会”了“是”，“领会”了“在”。有了对“有”的“领会”，对“是”的“领会”，对“在”的“领会”，才有“有什么”“是什么”“什么在”的问题。也就是说，所有的“什么”都是以“有”（“是”“在”）为前提的，这是海德格尔真正的贡献。但其实这一发现在中国的道家经典《道德经》中早有描述，老子说，“天下万物生于有，有生于无”“无名天地之始，有名万物之母”。这里的结构都是“万物、有、无”的结构，“有”是一个核心的中间环节，这绝不是可有可无、纯粹为了言说的方便而引入的中间环节，而是为了准确地讲明白“万物”如何形成的必需的中间环节。“有”不等于“万物”，“万物”不等于“有”，“无”不能直接形成“万物”，“万物”也不能直接源于“无”，因为“有”才是“万物之母”。

《道德经》真正的要害其实不在于“道”，不在于“无”，而在于“道”与“万物”之间，“无”与“万物”之间的这个“有”，因为“无”和“道”其实都不可把握，而“万物”已是幻象，源于“无”而又生出“万物”的这个“有”对于我们来说才是可以把握的切入点，“道生一，一生二，二生三，三生万物”的那个“一”才是把握“道”的切入点，否则要么成为玄学空谈，要么只能是形而下学。海德格尔研究《道德经》应该是有所悟的，他抓住了“有”（“是”“在”）这个中间环节直接发力，找到了形而上与形而下的中间桥梁，提出了有别于西方传统本体论的“存在主义哲学”，带来了西方哲学革命性的变化。“存在”作为“本体”，在海德格尔之前是一个不可知的“无”，因为我们没有知它的通路，“存在者”作为“现象”，虽然可知，但我们知道它不是“本体”，世界由此形成了二分，而且我们并不知道如何统一这个“二分”，直到海德格尔抓住了这个中间的纽带“有”。

“有”究竟是“有相”的还是“无相”的呢？“有”当然不是“无相”的，否则怎么能称其为“有”？所以，说“有”即意味着已经不是“无”了，“有”已经从“无”中生出来了，这就是《道德经》讲的“有生于无”，但“有”还不是“万物”，“有”还是一个整体，还没有分别成“万物”，正如海德格尔说的：“领会，作为此在的展开状态，一向涉及在世的整体。”“领会”只意味着“有”，不意味着“有什么”，所以，跟“领会”打交道的“有”当然是“整体”，这是“有”的特点：既是“有相”的，又不是“分别相”“万物相”，而是“整体相”，佛门叫“一合相”。所以，把“有”作为一个单独的环节，意味着世界从“无相的存在”成为“有相的存在者”，中间经历了非常重要的一步，那就是“一合相”或者叫“整体相”的阶段。

这一阶段的存在恰恰证明了世界本身的非实体性，证明我们见到的这些有形有相的一个个实体，的确不是世界的本来面目，它们有一个共同的来源，这个来源就是“一合相”，或者说“整体相”，再往后就是“无相的存在”。

那么，“有”这个“整体相”“一合相”是怎么成为“万物相”“分别相”的呢？也就是“有”怎么生出“万物”呢？海德格尔称这一过程为“解释”，也就是说，基于“领会”的“解释”完成了后续工作。当然，“解释”也可以称为“理解”，所以，“领会”从“无”中带来了“有”这个“整体”，在“领会”的基础上，“理解”介入，“有”便成了“有什么”，“是”便成了“是什么”，“在”便成了“什么在”，“存在者”便栩栩如生地诞生了，万物由此而生。关于“领会”与“解释”的关系，海德格尔是这样说的，“我们把领会使自己成形的活动称为解释”“领会在解释中并不成为别的东西，而是成为它自身”“被领会的东西保持在先行具有中，并且‘先见地’被瞄准了，它通过解释上升为概念”。显然，海德格尔认为“领会”是未最终成形的，因为它还没有概念化，用佛门的术语说，它还没有“名相”，也就是还没有一个个具体的“名”，比如某“一个人”、某“一棵树”等，佛门把这某“一个人”、某“一棵树”从“一合相”当中生成的过程叫“分别”。“分别”之前，“万物”还未从混沌的“整体相”（“一合相”）中真正生出来，所以，领会就还是未完成的、未成形的，只有通过“解释”（分别），通过“概念”（名）的介入，“领会”了的东西才会成为“万物”而存在，这就是《道德经》讲的“有名万物之母”。“有”之后的“名”才让“万物”独立存在，成为实体性的“存在者”。所以，海德格尔说，“解释就一向不得不活动在领会了的东西中”“一切解释都奠基于领会”。因为“解释”就是为“领会”服务的，“领会”也必须通过“解释”才能最终完成。

“领会”与“解释”的关系就如同“光”与“看”的关系，在黑暗的房子里，我们是看不清东西的，当“光”照射进来，我们便能看清楚房间里的摆设：桌子、凳子、床、桌子上的书等。尽管我们依靠眼睛才看见了一个个物件，但“光”是我们能看见这些“存在者”的前提，而且它是让“整体”同时呈现的，就像“领会”一样，它让“整体”呈现出来，才轮到我们的

“感性、知性、理性”去认识这个世界，去“解释”这个“整体”。“感性、知性、理性”本身不是“光”，它们必须依赖于能发光的东西先去照亮“存在”，用海德格尔的话说就是先要“去蔽”（去除遮蔽的意思），因为“存在”是处于“遮蔽”状态的，即“无明”的状态。在康德这里，因为只有“感性、知性、理性”，这一点是无法理解的；而在东方文化这里，因为多了一个“觉性”概念，人类认知活动之前的“光”便成为一个理所当然的东西，因而成为东方文化的特色。“觉”并不是认知，而是认知之前的东西，因为认知之前人必须是醒着的，也就是说必须“醒”了才能认知，“醒”当然不是认知活动，只是认知活动的前提，这个“醒”就是“觉”，佛门叫“觉醒”，这是佛门中头等重要的事，禅宗六祖惠能说“佛者觉也”，也就是说他将“觉”等同于“佛”，佛门也说“佛是觉醒了的人”。所以东方文化中一定有一个先于认知活动的前置状态存在，这个状态就叫“觉”，也一定有一种高于“感性、知性、理性”这些认知能力的能力存在，这种能力就叫作“觉性”。“觉性”是用来“照”亮一切的，佛门认为“照”亮一切才是最重要的，而不是认识一切。《心经》所言“照见五蕴皆空，度一切苦厄”正是此意。意思是“照见”即“光明”起来才是一切的根本，而这就是“觉醒”。海德格尔的“领会”还不是“觉性”，还只是“觉性”的“用”，即“照见”。但有了这个“用”，他就已经超越同类人太多了。

二、何谓此在

那么，在海德格尔这里，“领会”的“体”是什么呢？当然就是“此在”，正如他自己所说：“领会的‘主体’即此在。”所以，如果说“领会”是“光”，那么“此在”就是光源，就是那个发光体。“存在”不是通过人的“感性、知性、理性”来认知的，因为人的“感性、知性、理性”通达不了这里，它们只能通达到“存在者”这里，所以康德是沮丧的，他认为人通达不了“自在之物”，即“存在”本身。但海德格尔借鉴了东方文化的智慧，使用了一个类似于“觉性”的“此在”这样的概念，破解了通达“存在”

的难题。看看海德格尔怎么说，“此在本质上就是为存在本身而存在”“此在是为存在本身而存在的存在者”。很显然，若没有“此在”，“存在”便不存在，即便存在也不可知，这就回到了康德那里。当然，不能说为了证明“存在”的存在，或者说为了证明“存在”的可知，我们就非要整出一个“此在”来，对东方文化尤其是佛家文化不了解的人可能真会这样看，这就是海德格尔在西方哲学语境里让人看不懂的主要原因吧，因为很多人根本不知道“感性、知性、理性”之上还有“觉性”。但东方文化的传承者知道，“觉性”是存在的，而且它比“感性、知性、理性”还重要，因为它是认知之“光”，没有它“照亮”一切，根本无法展开认知活动。所以，无论它叫“觉性”，还是叫“此在”，作为“照亮”一切的“光”，它是必须存在的。因为事实证明，“照亮”一切的“光”是真实存在的，这就是“领会”的存在。

无论认知任何事物，一定有一个对它是“存在”的这样一种相信，没有这种相信你根本无法展开认知。或者说当你去认知一个事物时，你的内心一定会相信这里“有”一个事物，尽管你并不知道究竟“有什么”事物。就像常人不会去研究“鬼”是什么样子一样，因为他根本不相信“有”鬼。“有”作为相信成为认知的前提，是生活中的事实和常识，无须证明，不证自明，这就是海德格尔讲“我们向来已生活在一种存在之领会中”的意思，或者说“存在是自明的概念”的原因。西方哲学并没有将“相信”作为一种认知活动的传统，认为它是宗教的事，但东方文化尤其是佛家文化把“信”作为一切活动的前提，它的说法是“佛法大海，唯信能入”；儒家文化说“人而无信，不知其可也”；《道德经》说“道之为物，惟恍惟惚，惚兮恍兮，其中有象，恍兮惚兮，其中有物，窈兮冥兮，其中有精，其精甚真，其中有信”。可见，儒释道都认为“信”是一切的源头，是一切活动包括认知活动的前提。“相信”才带来一切，这是东方式的思维。而不是相反，总要问“凭什么让我相信”，这的确是“理性”的思维，但很遗憾的是，我们问到最终一定是凭“相信”来与世界打交道的，正如《金刚经》所言：“信心清净，则生实相。”海德格尔领会了东方文化或者说宗教神学的精神（因为他本身就是研究神学出身），才将这一非理性的“领会”作为立论的基础，将人们都深有体会的生活常识作为思维的出发点，建立起了一套并非证明，却能“体会”的哲学体系。明白了这些，你才能理解他所说的“此在”——“对存在的领会本身就是此在的存在的规定”“此在的存在中包含有存在之领会”“存在之领会属于此在的存在”。

“存在之领会”在海德格尔这里几乎成了一个固定词组，离开“领会”没有“存在”，若有“存在”，必靠“领会”。用海德格尔自己的话来说就是，“存在（而非存在者）依赖于存在之领会”“唯当存在之领会这样的东西存在，对存在的意义的追问才是可能的。存在之领会属于我们称之为此在的那种存在者的存在方式”“唯当存在之领会在，存在者作为存在者才是可通达的；唯当存在者是具有此在的存在方式的存在者，存在之领会作为存在者才是可能的”。海德格尔并没有将“存在”和“领会”视为两个分离的东西来谈两者如何发生关系，以及为何必然发生关系，也就是说，他并没有过多地解释和证明“存在之领会”，只轻描淡写地用了一句话来带过：“我们向来已生活在一种存在之领会中。”这是引导你去“体会”而不是向你证明的方式，让你确信一个真理或事实，这其实是有违西方哲学传统的。西方的哲学传统毕竟是逻辑化的、思辨性的，只有东方文化才有强调“体证”的传统——甚至整个佛家思想都建立在“体证”的基础之上，无论“行禅”“坐禅”，包括净土、中观，都是“实证”的东西，而这个“实证”的核心是“体证”而非思辨和逻辑。

抛开思维或者说终止思维，从身体的“觉受”入手是佛法修行的要义，而所谓的“觉受”便是最起码的“体会”，当我们超越“觉受”而能“体会”时，便进入了“体证”的境界，总之，它不是思维的事。离开“思维”，传统的西方哲学肯定一筹莫展，而离开“思维”，恰恰是东方文化的驰骋空间，就凭“道可道，非常道；名可名，非常名”这一句话，你就能明白离开语言和思维对于东西方文化来讲各自意味着什么。但重要的是海德格尔已经意识到了西方哲学的困境所在，而且大胆地将“领会”这一有着浓厚“体会”色彩的概念作为“存在”的基石，这是一反西方哲学常规的做法，但他的目的就是要对哲学传统进行革命，他的尝试的确是突破性的。因为无论将“领会”还是“体会”作为原点，都将哲学放到了生活的语境和背景中，正如他把“我们向来已生活在”什么之中作为一切的开始。这表面上是思维向领会的回归，实际是哲学向生活的回归，由此他展开了自己用生活的语言叙述哲学的历史，包括操劳、操持、操心，还包括照面、在手、上手、向来等你根本不可能在传统西方哲学中看到的词汇，它们成为描述人们思想乃至心智活动的术语。不证自明的东西除了生活本身还能是别的吗？所以要想不证自明就必须回到生活，而贴近生活当然不证自明，海德格尔是个智者。

“此在”“存在”“领会”三者究竟是怎样的关系呢？表面上看起来“此在”是主体，“存在”是客体，“领会”是主客关联的方式。但真有一个主与客的“相对”在吗？海德格尔说，“绝没有一个叫做‘此在’的存在者同另一个叫作世界的存在者‘比肩并列’那样一回事”“在世这种存在不是这样建构起来的：仿佛在具有此在性质的存在者之外还有另一种存在者现成存在，并同具有此在性质的存在者聚会在一起”。海德格尔已经讲得很明白，“此在”不能与“它”者“相对”，无论这个“它”者是有形有相的现成的由诸多“存在者”构成的“世界”，还是无形无相的“存在”本身，因为“此在根本就尚未‘现实地’‘存在’”“此在原是可能之在”“此在是自由地为最本己的能在而自由存在的可能性”。“此在”只是“可能性”，当然它是“无限可能性”，因为它是绝对自由的，但也只是“可能性”，一种“可能性”怎么去与现实的“世界”相对？同样，它无法与另一种“可能性”相对，所以，它也无法与“存在”本身“相对”。“相对”只能发生在有形有相的事物之间，因为“相对”的“相”其实就是“有相”的“相”，“无相”的东西是没有“相对”之说的，“可能性”当然是“无相”的东西，无论作为领会主体的“此在”，还是作为领会客体的“存在”本身，都是“无相”的存在，因而是无法“相对”的，那么只有一种解释：它们是一体的、同一的。

也就是说，“此在”与“存在”是一件事情的两种说法，“存在”代表了这一事情的“确定性”，即“在”的“确定性”，这一“确定性”是一切事物生发的原点、源头、前提，没有这一“确定性”，世界的基础就失去了。但这个世界存在并不仅仅只是一个“在”就可以涵盖一切的，它的多样性、复杂性、变化性等也不是从“在”这个“确定性”里可以衍生出来的，这证明作为世界的本体，除了“在”这一“确定性”之外，还有着“无限可能性”。尽管这“无限可能性”与“确定性”都是“本体”的属性，但它无法涵盖在“确定性”之中，故而，我们用“存在”描述了“本体”的“确定性”，它的“无限可能性”便只能由“此在”来描述了。所以，看起来出现了“此在”与“存在”的二元“相对”，主客“相对”，但这种“相对”只存在于我们的思维中，“此在”与“存在”主客一体。因而，“此在”对“存在”的领会不是对它者的领会，而是对自身的领会，正如海德格尔所说，“此在在它的存在中总以某种方式、某种明确性对自身有所领会”“此在具有一种对它自身存在的领会”“此在本质上作为有所领会的此在首先寓于被领会的东西”。也就是说，“此在”既具有“领会”自身的能力，又在被“领会”的东西之中存在，它与被“领会”的东西是“一体”的。本质上说“此在”的“领会”活动其实是“自知”活动，用黑格尔的话说叫“自己知道自己”，当它的“自知”上升到“确信”时，“确定性”或者说“存在”的意识就起来了，“存在之领会”就自然而然地产生并成为无须证明的事实。

在黑格尔那里，“确定性”是一个非常重要的概念，无论“感性确定性”还是“理性确定性”以及“良心确定性”，都是事情的核心转折点：“感性确定性”带来“我”与“对象”的分裂；而“理性”本身是“意识确知自己即是一切实在”这个确定性，等于“理性确定性”又统一了这个世界于“自己”；“良心确定性”则直接带来了它的“真理性”。所以，“确定性”是“此在”的第一块基石，是它的本质属性，它的一切“可能性”都奠基于其上，因为它把“存在”牢牢地夯实在了这里，由“此”而展开了它的事业。所以，准确地讲，不是“存在”被“此在”领会，而是“此在”把它自身的“确定性”立在了“那里”，称其为“存在”。“存在”就是“此在”的“确定性”，然后，“此在”通过“领会”把这外放出去的“确定性”又收回自身，因为它知道那就是“自己”。于是，“此在”由“自知”走向“自明”，“此在”之光照见一切。如果说一定要有什么“在此”才能让一切发生，那么，“此在”的“确定性”便是那个“在此”。当那个源自“此在”，进而成为“此在”的对象，最终被“此在”领会的“确定性”，以看似与“此在”相对的方式作为“存在”而存在时，“此在”便获得了将其自身蕴含的“无限可能性”充分展示开来的基础，“此在”便开始创造它的世界，并走上了在这个世界“沉沦”但最终回归自己的由“迷失”而“归真”的路。这条路是由海德格尔所讲的“筹划”开始的。

三、何谓能在

“此在”自身的“确定性”被以“存在”的方式划了出去，“此在”的“无限可能性”便自然而然地被海德格尔冠以了“能在”的称呼，正如海德格尔说的，“此在作为有所领会的此在既可以从‘世界’和他人方面领会自己，也可以从自己的最本己的能在方面领会自己”“此在‘知道’它于何处随它本身一道存在，也就是说，随它的能在一道存在”。海德格尔是将“能在”这一代表了“无限可能性”的概念视为“此在”本身或本己的，因为“此在”的“确定性”已分给了“存在”，这“无限可能性”当然就是“此在”的本己或本身了，“能在”便开始主创一切，当然，一切都从“筹划”开始。海德格尔说：“筹划，即向此在的能在开展的存在。”显然，“筹划”即“此在的能在”的展开，因为“只要此在存在，它便筹划着”“从本质上对在世进行筹划是此在这种存在者的存在方式”。“此在”或者更直接地说“能在”作为“可能性”，它总是要向着它的“可能”去发展、去实现，这是它内在的动力或者说“因缘”，这就是海德格尔经常提到的“去存在”的意思：“这种存在者的‘本质’在于它去存在。”当然“去存在”是指成为“现实”的“存在者”，以使“可能性”实现。可以说“此在向着可能性筹划它的存在”是“此在”的本能、内因，是不需条件的事情，外在的条件只会影响它的怎样的“可能性”得到呈现，或者说“筹划”的结果，但“筹划”本身或者说“可能性”要“去存在”，这是无法阻挡也不因条件而转移的，毕竟它的“能在”意味着“无限可能性”，总有相应的因缘满足其“去存在”的内在动力。所以，“能在”必然“筹划”，“筹划”必然“去存在”，世界必然通过“筹划”过程中的“操劳”或“操心”来“照面”。这就是海德格尔的“创世说”。只不过这种“操劳”或“操心”首先就意味着“沉沦”。

何谓“沉沦”？“沉沦”是“此在”迷失自己成为“常人”的过程，所谓的“常人”就是我们熟悉的人云亦云之人，海德格尔形象地描述了这件事：“常人怎样享乐，我们就怎样享乐；常人对文学艺术怎样阅读怎样判断，我们就怎样阅读怎样判断。”因为我们自己已经成为“常人”的一员。海德格尔接着说“一作为常人自己，任何此在就涣散在常人中了，就还得发现自身”，因为“这个常人就是无此人，而一切此在在共处中又总已经听任这个无此人摆布了”。海德格尔为何要说“常人”是“无此人”？并且断言“此在”会被“无此人摆布”，进而宣告“此在”必然“还得发现自身”？其实，“此在”一旦沉沦为“常人”，成为人云亦云之人，他的“无限可能性”也就失去了，他就活成了一个标准化的模板，这还是那个能“领会”一切、能“筹划”一切的“此在”吗？因为“此在”存在就意味着“领会”和“筹划”，一个代表“绝对确定性”，一个代表“无限可能性”，并且这个“绝对确定性”来自“此在”自身，而非外在给他的“确定性”，也就是说，不是外在对他的规定。而现在他已经听从于外在，他的“确定性”当然是外在给予他的，成为外在的规定，在完全听从了外在规定的同时，他内在的“无限可能性”自然而然地无法实现了，从而也就失去了这“无限可能”。“此在”从“常人”身上消失，人失去了“此在”附身，人便成为无“此在”在身的人，因而称为“无此人”，通俗的说法就是“行尸走肉”。

所以，“此在”类似于“灵性”，“灵性”在身时，“此在”与人是一不是二，“灵性”不在身时，人是“常人”，也叫“行尸走肉”，海德格尔也把他称为“无此人”。所以，海德格尔在《存在与时间》一书中时而将“此在”这个概念等同于“人”这个概念来使用，时而又将“此在”说得无形无相、玄之又玄，其实他是把“此在”当成人的“灵性”来对待的，只不过他绝不认为这个“灵性”专属于人，相反，他认为“此在”这个“灵性”才是一切的“本源”“本体”“本来”，而一切的存在者包括人乃至世界本身都是它的“呈现”。正如佛家认为一切皆有“佛性”，王阳明认为一切皆有“良知”一样，王阳明甚至说“人的良知就是草木瓦石的良知”，而禅宗六祖惠能也以“自性”来描述这个“本源”，他的原话是：“一切万法，不离自性。”“此在”是否称得上“灵性”呢？看看它的“无限可能性”和本自具足、不依赖于外在的“绝对确定性”，它不是“灵性”还能是什么？所以，当“灵性”这个“此在”附身时，人是有灵性的人，人与“此在”无异，用拟人的手法叙述“此在”自然无碍；而作为“灵性”的“此在”自身是无形无相的存在。不理解这点，将海德格尔的“此在”概念等同于“人”的概念，既没开悟，也理解不了海德格尔。

问题是为何“此在”在实现它的诸多“可能性”时会出现“沉沦”的现象，乃至于迷失自己呢？其实这一秘密是隐藏在“筹划”之中的，尽管“只要此在存在，它便筹划着”，并且“筹划，即向此在的能在开展的存在”，也就是说，“筹划”几乎成了“此在”存在的方式，也成了“此在”展开即呈现的方式，没有“筹划”，“此在”的“无限可能性”毫无意义。当然，这一假设是不存在的，因为“此在”的“无限可能性”一定会绽出、会呈现，并且一定会以“筹划”的方式绽出和呈现。那么，“筹划”究竟有何秘密隐藏其中呢？这个秘密就是它的倾向性，海德格尔说：“追问存在问题无他，只不过是对此在所包含的存在倾向刨根问底。”当然，我们可以将这个“存在倾向”理解为抽象的、无任何规定性的倾向，只是代表着“存在”的“确定性”而已，即只是一个“在”或者“有”，而没有具体的“什么”，但那些具体的“什么”难道是凭空产生的吗？或者说它是可以离开“存在”这个基础而产生的吗？将一个没有任何内容的“在”或“有”与它的具体内容严格区分开、割裂开，这显然是很幼稚的做法，因为我们接下来必须将二者嫁接起来才能让事物真实存在。这纯粹就是多此一举。所以，“存在倾向”本身是包含了更多内容的，或者说那个纯“有”和纯“在”本身就包含了

“什么”，只是它们并未显现和绽出，也就是说，“无限可能性”与“绝对确定性”并不是分开的两极，而是合一的存在，在“领会”的基础上所进行的“筹划”便将这个秘密也就是这个“什么”展示开来了。

海德格尔说，“作为领会的此在向着可能性筹划它的存在”“此在有所领会地向一种能在筹划自身”。很明显，“筹划”是基于“领会”的，因而“筹划”的秘密也应该是隐藏在“领会”之中的，只不过隐藏在“领会”之中的秘密只是到了“筹划”这里才渐渐地显露出来，那么，“领会”这里隐藏了什么秘密呢？海德格尔说，“随世内照面的东西本身一向已有在世界之领会中展开出来的因缘”“上手事物一向已从因缘整体性方面得到领会”“存在者之为存在者，向来就有因缘”。这里海德格尔直接使用了一个佛门的术语：因缘。不这样做，海德格尔是无法解释一切事物之真正产生的，因为“因缘乃是世内存在者的存在”。他的意思是，真正的“存在者”也就是“万物”，它存在的依据是“因缘”。而“领会”中隐藏的秘密就是这个“因缘”，也就是说，“此在”在“领会”中不仅衍生出了绝对的“确定性”，从而奠定了“存在”这一基石，而且“领会”本身是“因缘和合”的过程，“领会”就是那“因缘和合”的一刹那，尽管什么都还没有呈现，但未来的“因”已经包含于其中了，“无限可能性”也就有了“筹划”的方向，向现实性的转化便有了“筹划”的可能和必要，所以，海德格尔才说，“在一切上手的东西中，世界总已在‘此’。任何东西只要照面，世界总已先行得到揭示”“被领会的东西保持在先行具有中”。何谓“先行具有”？中国人的说法是因缘既定，然后才是事实的呈现、因缘的展开。如果说海德格尔对东方文化没有深入研究乃至借鉴，他的这套说法从何而来？传承了西方的哲学传统吗？不对，他想要颠覆西方哲学的传统，当然要借东方文化的力，事实证明，他是成功的。

那么，这“领会中展开出来的因缘”又从何而起呢？按照海德格尔的说法，“领会”只是“作为此在的展开状态”，“因缘”在领会中展开，展开又是“此在”的展开，“因缘”的根当然也在“此在”这里，正如他说：“因缘结构导向此在的存在本身。”而按照佛门的说法，“因缘”的背后是“业力”，或者简称为“业”，它就是“因缘”的根。那么这个“业”也自然存在于“此在”之中，或者说就是“此在”中的存在，如同“黑子”存在于太阳之中。我们知道绝对的光明和绝对的黑暗中都是不可能有任何东西呈现出来的，什么也看不见。所以，如果“此在”是纯粹的“光源”，或者说“领会”意味着绝对的“光明”，万事万物的出现又从何而来呢？除非“此在”本身就包含着“业”的存在，才能使它的“无限可能性”有一个特定的方向去展开，使得它以“领会”的方式展开时把“业”转化成“因缘”，从而带来“无限可能”转化成现实的方向感和目的性，这一过程就表现为“筹划”。所以，“筹划”并不意味着“谁”在筹划，也并不是“此在”在“筹划”，“此在”只是在展开，在“领会”中展开，用黑格尔的语言来说则是在“自己知道自己”中展开，用禅宗的说法则是“自性生万法”。“此在”中的“业”在“领会中展开出来的因缘”，使得“此在”的展开并不是随机和偶然的，而是有方向、有目标的，仿佛是受控的一样，换种说法，这种展开显示出一种“筹划”，尽管并没有真正的“筹划者”。有了这样的“筹划”，“此在”通过展开而形成的“在世存在者”，也就是这个“世界”，就不会只是一个静态的客观的呈现，一定有我们的“操心”或“操劳”寓于其中，正如海德格尔所说：“在世本质上就是操心。”什么是“在世”呢？海德格尔说：“世界属于此在的自己存在，而自己的存在就是在世的存在。”所以，“世界的存在”本质上就是“操心”。他甚至直接将“操心”与“此在”等同起来，说“此在之存在即操心”。

四、“此在”为何会沉沦

“此在”本身意味着“无限可能性”，意味着绝对的“自由”，最后却演化为了一个非常辛苦的字眼：操心或操劳。这是为何？“无限可能”以及它带来的“绝对自由”去了哪里？其实这一切就隐藏在“业”转化成“因缘”，“因缘”转化成“筹划”这根链条中。这是一根定向的链条，定向就意味着佛门讲的“分别”和“执着”，“因缘”就是“分别”，“筹划”

就是“执着”。各有“因缘”就意味着各不相同，这就是“分别”；而“筹划”当然是奔着目标、方向而去，否则何须“筹划”，这就是“执着”。有“分别”“执着”，当然就意味着“非此即彼”“非此不可”，正如佛门所言，“苦”自然就在其中了。所以佛门才要修“平等”“放下”，来对治“分别”“执着”，以此达到脱苦的目的。应该说海德格尔是深谙此道的，他对这件事的描述和开的药方与佛门如出一辙。当然如果我们深究为何“因缘”“筹划”会导致我们的“分别”“执着”，会让我们对海德格尔的那句“此在之存在即操心”的体会更深，毕竟海德格尔用“此在”一词的本意并非如此。

其实，“此在”本义表达的的确是“无限可能性”以及它带来的“绝对自由”，然而它毕竟是带“业”存在的，如果不是如此，它也无法真实显现，我们也领会不到。但因“业”而生的“因缘”则会“在已经在世的存在中先行于自身”，也就是说，当它还未以“在世的存在”呈现出来时，它就已经存在于那里了，存在于“领会”展开中了。当它通过“筹划”乃至“解释”完整呈现时，它一定会认为这个呈现的“在世的存在”就是自己，也就是“此在”本身，正如海德格尔所说：“由于这种沉沦而将起初对存在的领会变成了对作为现成性的存在的领会。”误认为“此在”因“业”乃至“因缘”而呈现出来的“在世的存在”（世界）就是“此在”本身，这既是“此在”对自己的沉沦和迷失，也是“此在”产生“执着”乃至成为“操心”的原因。其实，“此在”这种“无限可能”随时会因“业”而形成不同的“因缘”，进而形成不同的“在世的存在”，佛门把这叫“无常”，也叫“刹那生灭”，也就是说，它形成的“在世的存在”（世界）是“刹那生灭”的，但如果你认为它就是自己本身，是生出这一切的“此在”（自性）本身，你当然会抓住不放从而放弃或者排斥、抗拒一切其他的“因缘”产生的“在世的存在”，即其他的一切可能性，让自己掉入陷阱而不能自拔，这就叫“执着”，以及因“执着”而产生的辛劳，海德格尔称之为“操劳”。他的原话是，“此在在世界之中，其意义是他操劳着熟悉地同世内照面的存在者打交道”“此在作为操劳就滞留于那儿”。滞留于哪儿呢？当然滞留于它自己呈现出来的“在世的存在”之中，即它自己呈现出来的“世界”之中。因为“世界属于此在的自己存在”，当然它要明白这一点还需要从“执着”和“沉沦”中重新找回本来的自己，从而走出来。

“在世的存在”是随着“因缘”的不同刹那生灭的，因而是虚幻不实的，佛门称之为“无自性空”。它只是“此在”这个“自性”随生灭的“因缘”而生起的刹那生灭的幻象，“自性”在它的源头“此在”这里，当然不在幻象之中，所以“筹划”带来的认“幻象”为“实有”的执着，只会让我们陷入竹篮打水的辛劳之中。同时，我们对其他“因缘”形成的“幻象”的排斥和抗拒，又会消耗我们的精力和能量，从而使辛劳加剧。而更为重要的是，我们在执着当中会失去我们本自具足的“无限可能性”以及它带来的“绝对自由”，让我们被自己迷恋执着的“幻象”捆绑并且无力自拔，这会让我们更加辛苦。总之，无论佛法还是海德格尔都阐明了一个简单的道理和事实：人从来都只是掉在自己挖的坑里，只是鲜有人知道真相而已。佛门把这叫“苦海”，海德格尔把这叫“沉沦”，也就是“此在自拘于它本身中了”，当然与之伴随的是操心和操劳。为何海德格尔还要把操心与操劳分开来说呢？这是因为我们的“此在”沉沦以后，“此在就涣散在常人中了”“此在所熟悉的他自己就是这个常人”。此时，我们的确可以把“此在”理解为存在着的“人”，但不应该忘记的是，这只是“此在”的迷失状态，并不是“此在”的“本在”，或者说“此在”自身。迷失了自己的“此在”，或者说以“常人”方式生活着的“此在”，会把“在世的存在”即“世界”看作两个层面，一个是与己无关的层面，另一个是与己有关的层面，前者被海德格尔称为“在手”的事物，意味着在自己的世界存在却不影响自己，比如别人家的车子、房子，你身边出现的各种不知何故而存在的用具，等等，它们存在但并没有为你所用，这叫“在手”。而你正在使用的东西，比如你正在用一把锤子敲钉子，或者说你正在驾驶着自己的爱车，那么“锤子”和“爱车”就称为“上手”的事物，因为它与作为“常人”的“此在”密切相关，而且我们“常人”正体验着对它的“占有”和使用。显然，我们“常人”对“上手事物”的执着会重很多，因而会更辛苦，所以海德格尔称之为“操劳”，即既劳心又劳力。

一切的“在世的存在”即这个“世界”是“此在的自己存在”，是“此在”通过“筹划”呈现出来的“因缘”，包括“在手”与“上手”的“在世的存在”，“筹划”总是“操心”的，正如海德格尔所言：“操心作为源始结构整体性在生存论上先天地处于此在的任何实际‘行为’与‘状况’之前，也就是说，它总已经处于它们之中了。”所以，一切的“在世的存在”都是“操心”带来的存在，无论“在手”还是“上手”，用海德格尔的话说就是“在世本质上就是操心”。这就是海德格尔这里“操心”与“操劳”的区别。因而“操劳”有了另一个特点，海德格尔称其为“去远”，即空间上遥远的东西我们能通过执着这种“操劳”而将其拉近，甚至让我们感觉到比身边原本就在的人还近。比如一个跟亲人的越洋电话，会让你觉得远隔万里的亲人比近在咫尺的陌生人离你更近，这就叫“去远”，意思是执着带来的“操劳”能够“使相去之距消失不见”，所以，海德格尔说：“决定着从周围世界上到手头的东西之远近的，乃是寻视操劳。”意思是看你“执着”什么，是你的“执着心”决定了事物的远近，而非空间距离。

“此在自拘于它本身中”，带来的不仅是“沉沦”以及“操劳”，而且在认知上给我们带来了障碍，我们把“此在”自己“筹划”呈现出来的“世界”当成了“外在”的“世界”对待，通过“解释”来使用各种概念以把握这个“世界”，但最终我们未必能真正地通达这个“世界”，因为“实在事物本质上只有作为世内存在者才可通达”，将“世界”作为外在的东西来“认识是通达实在事物的一种派生途径”。而现代的西方科学正在这种“派生途径”上越走越远，从而导致科学技术的发达带来了对人类自身的威胁和对自然的异化。这恐怕正是海德格尔等一批哲学家开始反思和批判西方的哲学传统，而向东方文化吸收智慧的原因之一。东方文化的方法论是建立在“体证”和“内观”的基础之上，前提当然是“天人合一”的世界观，这一点与海德格尔的思想不谋而合，或者说海德格尔在其以“此在”为核心的思想体系中已将“天人合一”做了自己的表达，那就是“世界属于此在的自己存在，而自己存在就是在世的存在”“此在生存着就是它的世界”“如果没有此在生存，也就没有世界在‘此’”。这应该是西方哲学版的“天人合一”说。

正因为海德格尔已经用西方哲学的语言提出了自己的“天人合一”说，他才使用了诸多颇具东方文化色彩的语言来表达他的思想，比如“领会”“因缘”“操心”“操劳”等，而这些词汇明显具有可“意会”、难“言传”或难“定义”的特点。所谓的“意会”就是“悟”或“体会”“体证”的意思，即由“外”而转向了“内”，由概念性的认知转向了无概念的“内观”。海德格尔认为只有作为内在于“世界”的“存在者”，才是能够真正认知世界的正确途径。如他所言，“认识就一定是内在的”“通向世内存在者一切途径在存在论上都植根于此在的基本建构，都植根在世的存在”。何谓“在世”？海德格尔说“在世具有更为源始的操心的存在建构（先行于自身的—已经在—世界之中的—作为寓于世内的存在者的存在）”，这个括号里的链条表示“此在”以“操心”的方式已经将自己融化到了“世界之中”，即“寓于世内的存在者”身体里，内化了。而内化的过程中“领会”是一直都在的，因为“领会向来关涉到此在在世的整个展开状态”，也就是说，在“此在”展开为它的“在世的存在”即这个“世界”时，“领会”是一直相伴随的，因为“领会就是此在本身的能在”。“此在”在世界之中，与世界是一体的，“领会”当然也是与“世界”一体的，而不是将“世界”作为一个“对象”来“领会”的，这样的“领会”是“世界”的“内观”，它才是通达世界的基本保障。但这唯一正确的通路在“此在”从迷失的“常人”状态即从“沉沦”中走出来之前，并不会成为“此在”的“行为”方式。相反，从“对象”的角度认识“世界”的方式仍然会大行其道，也就是说，“内观”乃至“内省”的功夫仍然只会为少数觉醒者或修行人所拥有，这就是佛陀讲的“末法时代”，但作为思想者仍然应该明知不可为而为之，将“此在”从“沉沦”中唤醒，这恐怕是海德格尔的初衷吧。

五、“此在”的回归

“此在”如何从“沉沦”或者说“常人”状态中觉醒并走出来呢？这个

“机缘”就是“常人”的死亡。“常人”终究是会死的，所以，“此在”以“常人”的方式存在或者说示现终究是不长久的，于是，“常人”死了之后还有什么东西存在吗？这自然成为任何一个人都难免要思考的问题，就像一个人要问：自己死了之后呢？这一问就将“常人”的困境展示出来了，原来“常人”最终是没有“归属”的，因为“常人”死了之后一切就都结束了，灭掉了。这样的“绝望”带来的是“常人”内心的“无家可归”感，但恰恰是这种“无家可归”感成了“常人”觉醒的契机，当“常人”意识到最终的“无家可归是在世的基本方式”时，他便必然要去寻找那个“一直在”的东西，即便他不知道那究竟是什么，但内心的追寻便从此开始了，而这个“一直在”的东西当然是“此在”，因为只有“此在从不完结”。不过这一追寻的过程并非如此简单和容易。但对“死亡”的恐惧和深究始终是“常人”放下执着，进而走向觉醒，回归“此在”的入处，佛门经常讲“向死而生”“念死无常”正是此意。所以，在海德格尔看来，“畏”是一种非常重要的情绪，因为“在情绪中，此在被带到它的作为‘此’的存在面前来了”，可以说，“畏”迫使“此在”现身，正如海德格尔说“怕是现身的形式”，尽管“畏”并不是单纯的“怕”，但毕竟它们有类似的情愫。这恐怕也是所有的宗教都以敬畏心为基础的原因吧，无论是基督教的敬畏上帝还是佛教的敬畏因果。总之，敬畏是“此在”现身的方式，因为在“畏”中，“常人”意识到了自己的无助，这迫使他放下自己的执着，从而为那更本来的力量的呈现扫除了障碍，“此在”便可能现身出来。

当然，死亡只是一个觉醒的契机，所有人都知道“常人”会死，也没有哪个“常人”不畏惧死亡，但真正放下执念觉醒了的人又有几个呢？所以，“此在”的现身着实还有其他的条件，什么条件呢？“良知”。“此在”的现身还必须“良知”先于“此在”的现身而现身，也就是说，“良知”必须先起来，“此在”才能现身。那么，何谓“良知”呢？其实“良知”并不是“此在”之外的东西，海德格尔说“此在的本真能在就在‘愿有良知’之中”，也就是说，“良知”就在“此在”之中，它是“此在的本真能在”，是“此在”的“无限可能性”当中的最本真的“可能性”，简称“本真能在”，也可以形象地视为“此在”的救命稻草，是“此在”之根本。所以，海德格尔说“良知是此在本身之中的对其最本己能在的见证”“在其无家可归的根基处现身的此在就是良知呼声的呼唤者”。也就是说，作为“此在”之根本或者说最本己的“良知”，总是在“此在”的最紧要处，即“无家可归的根基处现身”。当然，根基处现身的“良知”还是“此在”的一分子，尽管是它的核心成分。

那么这个核心成分的真正厉害之处在哪儿呢？在于用来看清“此在”自己的“罪责”，这才是“良知”作为“此在”最核心内涵（最本己能在）的灵明处。海德格尔的原话是，“良知的声音这样那样，无非在说‘罪责’”“良知呼唤罪责存在”“良知是操心的呼声，来自在世的无家可归状态；这呼声把此在向最本己的能有罪责的存在唤起”。总之，“良知”是“此在”中的关于“罪责”的自知之明。所以海德格尔说“此在在良知呼唤中呼唤自己本身”“此在既是呼唤者又是被召唤者”。这意味着“此在”自己是有“罪责”的，它能通过自己的“良知”看到自己的“罪责”，并唤醒自己。海德格尔认为“此在”有“罪责”，他说“罪责存在总都是此在的存在方式”“只要此在存在，它就作为这种罪责存在而存在”。其实这就是基督教讲的“原罪”，也就是《圣经》偷吃禁果所隐喻的故事，亚当、夏娃偷吃智慧树上的果子，将“分别心”的种子种在了心田，由此形成分别执着的根，这就是所谓的“原罪”，佛门的说法叫“业力”。前面讲过“此在”是自带“业力”的，它的“无限可能性”（自性）通过“业力”转化成“因缘”，进而通过“筹划”成为“在世的存在”，即这个“世界”所有的事情都包含在“无限可能性”（自性）和“业力”之中，“无限可能性”代表着“能在”，代表着“至善”，而“业力”则代表着“原罪”“罪责”，“此在”只有用自己最本己的“良知”去照见这个“罪责”，才能走上觉醒之路，才能从“常人”的“沉沦”中走出来。这就是海德格尔的逻辑，其实也是基督教和佛教的逻辑，只是海德格尔用哲学的方式进行了陈述。

基督教和佛教都是强调“忏悔”的，甚至可以说“忏悔”是信教的主要方式和基础，没有“忏悔”之心的信徒绝对无法让人相信他是一个真正的信徒，因为没有“忏悔”之心就意味着你意识不到自己骨子里的“罪责”和“业力”存在，你当然也就不可能放下对眼前之事的“执着”，你就还会认“假”为“真”，还会以“常人”的方式活着，直至那不可逃避的死亡来临，在死亡来临之际只能陷入绝望和恐惧当中而不知所措，这就是“常人”，也就是无“忏悔”之心的人的命运。那么“忏悔”之心为何能真正拯救自己呢？因为真正的“忏悔”之心并不是因为恐惧而产生的悔恨之心，它是因为良知而对自己原罪（业力）的深刻意识，它意识到了自己的原罪（业力），这是一种“觉醒”。人知道自己有原罪或者说自带业力，这一定是觉醒的起点，因为你对世界的理解将会彻底不同，你不会再认为世界上发生的一切都是偶然、随机来到你面前的，你会意识到是你的“业力”（原罪）形成的“因缘”将它们带到你的跟前来与你“照面”。“照面”是海德格尔特别喜欢用的一个描述人所处的“世界”的词，但很多人并未真正理解海德格尔为何喜欢将人所处的“世界”说成前来“照面”的“世界”，懂点佛法的人知道这叫“感应”，你所处的“世界”并不是原本在那里然后你随意地走了进去，结果你就处在这样的“世界”之中了——事实不是这样，或者说海德格尔、佛教、基督教都不是这样认为的。他们都认为这里面是有“因”的，这个“因”就藏在你的“业力”中或者说“原罪”中，是你的“业力”感召来的，是你的“原罪”当中生出来的，它们是应你之“邀”来“照面”的。所以，任何事情不要抱怨、指责外在的人和事，他们只是应你之“邀”而来，“因”在自己身上，因为“业”在自己身上，除非你意识到“业”（原罪）的存在，并且通过忏悔修行消掉了它，否则你抱怨、指责也无济于事，命运会这样安排，它们还会以别的方式在别的时间、地点前来“照面”。所以有位哲学教授说，如果一个人四十岁后还不信命，这个人就有问题了，意思是你活到四十岁还不相信自己身上自带的“业力”（原罪）在主宰自己，还在抱怨别人和外界，还不想办法修自己的“业力”（原罪），你也就活不明白了。所以孔子说“四十而不惑，五十而知天命”。

把注意力放在自己自带的“业力”（原罪）身上，知道它在主导自己的命运和人生，对此生起敬畏并忏悔，懂得以持戒克己的方式谨言慎行，并以此作为修“业力”、消“原罪”的手段，你就不会指责外界、抱怨别人，就会在自己身上向内用力，逐渐地就会让一些好的“因缘”前来“照面”，你的“世界”就会改变，命运就会改变。默默地在自己身上用力，以忏悔之心和敬畏之心修行自己，海德格尔把这称为“决心”，他的原话是：“这种缄默的、时刻准备畏的、向着本己的罪责存在的自身筹划，我们称之为决心。”海德格尔为何要强调“缄默”呢？因为他认为“良知是‘哑’的”“良知只在而且总在沉默的样式中言谈”“良知向召唤所及者呼唤了什么？严格说来——无”。也就是说，“良知”的呼唤不在语言中，那在哪里呢？当然在“行动”中，这就是《道德经》讲的“行不言之教”，也就是“修行”。所以，海德格尔的“决心”意味着以“忏悔”和“敬畏”之心脚踏实地地“修行”，这才是他指出来的“此在”的觉醒之路。因此他说“决心意味着让自己从丧失于常人的境况中被唤起”。

过分强调“原罪”或“业力”的确让人不爽，事实上，西方文明在中世纪的上千年间因为基督教的“原罪”说曾给社会带来灾难，史学家称之为黑暗的中世纪，以至于这所谓的黑暗的中世纪竟然会因为“赎罪券”这么一件小事而截止，随之而来的是影响深远的宗教改革。可见，不承认或意识不到“原罪”，觉醒无从谈起，“此在”会在“常人”的“沉沦”中无法自拔而丧失其本自具足的“无限可能性”，正如海德格尔所言：“此在的存在本质上是能在，是向着其最本己的诸种可能性的自由存在。”而“沉沦”于“常人”中的“此在”，丧失或者说遮蔽了它的本质，也就是说，它本自具足的“自由”是被“常人”的身份限制了的，这就是意识不到“原罪”的结果。而单纯地强调“原罪”也会带来灾难，为少数人奴役大多数信徒创造出条件并提供了工具，黑暗的中世纪以及“赎罪券”成为压垮它的最后一根稻草就说明了这一切。正如在佛教流行的社会不信“业力”会让人无法无天，而一味地信“业力”也会让信众活在自觉罪业深重，而极易被少数人愚弄的状态中一样。所以，对于现实而言，怎样避开这两极的困境才是正解，而思路还是要从“此在”自身入手。

六、“真人”的活法

海德格尔说：“从常人中收回自己就是从常人自身的生存方式转变为本真的自己存在的生存方式。”海德格尔讲的“本真”态是思考两极问题的切入点，这让我们想起中国道教中的“真人”一说，道教的“真人”是相对于芸芸众生中的“常人”而言的，意指得“道”高人，比如历史上真实出现过的邱真人、张真人等。为何道教要立“真人”呢？“真人”意味着什么呢？当然“真人”不是与“假人”相对的，“常人”并不是“假人”，用海德格尔的说法，“常人”只是迷失了“本真的自己”的人，所以，“此在”只需要回归“本真的自己”即可，即回归“本己”，海德格尔也多次用“最本己”来形容“本真的自己”，比如，他认为“此在决心中为的是它最本己的能在”。也就是说，“决心”最终要达成的便是让“此在”回到它的“本真”状态，成为“最本己的能在”，成为“良知”本身。“此在”拥有“无限可能性”，当然既有“善”的“可能性”，也有“恶”的“可能性”，因而它既可结“善”的“因缘”，从而成“善”的果，也可结“恶”的“因缘”，从而成“恶”的果，关键是看它的哪一种“可能性”起作用，而这背后是“此在”自带的“业”或“罪责”在影响。正如王阳明所说“无善无恶心之体，有善有恶意之动”。海德格尔的“此在”既是“心之体”，又有“意之动”，“心之体”是“此在”的“本真的自己”，“意之动”则是“此在”自带的“业”或者叫“罪责”，而海德格尔所讲的“决心”正是表达了他消掉“此在”自带的“罪责”，让“此在”回归“本真的自己”的决心。

所以，我们既要用“良知”看到“此在”自带的“业”或“罪责”，又要看到“此在”本真的自己，并紧紧依托这一“本真的自己”来消掉“此在”中的“罪责”。也就是说，“本真的自己”是“此在”中的，“罪责”也是“此在”中的，但“此在”经常性地不是被它“本真的自己”左右，而是“首先总已先从它自身脱落、即从本真的能自己存在脱落而沉沦于‘世界’”。海德格尔提醒我们：“这种‘不是它自己存在’是作为本质上操劳消散在一个世界之中的那种存在者的积极的可能性而起作用的。这种不存在必须被领会为此在最切近的存在方式，此在通常就保持在这一存在方式之中。”也就是说，“此在”日常的存在方式恰恰不是它的“本真的自己”的存在方式，而是从“本真的自己”中脱落出来，成为“不是它自己存在”，而且这种力量非常强大，海德格尔用“存在者的积极的可能性”来形容，这就是“业”（原罪）的力量。所以，惯性的力量就是“沉沦”的，反抗这惯性力量的只能是“决心”，是对本真的自己“能自己存在”的绝对的信心，只有无条件地生起这股信心并依托它，才能抵抗“业”的惯性力量，让“此在”回归“本真”。因此，知“罪责”、知“业力”固然重要，知“本真”、知“本己”更为重要，消“罪责”、消“业力”固然重要，信“本真”、信“良知”更为重要，这就是“决心”的来源和依托。所以，既要用“良知”，更要信“良知”，用“良知”照“良知”，最后“良知”一体，“良知”成片，一片光明。佛门叫“用始觉觉本觉，成就究竟觉”。“始觉”是“良知”，是用来“照”的“良知”，是刚启用的“良知”；“本觉”还是“良知”，是被“照”的“良知”，是还附带了“业”的“良知”。用前者不断地“照”后者，最终会是一片光明。其实，本质上是“此在”不断“自觉”“自知”“自明”乃至“自解脱”的过程。只有在“良知”作为光明的背景下，并以“良知”的光明为前导去看“罪责”或“业力”，才能避免落入前面讲的两极之中，才能真正得自在，因为“本真的自己”从来就是“能自己存在”的，即本来就是“自在”的。

海德格尔为何要用“决心”这样的词来描述这件事呢？用“敬畏心”不够，用“知罪责”不够，用“缄默”这种代表着行动的词汇还不够，因为他深知“此在”的觉醒解脱最终所需要的力量就蕴藏在“决心”二字中。何谓“决心”？这是“决绝”的心，是《金刚经》讲的“应无所住而生其心”所生起的心。何谓“无所住”？无所依托之意，也就是说，当“此在”从“常人”惯性的力量下走出来时，它的力量其实是“微弱”的，正如道家讲的“道心惟微”，而“人心惟危”，人心就是“常人”沉沦的惯性，即让“此在”迷失自己的惯性。所以，这微弱的一线“良知”只有自己相信自己，无条件地相信自己，绝对地相信自己，才能撕开一条“常人”沉沦的口子，让“此在”本真的自己透出一线光明，逐渐光明成片。这一过程的完成全靠信心的绝对坚定来支撑，所以被称为“决心”，也就是佛门讲的“大雄力”，这就是所有的汉传佛教寺庙都以“大雄宝殿”为其主殿的原因，因为“大雄力”即“决心”才是最终起决定性作用的东西。因而海德格尔其实是将“决心”当作“此在”本真的自己本身来对待的，也就是说，他认为“决心”就是此在“本真的自己”，比如他说，“决心之为本真的展开状态恰恰就是本真的在世”“决心恰只是操心的本真状态”。而海德格尔在别处讲过“此在的存在是操心”，因而“决心”在海德格尔的眼里就是“此在”的“本真状态”。也就是说，海德格尔认为“此在”要从“沉沦”的惯性力量中回归自己，最终依靠的只能是“此在”自己的“决心”，因为“决心”就是“此在”的“本真状态”，“决心”起来并强大了，“本真的自己”也就唤醒并强大了，这也就是“此在”的回归。所以，“常人”最根本的问题就是“信心”不足，凡事“决心”不够，而“此在”的“本真态”或者说“此在”的本质就在于充满“信心”，“决心”坚定。用佛门的语言说便是“不依他起性”，即不依赖于任何外在条件，这也就是禅宗六祖惠能称其为“自性”并宣称“何期自性，本自具足”的原因。海德格尔也用了一个词叫“能自己存在”来形容“此在”那“本真的自己”。可见，东方的佛法与海德格尔的哲学在“存在”的本质即“自在性”上达成高度共识，只是东方的智慧早海德格尔千年以上。

由此我们也就明白了“此在”的“本真态”是什么，它就是百分之百充满“信心”的状态，或者说拥有“绝对信心”的状态，即“信心”的能量绝对饱满的状态，这正是《金刚经》讲的“信心清净，则生实相”的状态。佛门称这种状态为“无漏”，即能量饱满、毫无遗漏。反之，则称为“有漏”，当然是指“心”的能量有漏而不饱满。所以，佛门是将“心”的能量是否饱满作为分析问题之出发点的，比如，它认为常人的心是“有漏”的心，因为“贪、嗔、痴”是常人之心能量流失的原因，故而提出“戒、定、慧”这三种堵漏的修行方式，称为“三无漏学”，即三种“无漏”的学问。

可见，佛门从实修上讲就是围绕着心之能量的“漏”与“不漏”来做文章的，当心之能量“无漏”饱满时，此心光明，被称为“真心”“佛心”，也叫“真心本体”，显然这就相当于海德格尔的“此在”的“本真态”。而当心之能量因“贪、嗔、痴”的作用而“有漏”时，此心被称为“妄心”“凡夫心”。“贪、嗔、痴”也叫“业力”，所以，所谓的“业”就是心之能量不饱满的“有漏”状态，也就是说，当心的能量绝对饱满时，此心便是“真心本体”，而当心的能量有折损时，此心便是“业力”状态。因而“真心”与“业力”并不是两个东西，它是一个东西的两种状态，心的饱满能量状态为真心，心的折损能量状态为业力。在海德格尔这里也可以这样来看，“此在”的能量不饱满状态为“有罪责”，它呈现为“常人”，因能量不饱满故称其为“沉沦”；“此在”的能量饱满状态为“本真态”，“此在”回归“本真的自己”，呈现为“最本己的能在”，也就是“良知”并处在“绝对自由”中，也称为“自在”的“真人”。而绝对自由的“自在”状态便是佛门的“实相”，因而《金刚经》才说“信心清净，则生实相”。

那么，怎样才能让心处在能量饱满而没有折损的状态呢？佛门的修法就两个字：“离相。”或者四个字：“于相离相。”这是禅宗六祖惠能的禅法，他在《坛经》中的原话是“离相为禅”。为何讲“离相”呢？因“贪、嗔、痴”的对象都是“相”，贪“钱”、贪“权”、贪“色”、贪“名”，贪的都是“相”；嗔恨的人和事也无不是“相”；痴迷的对象无论有形的物还是无形的情都还是“相”。所以，只有“离相”方能消“业力”，消“罪责”，止住能量损耗，恢复能量饱满，让心清净。如何“离相”呢？佛门《圆觉经》讲“知幻即离，不假方便”。意思是彻底地明白相信这些“相”的虚幻性便可“离相”，“戒、定、慧”是让人明白相信“相”的虚幻性的手段。海德格尔整个的思想无非让人相信世界的非实在性而已，比如他说：“‘世界的’这一说法作为术语就是指此在的一种存在方式而绝对不是指世界‘之内’的现成存在者的存在方式。”而他紧跟着说“现成性却是非此在式的存在方式”，并且断言“所有不具有此在的存在方式的存在者都必须被理解为无意义的存在者”。三段话整合起来就是，世界的存在就是“此在”的存在方式，我们

“常人”认为的世界之内的现成的存在者，它们只有作为“此在”的存在方式才是有意义的，如果视它们为“此在”以外的存在者，它们的存在本身就将毫无意义，也就是“不存在”。因此，世界只有一种存在方式，即作为“此在”的存在方式而存在。这就是王阳明讲的“心外无物”，也就是佛门讲的“相由心生”的西方哲学版，因为王阳明讲的心或佛门讲的心其实就是海德格尔的“此在”。王阳明在《传习录》中说，“心即道，道即天。知心则知道、知天”，“心也，性也，天也，一也”，“心无体，以天地万物感应之是非为体”。可见，王阳明讲的“心”是天地万物为一体的“心”，是心包太虚的“心”，与海德格尔的“此在”无异。正因为无论海德格尔还是东方的儒释道都否定了世界离开“心”或“此在”的独立的实在性，因而我们把一切的“相”视为“心”或“此在”以外的独立存在是虚幻不实的错觉，一切的源头都在“心”内，因而不必外求，从而不贪；不必外责，从而不嗔；归因于己，看清因果，从而不痴。从“贪、嗔、痴”入手，修“戒、定、慧”，守住能量不流失，让心保持在能量饱满状态，便可在“绝对自由”中得大自在。

七、何谓“时间性”

海德格尔为了彻底地否定“世界”是离开“此在”的独立而实在的存在，甚至抽掉了“世界”存在的基石——“时间”，通过提出“时间性”这一概念以及将“时间性”赋予“此在”，完成了“世界”从“此在”生出的过程描述。先看一下他的“时间性”概念，“我们把如此这般作为曾在着的有所当前化的将来而统一起来的现象称作时间性”“将来并不晚于曾在状态，而曾在状态并不早于当前，时间性作为曾在的当前化的将来到时”。在他的描述中，“时间性”并不是“时间”，因为在“时间”中，“曾在、当前、将来”是一个顺序，曾在先于当前，当前先于将来，而且不能“同时”存在，当前存在表示曾在消失了，也表示将来未来，还不存在。但在“时间性”中，正如海德格尔所说，“将来并不晚于曾在状态，而曾在状态并不早于当前”，即它们不再存在顺序，因而它们可以重叠，所以海德格尔一再说“曾在着的有所当前化的将来”。这句话中既包含了“曾在”，也包含了“当前”，同时包含了“将来”，这是一个“曾在”“当前”“将来”三者共存的状态，称为“统一起来的现象”，他把它叫“时间性”，并将它作为“此在”的规定。他说，“此在被规定为时间性”“此在的意义是时间性”“此在的存在整个地奠基在时间性之中”，以及“此在作为时间性”“正是时间性使此在的存在成为可能”，等等。可见他将“时间性”完整地赋予了“此在”，并作为“此在”的内容和意义之所在，这几乎是将二者画了等号。海德格尔这样做有根据吗？毕竟“此在”已经是一个在他的思想中表达得很成熟的概念了，这样的嫁接成立吗？

其实，他这样的表达是成立的，因为他的“此在”就代表着“无限可能性”，记住，只是“可能性”，而非现实性，我们之所以不理解海德格尔的“时间性”概念，是因为我们试图从现实性即“时间”概念上去理解它而招致的困难。比如，从“可能性”来讲，“曾在”就不代表一件消失了的事，“当前”出现时，“曾在”似乎消失了，但其实这只是它的“相”消失了，它种的“因”会消失吗？不会，佛门告诉我们，它种的“因”会留在我们的“阿赖耶识”即第八识中，成为未来的“种子”，这就是“业”，机缘成熟时它会成为一个“将来”。所以，很多的“将来”都已经在“曾在”之中了，甚至先于许多的“曾在”在“此在”当中了，当然，只能以“可能性”的方式存在。其实无须借用佛门以及“阿赖耶识”的说法，生活中的常识或心理学的潜意识都能让我们相信这一点。那么，“当前”早于“曾在”也自然好理解了，因为我们现在的“当前”或许就是过去的“业力”的重现，而这个“业力”当然是那时“曾在”种的“因”，所以，这个“当前”比上一刻或上上一刻消失了的“曾在”更早。因而，它们作为“可能性”当然可以叠加在“此在”中，成为“此在”展开的内因，进而决定“此在”展开的状态。所以，海德格尔的思想只是用哲学的语言演绎了佛法而已。

海德格尔一旦将“时间性”作为“此在”的内涵，他的整个世界观便有了一个逻辑的基础。因为他由“此在”的“时间性”推出了“时间”，他说，“是此在的时间性随着此在的展开才一道使操劳的时间得以定期”“我们前面把此在阐释为时间性并且展示了世界时间是从时间性发源的”“时间，作为时间内状态，也是从此在的时间性中‘生长’出来的”。既然“时间”源于“此在”的“时间性”，而“世界”的存在总是“时间”中的存在，“时间”本身是“世界”存在的前提条件，用海德格尔的话说就是：“时间既不在‘主体’中也不在‘客体’中现成存在，既不‘内在’也不‘外在’；时间比一切主观性与客观性‘更早’存在，因为它表现为这个‘更早’之所以可能的条件本身。”那么“世界”的存在只能源于“此在”，“世界”的存在也必然只能是“此在”的存在方式。正如康德将时间作为人的直观的主观条件，从而将“现象”的世界归于人的表象一样，海德格尔也通过将作为世界存在之基础的“时间”源自“此在”的“时间性”一说，而将“世界”本身无可辩驳地作为“此在”的展开和呈现形式确立下来。也就是说，世界就是这么来的，它的源头是“此在”，“世界属于此在的自己存在”。

那么，“此在”作为“时间性”是怎样来到这个“世界”的呢？这里我们不得不借用佛门讲的“因缘成熟”的概念。佛门认为，“因”只是一粒种子，它是否起作用或者说是否带来“果”还取决于“缘”，就像一粒种子需要丢在“土壤”中才能生长，“土壤”就是它的“缘”之一，称为“增上缘”；种子乃至发芽生长过程中还需要阳光雨露的不间断的支持作用，这叫“等无间缘”；而西瓜的种子能长成西瓜，这既是西瓜的“基因”，又是西瓜种子成长的方向和目标，这称为“所缘缘”；西瓜的种子源自西瓜，这称为“亲因缘”，也叫“血缘”。可见，一粒种子作为“因”并不是就一定会结“果”，丢在水泥板上可能就结不了“果”，因为没有“增上缘”；在土壤里如果缺乏阳光雨露，也不一定能开花结果，因为缺乏“等无间缘”；它在生长过程中如果进行了嫁接，或者基因受到了人为干预，也不一定结成西瓜的“果”。可见，在佛门中“因果”并不是直接相对的，中间的“缘”很是关键，所以佛门喜欢讲“因缘”而非简单地讲“因果”，因为它知道，“因缘”成熟了“因果”自然会呈现。生活当中中国人也特别喜欢用“因缘”说事，就连婚姻大事也用“姻缘”形容，生活中遇事也喜欢用“缘分”形容，好则称这是“缘分”，不顺则说“缘分”未到，分手则说“缘分”已尽或没有“缘分”。可见“因缘”观是中国人的思维方式之内涵，只不过我们现在更多的是用它来说说而已了，用来自我解嘲或开开玩笑，并不用它来认真思考问题，我们认真思考问题的方式变成了“因果思维”或者叫“逻辑思维”，也可以称为“科学思维”。然而海德格尔重提了“因缘观”，并且用它来反思西方的逻辑思维、科学思维的困境，试图用中国人非常熟悉的“因缘思维”来为西方哲学找一条出路，这值得我们深思。

“因缘”观中，“因”只意味着一种“可能性”，它“现实性”的呈现还有赖于“缘”，这并不像科学思维中的“因”的概念，比如在力学中，力就是物体运动状态改变的“因”，有了这个“因”物体的运动状态就会有一个确定性的改变，这叫牛顿第一、第二定律。力为“因”，运动状态改变为“果”，所以，力学的基本定律便是直接的“因果律”，这中间没有一个“缘”的概念存在，也没有任何东西作为“可能性”存在，都是“现实性”的存在。几乎所有的科学规律都与牛顿定律类似，表达的都是“现实性”的因果关系，直到量子力学出现，物理世界开始跟我们玩起了“捉迷藏”，它不再以“确定性”的方式被科学家们把握了，而是成为一种“概率”性的存在，物理学家称之为“测不准原理”。也就是说，成为一种“可能性”，于是西方人不得不放弃他们的思维传统，转而向东方靠拢，因为东方思维一直是基于“可能性”的，所以我们的语言包括思维都有点“玄”，甚至“玄之又玄”，很不确定，这曾经是我们近几百年以来被人指责的弊端，但好像风水轮流转，到了量子力学这里，我们这种以“可能性”而不是“确定性”为前提的思维突然变得有用起来，这可能是海德格尔先于许多西方哲学家提出他的理论的原因吧，毕竟他这一生恰巧是与量子力学的兴起并肩而行的。

在海德格尔这里，所有的一切起初都以“可能性”而存在着，海德格尔称其为“此在”，包括了“将来”“当前”和“曾在”，这“无限的可能性”就是“世界”的“因”，它们都可能呈现出来，成为“现实性”，从而产生出现实的“世界”，这中间取决于“因缘”的成熟，所以海德格尔是讲“因缘”的，而且他把“因缘”作为他思维的基础对待，他说：“因缘乃是世内存在者的存在：世内存在者向来已首先向之开放。”如果用中国人很熟悉的一句话来说就是：任何事物只有“因缘”具足了或者说只有“因缘”成熟了才能真实存在。换句话说，任何真实存在的东西都是“因缘”具足的，也就是“因缘”成熟的。这很难懂吗？中国的成年人几乎个个都懂，甚至连聪明的小孩都懂。他说“因缘整体性‘早于’单个的用具”。他说的“因缘整体性”无不就是“因缘具足”，表达了“因缘具足”作为“世界”存在的前提条件这一思想。

既如此，如何与“因缘”打交道就变得非常重要了，所以海德格尔说：“操劳打交道只有已经领会了因某种东西缘某种东西而有的因缘或诸如此类，它才让上手事物与寻视照面。”也就是说，“领会因缘”是认知事物的前提，如何“领会因缘”呢？他用“概观”一词来表述，原话是，“寻视活动在上手用具联系的因缘关联中。它本身又处于一种或多或少是明确的概观的领导之下，那就是对当下用具世界以及与之相属的公众的周围世界的用具整体的概观”“概观中本质的东西是对因缘整体性的原本领会；而实际操劳每次都是从这种因缘整体性之内着手的。照亮了操劳的概观从此在的能在获得自己的‘光明’”。显然，“概观”是“整体性”的，也就是说，先要“照亮”整体，才能“认识”局部。“概观”是“照亮”而不是“认识”，这一点是海德格尔有别于西方哲学传统思维的地方，因为西方哲学讲“认识”不讲“照亮”，而“整体”根本无法整个地认识，如果要先认识一个一个的部分，当然似乎也能积少成多地认识“整体”，但海德格尔已经将“整体”的“概观”置于认识“部分”的前提了，即堵死了由认识部分而认识整体的路，所以整体无法认识。海德格尔借用东方思维中的“照见”一词，突破了西方思维的这一困境，《心经》讲“照见五蕴皆空，度一切苦厄”，用的就是这个“照”，而且佛法将“照”定位成顶尖智慧，远高于“认识”这一普通的心智活动，准确地讲佛门认为“照见”或“照亮”是认识其他活动的前提，海德格尔是深得此法的，故也将“照”作为“概观”，乃至作为“领会因缘整体性”的要害对待。而“照亮”又从何来呢？海德格尔讲得很明白，它来源于“此在的能在”，它“从此在的能在中获得自己的‘光明’”，以“照亮”因缘的整体。说来说去就是“此在”的觉醒，也就是“此在”向“本真的自己”的回归，就是能量的百分之百的饱满，此时，它便能“放光动地”。

八、有生于无

其实，因缘的“因”与因果的“因”是有所不同的，海德格尔讲的因缘的“因”只是一种“可能性”，因而是“非现实”的，用佛门的术语说即是“无相”的，用道家的说法即是“无”。而我们所熟知的因果的“因”是一个“有”，是“有相”的，科学上的“因果律”当然都是指“有”之间的关系，无论是牛顿定律还是电学定律、光学定律所表达的都是能够测量的物理量之间的关系。这些可以测量的物理量当然都是“有”，它们的测量值也就是它们的“相”，无论哪个量作为“因”或者作为“果”，都是“相”与“相”的关系或“有”与“有”的关系。因缘中的“因”却未必，它们作为“可能性”，在“因缘”不具足之前，是没有“现实性”的，因而不成其为“有”和“相”。说它们是完全绝对的“无”是不准确的，因为它们还有“可能性”，甚至“无限可能性”，这就是海德格尔特别强调的，并将这样的“无”即“此在”作为他整个思想的原点。这与佛门讲的“空”类似，《心经》“色不异空，空不异色，色即是空，空即是色”讲的正是这样的“空”，即能生“万有”的“空”。为何能生“万有”呢？因为“空”中有“无限可能性”。所以《道德经》才说“有生于无”，“有无相生”。意思是，这不是一个绝对空无的“无”，而是“无限可能”的“无”。这样的“无”或者“空”作为“因”，是产生不了物理学或科学上的“因果律”的，但它能与“万有”产生“生”的关系，因为“相”上的“万有”都是从这个“无”或“空”当中“生”出来的，《易经》叫“生生不息”，这也是海德格尔把“此在”称为“去生存”的原因，譬如他说，“我们曾在形式上把此在的自己之所以为自己规定为一种去生存的方式”“此在生存着就是它的世界”“实际此在以出生的方式生存着，而且也已在向死存在的意义上以出生的方式死亡着”。所以，在海德格尔的眼里，“此在”的“无限可能性”一直在生生不息地成为“现实性”，形成着这个“世界”，但又“即生即灭”，这恰恰是佛门“刹那生灭”的意思。

总之，无论是道家的“无”还是佛家的“空”，以及海德格尔讲的“此在”，都是能生“万有”或“万法”的存在，但它们本身并不是“有”，并不是“相”，所以它们与万物构不成物理学或科学意义上的“因果律”，成为不了形式逻辑上的“因”。如果西方文化的思维仍然只是科学的思维或形式逻辑的思维，死抱着“相”上的“因果律”不放，那么，无论这一美妙的“无中生有”的事情，还是这能生“万有”的“无”，都将从西方人的思想和文化中被清出局，由此带来的将是量子物理的不可理解以及哲学思维的僵化。好在海德格尔从东方文化中将这样的“无”以“此在”的形式引入了西方哲学，从而让“因缘”的“因”种在了西方人的头脑中。当前的量子力学发现的“量子纠缠”现象，已经无法用传统的“因果律”解释了，因为来自同一源头的两个量子之间的“纠缠”行为，比如一个电子自旋向上，另一个电子的自旋必然向下，它们之间的这种行为既不需时间，又不论空间，还没有因果，因为你无法确定谁因谁果。这样的“同时性”且不存在信息传递的物理事件用传统的“因果律”是无法解释的，唯一的解释只可能是这两个电子都是瞬间从某个“无”当中产生的，而它们根据“对称性”只能这样产生，即以“纠缠”的方式产生。它们之间并无“因果关系”，但它们生出来的“可能性”只有在满足“对称性”的条件下才能成为“现实”，也就是说，“对称性”成了它们自身的“可能性”成为现实的“缘”。“可能性”为“因”，“对称性”为“缘”，“因缘”具足，它们以“纠缠”的方式“无中生有”地出现了。

量子物理尤其是量子纠缠现象将我们带到那包含了“无限可能性”的“无”的面前，也就是“有”与“无”的交界点上，传统的“相”上的“因果”思维被突破了，我们意识到了我们的“世界”其实只是“无限可能性”中生出的世界，而“无限可能性”成为现实的物理世界的条件就是“对称性”，也就是说，我们的物理世界其实只是满足“对称性”这个“缘”而存在着的世界而已，是否还有别的满足其他“缘”的平行世界呢？不知道。但知道我们的物理世界以“对称性”为边界这已经很重要了，因为物理学家艾米洛特正是由“对称性”推出了能量守恒、质量守恒、角动量守恒等基本的物理定律，也就是说，艾米洛特的工作的确证明了我们这个世界是奠基在“对称性”之上的，这恐怕也是《道德经》第二章反复强调语言的“对称性”的原因吧。知道了我们这个世界成立的基础是“对称性”，同时不要忘了我们的来源是“无限可能性”，不要忘了“此在”，不要忘了能生万法的“无”和“空”，因为我们最终要回到那里，回到“无限可能”的本来当中，继续成为“无限可能性”，机缘成熟时，再次进入“对称性”的世界，这就叫“轮回”。但如果进入超越了“对称性”的世界，那就可能到了“不生不灭”的极乐世界吧，谁知道呢？但禅宗六祖惠能是知道的，所以他给出了“不取不舍即是见性成佛道”的修法，来帮助众生从“对称性”中解脱出来。遇乐不取，遇苦不舍，无乐无不乐，无苦无不苦，当然跳出了两端和对称，回到了“无限可能性”的本真的状态，佛说极乐世界。

第八章

探究世界的本源

一、中国文化中的“无”

中国传统文化最根本的概念究竟是什么？或者说它究竟有没有一个统一的根本的概念？这是一个有意思的话题，有人说是“道”，或者说“天道”，因为道家肯定是以“道”为核心概念的，《道德经》开篇讲的就是“道”。也有人会说是“理”，或者叫“天理”，民间百姓总是把有“理”、无“理”挂在嘴上，儒家的心学也认为“良知即天理”，或者说“心即理”，而儒家倡导的“仁、义、礼、智、信”等也只是“天理、良知”的具体形式。的确，把“道”和“理”连在一起构成的“道理”，还真是中国人从上到下、从文化人到老百姓都执着的概念，甚至成了“文明”的标志，讲“道理”的人就代表了“文明”人，而不讲“道理”的人则代表了野蛮人。那么佛家的核心概念是什么呢？直截了当地说当然是一个“佛”字，可“佛”是什么却一言难尽，佛门“即心作佛，即心是佛”，可见，佛即是“心”，但肯定不是凡夫俗子的“凡心”，否则人人都不用修就是“佛”了，成佛当然没那么容易。所以，看起来作为中国传统文化主流的儒释道三家仿佛没有一个统一的核心概念，但如果真是这样，它们三家的统一恐怕就有些困难了，而事实上2000多年下来，中国传统文化呈现出来的确是互补而统一的形态。互补，说明它们有差异，而统一，则说明它们有根本上的一致，这根本上的“一致”究竟是什么呢？

事实上，中国传统文化的核心概念是“无”，它也是儒释道三家共同的核心概念。我们先看“道家”，《道德经》既讲“道生一，一生二，二生三，三生万物”，又讲“天下万物生于有，有生于无”，可见，老子是将“道”和“无”都视为本源对待的，当然，老子这里不可能有两个“本源”，所以，“道”和“无”是同一的“存在”，或者说老子用“无”表达了“道”的属性，至于这个“无”究竟代表的是怎样的属性，是需要世人去悟的，但它至少把“道”的不可言说、无形无相的特性表达了出来，算是为人们的悟“道”指明了一个方向。这样一来，人们试图用思维来跟“道”打交道的想法就落空了，因为“思维”是要有对象的，而“道”的“无相性”让它无法成为“思维”的对象，所以，悟“道”不是在思想当中寻找那个“道”，也无法在思想当中找到那个“道”，而只能在行动、实践当中体会“道”，因而对着文字概念去解“道”、讲“道”是毫无意义的事情，行动和实践是通向“道”的唯一途径。这恐怕正是老子在《道德经》第二章便旗帜鲜明地说出“行不言之教”的缘由吧，也应该是老子多次提到“无为”的原因。常人经常把这个“无”简单地理解为一个类似于“不”或“没有”的否定词，“无为”便很容易解释为“不作为”，但其实老子的“无”是作为“道”的同义语和对“道”的属性的描述来用的，是作为一切的本源被对待的，因此老子才说出“无名天地之始，有名万物之母”以及“有无相生”这样的话。这里的“无”都代表着生发一切的“本源”，只是它“无形无相”，与“有”不同而已，如果说“有”代表了具体的“存在物”，那么老子的“无”则告诉了我们另一种“存在”的存在，而且作为“无”的存在，它更本源、更神秘、更有无限生命力，这才是“道”的本意。如此而言，“无为”的意思便是在“无”上用功了，这正符合了《道德经》“为道日损”的意思，也与佛家《金刚经》“一切贤圣皆以无为法而有差别”不谋而合。总之，2000多年前“无”的概念的提出是中国传统文化对世界本体论思想的一个巨大贡献。而在西方文化中，20世纪时德国哲学家海德格尔才将“无”作为西方哲学的一个核心概念树立起来，晚了2000多年。

那么佛家文化有没有“无”的概念呢？只能说太有了，一篇《心经》正文268个字中就有26个“无”字，加上同义的“空”字，竟有30多个，可见“无”在佛门是何等重要的概念，可以说，“无”正是理解“佛”这个概念的钥匙。《金刚经》中佛陀多处问过请法者须菩提："可以身相见如来不?""可以三十二相见如来不?""佛可以具足色身见不?""如来可以具足诸相见不?""可以三十二相观如来不?"……佛陀最终的答案是"离一切诸相即名诸佛"，并且直言"若以色见我，以音声求我，是人行邪道，不能见如来"。"色""音声"都代表着"相"，所以"佛"在"相"上是见不着的，"佛"是"无相的存在"。但佛陀明明就在请法者须菩提面前，而且佛陀有各种相好庄严的呈现，为何佛陀却说不能以"相"见"佛"呢？原来佛陀讲的"佛"是指人人本自具足的"佛性"，佛陀有"相"，但佛性"无相"，佛陀也只是"佛性"的载体而已，每个人都是"佛性"的载体，只要你能通过修行，明心见性，都能成佛，都能让自己本自具足的"佛性"显发出来。

但这里有两个关键点：一是要明白"佛性"不是"有相"的存在，或者说不是"相"上的存在；二是要明白必须有具足"离相"的功夫才能"见"到"佛性"。前者是从本体上讲"佛性"具有"空"或"无"的特点，这里的"空"或"无"只代表"相"的否定性，意味着它不是"相"上的存在，但不代表它根本不存在，存在却"无相"，这是一个关键点，也是理解世界"本源"的难点，因为我们已经太习惯于存在就必定"有相"了，也就是说，完全把"存在"与"存在者"等同了。而佛陀的话是让所有人知道，作为世界本源的"存在"并不是我们眼睛所见、耳朵所听到的"存在者"，或者说，我们所见、所听、所闻、所尝、所触的这个"有相"的世界，这个由诸多的"存在者"构成的世界，并不是世界的"本源""本体"。世界的"本源""本体"是"无相"的，它没有"相"，但"存在"，只是不作为"存在物"而存在，因此，我们要亲近它，"见"到它，必须有"离相"的功夫，所以，"离相"便成了"见"佛、成佛的修法，禅宗六祖惠能因此说"离相为禅"。当然这里的"见"不能理解为眼睛的"见"，也不能理解为"见"到了某个具体的对象，而应理解为通过亲身的体验所产生的绝对的"信"，"信"它的存在。所以《金刚经》讲"信心清净，即生实相"。意思是，"佛性"是靠"信心"而通达的，并非靠人的"眼、耳、鼻、舌、身、意"能通达。《心经》讲“无眼耳鼻舌身意”正是此意，它让你放下对“眼耳鼻舌身意”的执着和依赖来通达“佛性”，因为“眼耳鼻舌身意”只能让我们通达“有相”的存在物，无法让我们通达“无相”的存在。通过“离”这些存在物的“相”，而“见”到作为它们“本源”的“无相”的存在，就是《金刚经》讲的“若见诸相非相，即见如来”的真意，也是佛门修行“明心见性”的实修法门和真功夫。所以，佛门的“无”既代表了“佛性”“本体”在“相”上的“空”“无”，即“无相”的存在，又代表了“离相”的修法，从修法上、从“相”上讲，“无”意味着否定，而从“本体”上、从“存在”上讲，“无”却意味着肯定，因为一切的存在物都从这个“本源”出，六祖惠能在《坛经》中称其“能生万法”，这与《道德经》讲的“有生于无”不谋而合。因而回到“无”上，方见“本体”，这是佛道两家的宗旨。

作为传统文化主流的儒家似乎并没有将“无”视作它的“本尊”，相反，它推崇备至的总是各种具象化的存在，如“仁、义、礼、智、忠、孝、信”等道德理念，这些理念还往往与各种生动的故事相伴随，作为对这些理念的生动诠释。即便作为儒家“本尊”的“圣人”概念，也是一个“相”上的存在，比如孔圣人，也是一个“有”，而不是一个“无相”的存在。所以，看起来儒家倡导的是跟“有”如何打交道，只有在“有”的世界里彻底绝望了的人才会离开儒家的“有”，进入佛道的“无”去寻求精神的慰藉。这正是世人对儒释道三家相互补充作用的理解：入世靠儒，在“有”的世界里拼搏；出世靠佛（道），在“无”的世界里放下。然而事实果真如此吗？只能说这是对儒的误解或者说错解，先看一下王阳明这位明代大儒的良知四句教是如何说的：“无善无恶心之体，有善有恶意之动，知善知恶是良知，为善去恶是格物。”第一句就将心之本体的属性表达了出来：“无善无恶。”王阳明讲的心之本体就是世界的“本源”，因为他认为“心外无物”。显然，“无善无恶”的特点不在“善”“恶”，而在“无”，因为“善”“恶”的出现都是“意之动”之后的事，也就是“念头”带来的东西，而在“念头”起来之前的本来状态下，“善”“恶”是还没有分别形成的。王阳明用“善、恶”

代表的是一切可以分别的东西，包括“对、错”“长、短”“前、后”等，就如《道德经》第二章先将“善、恶”作为总纲，后展开讲“长、短”“高、下”“前、后”等具体的形式一样。他是想说明一切的分别、对立都是“念头”（意之动）起来之后的事，“念头”未起时的本来状态，也就是世界的“本源”状态是无“分别”、无“对立”的，是“无相”的，简称一个“无”。

当然，很多人会说王阳明的心学已经是儒释道三家的融合了，并不能代表纯粹的儒家，那我们看看最能代表儒家思想的“四书”之一的《大学》中，将孔子思想系统化的曾子又是如何说的。好在王阳明的心学的形成正是对《大学》思想的详细解读，这一点认真研读过王阳明的《传习录》的人自然明白，而且历代科举考试最喜欢选取的经典往往也是《大学》，所以把《大学》作为儒家思想的代表应该是有说服力的。《大学》将儒家思想的三纲、七证、八目做了系统阐述，分别是“明明德、亲民、至善”（三纲）、“知、止、定、静、安、虑、得”（七证）、“格物、致知、诚意、正心、修身、齐家、治国、平天下”（八目）。三纲是总纲，七证是修法，八目是启用，所以“八目”才是关键，因为它牵涉到儒家思想的最终落地，而这八目中，前四个讲的是内在的用力，后四个讲的是外在的作用，“正心”作为前后、内外的转折点尤其重要。可以说正确理解了“正心”，就真正把握住了儒家思想的核心，否则就难得要领。

曾子是如何理解“正心”的呢？《大学》的原话是“视而不见，听而不闻，食而不知其味，此谓修身在正其心”。这段话是理解“正心”，也是理解儒家宗旨的关键，何谓“视而不见”呢？常人“视”了，当然会有所“见”，即有一个具体“见到”的东西，可称之为“相”。所以，见了之后有“相”并且注意力马上在这个“相”上，这是常人的“见”，但曾子说的“视而不见”，意思是有“视”无“见”。何谓有“视”无“见”呢？这里可以理解成“不成相”，或者叫“无相”。有人做过一个大猩猩的实验，证明了的确存在“视而不见”的现象，眼睛明明看到了，却没有“成相”，最终以为“不存在”，以为是个“无”。当然更多的时候应该理解成“心”不在这个“相”上，处在“离相”的状态。“心”不在“对象”上，“心”收了回来，回到“自身”，回到“能”见到“相”的这个“能”上来，回到“心之本体”上来，见到吾心“自己”，这才是“视而不见”的深意。也就是说，在每一次“心”的使用当中，如“视”“听”“闻”“尝”等，如果我们的注意力、我们的“心”能更多地放在“能看”“能听”“能闻”“能尝”的这个“能”上，而少放在“所看”“所听”“所闻”“所尝”的对象这个“所”上，我们的烦恼就会少很多，我们的“心”就会定很多、静很多、安很多，当然也就会“正”很多，这就是“正心”。因为毕竟我们的“心”是被“所见”“所听”“所闻”“所尝”这些对象、这些物、这些“所”给搞乱的、带偏的，所以“正心”就是“离所”“离相”，这就是“格物”的本意，也是曾子称“视而不见”为“正心”的原因。

那么，“心”的这个“能见”“能听”“能闻”“能尝”的“能”，是“有相”还是“无相”的呢？当然是“无相”的存在，所见、所听、所闻、所尝都是“有相”的，都是“存在物”，而“能”只是一种潜在的“能力”，就如同一个人“能”10 秒跑 100 米，这个能力只是一种潜力，没跑的时候它并没有显示在什么地方，所以在“相”上是一个“无”，但你不能说这个“能”不存在，存在却是“无相”的存在，这就是“心能”的特点。一切都必须从“能”出发，一切都因“能”而存在，这个“能”便是使一切“存在者”得以存在的终极存在，所以它是“本源”。但这个“本源”只是一种“能”力，只是一种“可能性”，只有逢缘对境才能成为“现实性”，因而它存在，却只是一种潜在的、作为“可能性”的存在，从“相”上、现实性上来看，它是“无”，是“无限可能”的“无”，而不是毫无可能、根本不存在的“无”。这就是《心经》讲的“色不异空，空不异色，色即是空，空即是色”的“空”，也是五祖弘忍听六祖惠能讲“一切万法，不离自性”，即确认惠能明心见性的原因。“自性”即“佛性”，无形无相，却是一切的“本源”，万法因此而生。

二、西方思想中的“本体”

那么，在西方思想中，哲学家们是怎么看待这个“无”的呢？我们先来看看他们怎么看待“有”。“有”即意味着呈现在我们面前的这些“存在物”构成了我们称之为“现象”的东西，但哲学家康德对“现象”作出了这样的评价。他在其《纯粹理性批判》一书中说，“作为现象不能自在地实存，而只能在我们里面实存”“自然界无非现象的总和，因而并非自在之物，而只是内心表象的一个集合”“现象不是自在之物本身，而只是我们表象的活动”。显然，他认为我们认知的这些“存在物”以及由它们构成的所有的“现象”，乃至整个“自然界”，都只是“存在”于我们内心的东西，都不是离开我们内心的“自在”的存在。他把那种“自在”的存在叫“自在之物”，也叫“本体”，或者说“理知的东西”。为何他要称“本体”为“理知的东西”呢？因为他认为“现象本身无非是感性表象”，既然“现象”源自“感性”，那么，“本体”作为非现象的“自在之物”，当然不可能通过“感性”通达，这是他提出“本体”只能是“理知的东西”的原因。但遗憾的是，他并不认为这一“理知的东西”对于我们具有“现实性”，因为他认为我们并不具备这样的认知能力，他的原话是：“理知的东西将会要求我们一个我们所不具备的完全特殊的直观，而没有这种直观它对我们来说就会是无。”所以，康德一方面否定了我们认知的这些“存在物”乃至“现象界”的“自在性”，或者说否认了它们的“本体性”，认为真正的自在的“本体”是存在的，并且是与这些“存在物”不能画等号的，因为这些“存在物”都是存在于我们内心的“表象”，都不是“自在”的存在；但另一方面作为“自在”存在的“本体”是无法被我们直接认知的，因为我们缺乏这样的“直观”能力，我们只能“相信”它们存在，但无法“观察”到它们存在，所以，“它对我们来说就会是无”。显然，这里的“无”并非指“不存在”，而是指“不能呈现”，没有现实的“直观性”，但康德并不否认它存在的“可能性”。所以，“无”在康德这里是有“存在”空间的，只是因为它的不可知性，而让康德放弃了对它的深究。

在对“有”即“现象”的评价上，哲学家黑格尔与康德持有几乎一致的立场，他在其《精神现象学（上）》一书中说“现象是假象的全体”。他为何认为“现象”就是“假象”呢？因为他认为“感官事物否定其自身”，“现象”当然都是“感官事物”，而所有的“感官事物”都处在持续不断的自我否定当中，比如花蕾被绽放的花朵否定，而花朵又被生出的果实否定，果实又被种子否定，等等，循环往复，感官所形成的“现象”就是一个不停流转的中间环节，每一个环节都为下一个环节做准备，都为“他者”的存在而存在，都没有一个自己恒常的“存在”，因而也就都缺乏存在的“本质性”，或者说“本体性”，换句话说，都不是“本体性”的或“本质性”的存在，这就是他称“现象是假象的全体”的原因。当然他接下来肯定会去寻找他认为“本质”或“本体”的东西。他认为的“本质”或“本体”在哪里呢？

其实，黑格尔认为的“本质”或“本体”并不能离开“现象”而独自地、恒常地“立”在那里，它恰恰就存在于现象或事物的永不停歇的自我否定的过程之中，用黑格尔在其《精神现象学（上）》中的话说就是：“事物通过它自己的本质的特性而趋于毁灭。”也就是说，事物的“本质”就在于它总是促使事物趋于毁灭，成为“他者”，换句话说，事物的“本质”恰恰在于它的“否定性”，而不是它的“现实性”，任何现实的存在物都不代表事物的“本质”，所以他说“它的本质乃在他物之中”。这里的“他物”当然不能理解为具体的某个“他物”，因为如果确定了某个具体的“他物”为“本质”，则意味着这个具体的“他物”的“本质”又在别的“他物”这里，所以，这个“他物”只能理解成不是某物自身。简言之，任何一个事物的“本质”都不是“自身”，这意味着事物的“本质”就不是有形有相的存在物，不是“有”，那当然只能是“无”，只是这个“无”绝不是什么都没有的“无”，而是推动着事物不停地由一种形态变成另一种形态，永不停歇地流转的那股内在的力量，它虽然无形无相，不成其为任何一种具体的存在，却是一切存在者背后生生不息乃至生生灭灭的决定性的力量。所以，黑格尔说："纯存在不是一种直接的东西，而是一种以否定性和间接性为本质的东西。""本质"或"本体"不是一种可以直接呈现出来的"存在物"，但它可以通过事物的自身的否定乃至毁灭，当然也包括新生而间接地呈现出来，因为它就是推动这一切发生的力量。因此黑格尔才说"否定也就是肯定"。

当黑格尔找到了与"现象"相对的"本质"或"本体"的特征后，他便给这个不能用任何"存在物"的方式来表达的东西赋予了自己的名称：精神。所以，我们应该明白，黑格尔讲的"精神"并不是我们常人理解的与"物质"相对的概念，因为在我们常人的"物质""精神"概念中，二者都是"存在者"的概念，都不是"无"，都是"有"，只不过一个是外在的存在，一个是内在的存在，而且都是"现实性"存在，都有它的呈现方式和直观方式：一个是外直观，一个是内直观。而"无"只意味着一种"可能性"，哪怕意味着"无限可能"，也都只是"可能"，而非"现实"，因而也无法"直观"，这就是黑格尔讲的"精神"与我们常人讲的"精神"的区别：它是一个"无"的存在。尽管他没有使用"无"这个词，直到海德格尔这里才名正言顺地用到"无"这个概念。黑格尔将"精神"这个词赋予了"本体"，就像道家将"道"、佛家将"佛"赋予了本体一样，只是给这无以命名的"本体"勉强立了个名字而已，事实是东西方哲人都意识到了"无"的存在和力量。

那么，怎样到达这个"无"呢？黑格尔没有康德这样悲观，而是指出了一条通达之路，只不过这条通达之路被黑格尔描述得异常艰苦，用他在《精神现象学（上）》中的话来说就是，"精神只当它在绝对的支离破碎中能保全其自身时才赢得它的真实性""精神在否定的东西那里停留，这就是一种魔力，这种魔力把否定的东西转化为存在"。所以，"无"的力量和真实性只有在"绝对的支离破碎"当中寻找，也就是在"离相"当中去获得，在一切的"否定"当中去充满信心，而这正是《金刚经》讲的"应无所住而生其心"的要义。黑格尔给出了通达"本体"的具体方法，并且他在《精神现象学（下）》当中将这一方法浓缩为"信仰"二字，他说，"本质是直接存在于信仰中的""精神，在他的宗教形式里，达到对自身的意识""在宗教中精神把自己表象给自己”。所以，通达“无”的本体，不靠认知，唯有“信仰”。认知是跟“有”、跟存在物构成的“现象”打交道的方式，而信仰是跟“无”、跟“本体”打交道的方式，没有“信仰”，就意味着这个人永远远离了“本体”，成了孤魂野鬼。

三、叛逆者海德格尔

“无”在哲学家海德格尔这里正式登上了西方哲学的“大雅之堂”，有人说这是受东方文化尤其是《道德经》的影响，因为海德格尔对《道德经》的确深有研究并非常推崇。在中国文化当中，正如前文所言，“无”从来都不是一个单纯的“否定”词语，正如“空”并不代表什么都没有一样，“无”或者“空”都既意味着“否定”，意味着“没有”，又意味着“肯定”，意味着“存在”。说“没有”，是从“相”上来说的，或者用西方人习惯的用语：是从“现象”上来说的。也就是说，“无”不是“现象”上的存在物。但东西方哲人都意识到了非“现象”的“本体”的存在，东方的先哲们便用“无”来代表了这非“现象”的“本体”，代表了“无相”的存在，而西方哲学家则直接使用了“本体”的概念，一直到海德格尔这里。为何海德格尔不沿用他们的传统使用“本体”概念，而要将中国人代表“本体”的概念“无”借用过去呢？这当然是他发现了“无”的妙用之处，或者说，他发现了“无”更能表达“本体”一词的本义。西方人使用“本体”一词本是为了表达“现象”一词所不能代表的东西，因为正如康德和黑格尔所说，他们都意识到了“现象”的虚幻性，他们当然要寻找那不虚幻的恒常的东西，而且他们当然相信这一东西的存在，他们视它为“本体”，也就是康德讲的“自在之物”，以及黑格尔讲的“绝对本质”或者叫“绝对精神”，但其实这只是将古希腊已有的“本体”概念进行了演绎而已，并没有真正的突破。到了海德格尔这里，他发现了问题：西方哲学已经在概念上走入了一个死胡同，因为他发现大家尽管用“本体”区别了“现象”，但从本质上而言，无论“现象”还是“本体”，它们代表的都还是“存在者”，都还是“有”。这就导致西方的思想一直被“存在者”的概念捆绑，当然这带来有益的一面，即科学的昌明，但副作用是让他们远离了真正的“本体”，后果就是社会越来越发达，人的内心却越来越不宁静，越来越不安。社会的混乱并没有因为科学的昌明和财富的增长或者对世界认知的快速增加而减轻，这说明西方文明从根本上来讲还是在“现象”界耕耘，并没有真正地深入“本体”的境界。当然海德格尔总结出的原因是西方的“本体”概念还是落入了“存在者”的概念当中，并没有真正从“存在者”的概念中跳出来，这就是他一定要强调“存在”概念的原因。他试图通过将“存在”概念与“存在者”概念严格区分，来将“本体”概念真正树起来，为西方哲学寻找一条出路。

当然，简单地将“本体”说成“存在”，将“现象”说成“存在者”，这只是语言文字游戏，并无实际意义。所以，海德格尔必须讲清楚“存在”与“存在者”的根本区别，这一点，他通过其成名作《存在与时间》一书进行了大量的阐述和解释，他用“存在是不可定义的”“存在实际上不能作为存在者通达”等进行了描述，但遗憾的是他还是无法直接用一个人们都能心领神会的词来表达“存在”与“存在者”的区别，或者说“本体”与“现象”的区别，直到他遇到了东方文化中这个既否定又肯定的“无”的概念，他找到了他认为最理想的表达，所以他在后期著作中基本上是将“无”与“本体”“存在”这样的词同等地使用。比如他说“无乃是对存在者之全体的否定”，显然，“存在者之全体”就是“现象”，而能与“现象”相对的就是“本体”，所以，他在这里用“无”代表了“本体”，但与单纯地使用“本体”一词的区别是，他先使用了彻底的“否定”，然后使用了“肯定”，之后才让“本体”出场，这比不通过彻底否定而直接用肯定让“本体”出场好很多，因为那样很容易使“本体”又成为一个“相”，最后成为“现象”或“存在者”的一员，佛门称之为“执空”。

佛门认为要通达“本体”，必须“空”“有”两边不着，既不能掉在“有”中，又不能掉在“空”中，掉在“空”中是着了“空”的“相”，以为有一个“空”立在那里让你去得，这是幻觉。传统西方哲学的误区就是立了一个“本体”的“相”，然后让人离开“现象”达成它，最后还在“相”

当中转圈，把“现象”玩到了极致，但终究到不了“本体”，因为“本体”只能通过彻底的全面的否定，而后生起肯定的信心才能通达，这便是东方文化里“无”这个概念的妙处，也是《金刚经》讲的“应无所住而生其心”的宗旨。海德格尔深谙此道，故他在1963年致日本学者的一封信中说：“这里所说的无，指的是这样一个东西，着眼于存在者来看它绝不是某种存在者，因此是虚无，但它规定了存在者之为存在者，并因此被称为存在。”（1963年9月22日发表于日本《读卖新闻》）在这里他直接把作为“本体”的“存在”说成了“无”，既用了对“存在者”的否定性概念，因为它绝不是“存在者”，又用了对“存在者”的规定性概念，因为“存在者”出自“存在”并因而被“存在”规定，这与《道德经》“有生于无”的表述完全一样。所以，“存在”这个“无”尽管不是现成的“存在者”，但它是“存在者”的“本源”，它蕴含着“存在者”产生的“无限可能性”，具有能生万法的生生不息的力量，这就是“无”所包含的内涵，它不是“有”，所以“视而不见”，却“能”生出“所有”，所以，它是“能”，无所不“能”的“能”，这就是黑格尔说“神是精神”的原因，因为他认为“精神”这个“本体”就是无所不能的“神”，这也算是对“无”的最高赞美了，可惜，他一直没用到“无”的概念，证明黑格尔还没有真正走到“无”这里。

前面我们谈了东西方哲人智者对“无”以及接近于“无”的认知，其目的并不在于试图标新立异、立何门派，只为寻找我们生存乃至生命问题的正解，让人少入误区，多行正途，因此，如何面对“无”而生存才是当务之急。

“无”作为本体的存在带给我们的启发，一是我们必须放弃“有”的思维。何谓“有”的思维呢？“有”的思维意味着一切都是呈现出来的存在，只是我们有无认知而已，这一思维方式隐含着的是只要我们努力，就一定可以知得更多，从而也就可以掌握得更多，而这正是现实中人们自以为是乃至整个人类在大自然面前都自以为是的根源。事实是，世界的本体是只能用“无”来描述的存在，而这个“无”又意味着无限可能性，这意味着我们永远只能诚惶诚恐、战战兢兢地与世界打交道，因为我们永远无法知道这个世界会从它那“无”的本体上又冒出什么幺蛾子来，让我们跌一个大的跟头。所以，“心存敬畏”永远是人的自保神器，生活中狂妄之徒遭到的惩罚和麻烦，应该足以让我们确信这是真理，《论语》讲“战战兢兢，如履薄冰”的确意义深刻，可惜不知道它是从“无”出发来讲的人只能听了白听，错失忠言。二是这也证明活着不易，活好更难，所以凡有成就者应永远心怀感恩之心，因为你太幸运了，同时要对他人生慈悲之心，因为别人没你幸运。三是一定不要过于刚强，因为世界并没有掌握在自己手中，一个“无”如同无底的深渊，谁也不知道未来究竟会发生什么，这就是佛门讲“无常”的原因，既然世界不在手中，手段强硬又有何用，不如广结善缘，对未知保持警觉，让觉性而不是个人意志来应对一切的异常。四是用频繁的面对和行动来与世界打交道，而不是凭个人经验、知识、智慧来为人处世，因为一切的计划都无法将“无”囊括其中，而“无”中的“无限可能”让你永远无法算计到位，除了活在当下别无他法，而频繁面对和行动便是活在当下的方式。五是永远不要被经验和“以为”障碍，因为经验是已经存在的“物”，“以为”是内心存在的“物”，都是“存在者”，而这些“存在者”背后的“无”才是真正的主宰，所以靠经验和“以为”生活行事的人，一定会经常被这背后的“无”弄得手忙脚乱、囧态百出，所以要懂得放下，以空杯心态面对“无”的呈现，佛门把这叫“开光”，海德格尔把它叫“敞开”。意思是不要让经验和“以为”障住了自己，让“无”的可能性真实地呈现在我们眼前，“无”的可能性的呈现就是“光明”，因为它的现实呈现意味着事实上的因缘具足，所以它自带着解决的方案，只要我们的心不被经验和“以为”遮蔽，事情就会得到妥善处理，不会成为我们内心的“苦”。

当然，“无”带给我们的启示还有很多，这也是《道德经》通篇所开示的为人之道，但对于现代人而言，最重要的却是变换思维方式，因为现在很多人受西方理性思维和逻辑思维的影响已经太深了，凡事讲逻辑，而一个“无”横在这里，逻辑还讲得过去吗？哪个逻辑里面给“无”留了位置？如果一个逻辑当中真有“无”的位置，那只能带来“突变”“意外”“反常”，并且看起来很没有逻辑。比如“1 + 2 + 3 + 4 + 5 + … = ?”，这是一个简单的自然数无限相加的等式，用我们的逻辑思维它无论如何都是一个远远大于“1”的正数，因为“1 +2 =3”，“1 +2 +3 +4 =10”，以此类推，只会越来越大，但数学家欧拉和黎曼都已证明“1 +2 +3 +4 +5 + … = －1/12”，这就是结论，而且这一结论被用到了现代物理尤其是弦论的研究中。怎么会这样？就是因为“无”参与了其中，“无限”参与了其中，带来了“突变”和“意外”，所以，有“无”存在，必有“突变”和“意外”，这既是坏事又是好事。坏消息是任何人都预测不准未来，未来的呈现没有逻辑，死抱着逻辑思维的人无法应对未来，这可能是很多知识型人才不得不替只是小学毕业的老板打工的原因，因为很多小学毕业的老板逻辑学得少，做事没逻辑，他只会勇敢面对现实和频繁行动，这倒很对“无”的胃口，于是他成了，所有老板的成功都有类似的因素吧。所以，如果不执着于逻辑，静待“无”的发生，随时捕捉机遇，这个“无”带来的“突变”和“意外”可能就正好是命运改变的契机，这就是“无”带来的好消息。

生活当中人们比较讨厌的便是“意外”，如工作的“意外”、情感的“意外”、家庭的“意外”、身体的“意外”、生意的“意外”等，仿佛“意外”是不应该发生的，或者是本可以避免的，所以，一旦“意外”发生，我们首先是抱怨，怨恨它带给我们的麻烦；其次是自责，看看是自己的哪个失误导致了“意外”；最后便是强求，希望“意外”尽快消失，让一切恢复常态。比如现在经济形势恶化，挣钱难了，企业经营困难了甚至萎缩了，于是人们纷纷在问“怎么办”“怎么了”等，仿佛谁有什么办法立马让钱又好挣起来，因为他们忘了，钱本来就不好挣，只不过现在更不好挣了，仅此而已，有什么奇怪的呢？好挣的时候多挣点，不好挣的时候少挣点，实在太不好挣就别挣呗，又能怎样？生活不照样继续吗？今天只是遇到了钱难挣这个“意外”，明天或许还会遇到更大的“意外”，谁知道？总之，接受“意外”，学会与“意外”友好地相处，才能好好地活着，因为“无”是世界的本质，既然一切皆有可能，为什么“意外”就不可能？所以，接受、明白、放下是佛门的修行方式，根源便在于此。

那么，究竟有什么方式能让我们通达“无”呢？海德格尔倒是给出了一个路径，两个字：焦虑，而且是无对象的焦虑（有些学者把海德格尔的这个词翻译为“畏”）。为何无对象的焦虑能让我们通达“无”呢？这是因为“无”意味着对“存在者之全体的否定”，而人在焦虑这种情绪当中便是持有着否定心态的，这是一种见什么都不顺眼、看什么都烦的心态，除非能消除焦虑的“对象”出现，比如所爱的人、所想的事来到了自己面前，而如果焦虑是“无对象”的，这样的否定心态便是对一切的否定，是没有对象可化解的。但其实这对于修行人来讲又是通达“无”即通达世界“本体”的一条路线，所以很多修行人真正修成以前都有过类似的经历，而且师父一般不会轻易让你从这种状态中走出来，他希望你靠自己的力量从“无对象”的焦虑中，也就是从“绝望”中走过去，走到“无”那里，获得解脱，回到“本体”处，得到永恒的心安。

只有在“无对象”的焦虑中，我们才能置身于否定一切的位置，找到对所有存在者整体否定的点，而这恰恰让我们直面了那个“无”，这就是机会。“无是对存在者之全体的否定”，但我们在正常情况下不可能面对这个世界的“全体”，那么让我们去否定整体将变得没有可操作性，这就是我们正常到不了“无”的原因，所以“无”这种存在对于我们也就永远成了一个只能信其存在而无法面对的东西。但修行带来的“无对象”的焦虑给了我们机会，让我们处在对存在者整体的否定当中，接近了“无”，只要我们信心坚定，深信“无”的力量和存在，便一定会在濒临崩溃的关头得到它的力量的加持和拯救，你真会觉得此刻：“主与我同在！”恭喜你，你亲证了“无”，亲证了“本体”，亲证了“神”迹，你从此会再无恐惧，充满信心地活着，这就是信“无”带给我们的解脱！

四、超越者海德格尔

为什么“无”的概念并没有出现在海德格尔的成名作《存在与时间》一书中，却在两年后即 1929 年海德格尔就职教授的致辞演讲《形而上学是什么?》中成为演讲的中心主题，并且持续成为海德格尔的后期思想的一条主线？以至于海德格尔在1943年和1949年分别为《形而上学是什么?》补充了后记和导言，实际上完善了他自己关于“无”的思想。甚至我们可以在他晚年的著作《什么叫思想?》一书中，看到他用“无”的思想对西方的思想史进行的尖锐的批判。了解“无”在海德格尔思想中的位置和变化，其实是理解西方思想的一把钥匙，因为西方思想所欠缺的正是这个“无”，而东方思想的精华也正是这个“无”。如果说东方思想在哲学以及科学乃至技术上落在西方人之后，那么，在思想的最本质的地方，西方思想却远远落后于东方，这是事实，也是海德格尔终其一生所发现和希望世人知道的真相。如果不是这样，那么当西方哲学到达了黑格尔这位集大成者时，就不可能再出现能掀起思想巨浪的大家了，海德格尔就不可能再在西方的思想领域引起巨大的反响。因为顺着柏拉图、亚里士多德，再到笛卡尔、康德、黑格尔，西方哲学几乎已经到达了它的顶点，也就是形而上学发展的顶点，此时的超越必然是否定，而且必须是彻底否定，或者说否定一切的东西，也就是否定“整体”的东西，那这个东西除了“无”还能是什么呢？正如海德格尔在《形而上学是什么?》的演讲中所说：“无乃是对存在者之全体的否定。”海德格尔之前西方已经形成的所有的哲学思想，就是一个思想的“存在者整体”，海德格尔要超越这个“整体”，就必须找到这个“无”，而恰好他在东方思想里找到了这个“无”，因为“无”已经在东方的思想中存在2000多年了。

应该说海德格尔在完成《存在与时间》这本书时，也就是1927年之前，“无”的思想还没有正式地被他引入，所以他对“存在”的思考还是摆脱不了西方哲学的传统。尽管他通过引入“此在”的概念，让“存在”的内涵变得丰富了很多，改变了西方哲学2000多年来对“存在”本身知其存在却又避而不谈的窘困局面，但即便如此，海德格尔的“存在”概念还是离不了“存在者之存在”的说法。而“存在者”是“有”，把一个“存在”挂在“有”这里，始终是不伦不类，因为“存在”这个概念意图表达的就是“存在者”以外的东西，或者说就是“现象”以外的“本体”，而一讲到“本体”却又必须说到“现象”，说到“存在”就必须说到“存在者之存在”，这样的思想肯定是不彻底、不究竟的。但西方的思想里除了“存在”这个词又并没有更丰富的语言来描述这个“本体”，那么除了把“存在”依附在“存在者”即这个“有”后面来说，就只能同义反复地说“存在之存在”了，但这样单独把“存在”本身说成一个“对象”，这个“对象”又成了一个“有”，成了一个“存在者”，它就又失去了“存在”原初的含义。好在，海德格尔用“此在”介入“存在者”和“存在”概念中，然后通过否定“此在”的“非存在者”的特性，来将“存在”概念撕开了一道口子，使我们可以介入“存在”本身，但“此在”和“存在”的关系又变得复杂起来。

总之，“存在”真是个一言难尽的东西。问题出在哪里呢？问题就出在西方人的思维方式归根结底是“有”上的思维，是基于“存在者”的思维，这让他们的思想在理性、逻辑、哲学、科学乃至技术上占尽了优势，却离事情的本质越来越远，尽管他们也有表达事物本质的词“存在”，而非“存在者”，但对于“存在”他们总是一言难尽，离开“存在者”，离开“有”，他们不知道还有“什么”可说，直到海德格尔在东方思想中找到了这个“无”。当然你不能说西方语言里没有“无”这个词，但西方语言里的“无”代表的就是“不”，就是“没有”，就是纯粹的“否定”，你总不能用一个什么都没有的“词”来形容“存在”这个代表“本质”和“本体”的概念吧，你如果说“本质”和“本体”就是什么都没有，这还有什么意义呢？这恐怕就是西方哲学不会把语言中的“无”拿来代表“存在”这个“本体”的原因，也是海德格尔在《形而上学是什么?》的演讲中大讲特讲“无”而让听众一头雾水，甚至遭到他人强烈反对和指责的原因，因为这太没有逻辑了，一个“无”能放到什么逻辑里面去思考和运算呢？竟然还要将“无”作为一切的“本源”、世界的“本体”、逻辑的“原点”，这太不可思议了，海德格尔是要颠覆西方思想吗？的确，海德格尔正是找到了颠覆西方思想的钥匙：无。这从 1963 年海德格尔听到泰国佛教徒摩尼对他说“无并不是一无所有”时立即回应“这正是我一辈子一直所说的”可以看出。海德格尔在西方是孤独的，至少他的思想尤其是“无”的思想是不被大多数思想者认同的，因为别人不知道他在讲什么——“无”除了“不”和“没有”还能是什么吗？而这正是海德格尔想告诉西方思想界的。他在《形而上学是什么?》里的原话是“无比不和否定更源始”。

在中国的语言里，“无”既代表着“不”，代表着“没有”，又代表着“是”，代表着“有”，否则《道德经》讲的“有生于无”“有无相生”怎么理解？“无为”你就会理解成“不作为”，但这是老子的本意吗？道家你看不懂，佛家也照样看不懂，因为佛门中的“空”也就是“无”，如果“空”是什么都没有，那又何来的《心经》所言“色不异空，空不异色，色即是空，空即是色”呢？《金刚经》讲“无相”岂不是在讲什么都不存在吗？那无相的“如来”，在还是不在？显然，“无”不是什么都没有，而是能含“万有”，或者说看起来什么都“没有”，却拥有“无限可能性”。准确地说是“相”上的“没有”，是“现实性”上的“没有”，在显现上还“没有”，这叫“无相”；“可能性”上的“万有”是潜在的“无限可能性”，也就是量子力学讲的观测前的量子“叠加态”，没有确定状态，即“无相”，但它“存在”成为任何状态的“可能性”，一旦“观测”发生，“无限可能性”立刻坍塌为一种“确定性”，“相”便出现了，也就是“存在者”便出现了，但这个“相”、这个“存在者”出现之前，“可能性”便“存在”了，“存在者”源于“存在”，“现象”源于“本体”，没有这个“存在”，没有这个“本体”，“存在者”从何而来？“相”从何而来？除非它们自己是自己的来源，但无论西方哲学的康德、黑格尔，还是东方的佛家、道家都认为“现象”是虚幻不实的，它们不是源头，也就是一定有它们之外的源头，这便是那“无形无相”的“可能性”，它原本就“在”，一直都“在”，存在但无相故可称之为“无”，这个“无”是“无相”的，所以讲“相”上的“没有”，但各种“可能性”一直“在”，故说“存在”。所以这个“无”是“无相”和“存在”的统一，或者通俗地说是“有”和“无”的统一，是“空”和“色”的统一，因而才有“有无相生”“有生于无”，以及“色不异空，空不异色”的说法。也就是说，东方思想的特点就是概念本身既包含了“否定”，又包含了“肯定”，概念本身就是辩证性的概念，概念的非确定性带来了概念的包容性和文化的包容性，以及生命态度和人生态度的柔韧性，这也是中华民族生生不息、法脉不断的因缘所在。当然不确定带来的模糊也给思想本身的形而上学化，或者说哲学化带来了困难，尤其是对科学的出现造成了障碍，这是不可回避的事实。

而西方思想从古希腊这个源头开始，便追求概念和逻辑的确定性，柏拉图的理念论和亚里士多德的逻辑法为西方思想后续2000多年的发展指明了确定性的方向。西方人也讲辩证法，但正如海德格尔在其《什么叫思想?》一书中所说的："一切辩证法都是逻辑。"也就是说，西方人的思想是将辩证法放在逻辑中，而不是放在单个的概念中，逻辑是概念的链接而非单个的概念，单个的概念追求的是精准的定义和表达，以至于到了科学这里便成为量化的定义，这是西方思维的优势，劣势却在于他们失去了概念自身的对立统一性，也就是概念自身的包容性和无限可能性，那么到了事情的源头这里，到了世界的"本体"这里，到了无形无相却"无限可能"的"本源"这里，他们却没有了相应的语言和词汇，语言是思想的家，这也就注定他们的思想离开了本质，或者说无法触及本质。正如海德格尔在《什么叫思想?》一书中说的："只要我们只能形而上学地思想，我们就尚未真正地思想。"因此"从阿拉克西曼德直到尼采的形而上学的历史过程中，存在之真理一直对形而上学遮蔽着"。也就是说，海德格尔认为从古希腊到尼采的2000多年间，西方思想一直未能触及"存在之真理"。为何西方思想2000多年都未触及"存在之真理"呢？海德格尔在《什么叫思想?》这本书中认为这是因为"迄今为止思想的本质都是从表象出发、作为一种表象方式而得到烙印的"。"形而上学本身唤起并且加固了一个假象，仿佛它追问并且解答了存在问题似的。而事实上，形而上学并没有回答存在之真理的问题，因为它从未追问过这个问题。形而上学之所以不问此问题，是因为它只是通过把存在者表象为存在者而去思考存在"。而"形而上学的表象性思维当然就绝不能达到真理这种本质"。甚至海德格尔断言："思想的真理是任何逻辑都不能把握的。"海德格尔为何对"表象"和"逻辑"下此结论，断定它们无法触及"存在之真理"呢？

因为"存在"本身是"无相"的，任何"表象"性的东西包括由"表象"链接而成的"逻辑"，都是对"无相"的"存在"的遮蔽，都会阻碍我们通达“存在”本身。海德格尔在《什么叫思想?》一书中把这种遮蔽形象地称为“隐匿”乃至“扭身而去”，他的原话是，“有待思想的东西从人那里扭身而去。它对人隐匿自身”“我们尚未思想，原因绝不只是也绝不首先在于，我们这些人没有充分地转向那个真正给予我们思想的东西；而是由于，那最可思虑者从我们这里扭身而去，甚至早就从人这里扭身而去矣”。海德格尔在这里反复谈到的“扭身而去”和“隐匿”，讲的就是“表象”对“存在”本身的障碍、遮蔽作用，“逻辑”只不过是“表象”的链接，所以，“逻辑”和“表象”都到达不了“真理”，因为“真理意味着：自行遮蔽者的解蔽”。所以，无隔阂地直接面对，是“存在之真理”呈现的唯一方式。为此，海德格尔有一比喻：“树站在那儿，我们面对着树，由此，树和我们相互置于对方面前。进入这种相互关系之中——被置于对方面前，树和我们才存在。”

我们找寻的是“存在之真理”，是世界的“本源之真理”，除了直接与“存在”面对，别无他法。而西方思想的本质是“表象”思维，以及建立于其上的“逻辑”思维，这种思维方式的本质都在“相”上，即在“有”上。这种思维方式对于思考有形有相的“存在者”有着得天独厚的优势，当他们以这样的思维方式来思考那作为“本源”的无形无相的“存在”时，却面临了困境。正如海德格尔在其《形而上学是什么?》“后记”中说的：“形而上学把存在者之存在状态付诸概念，由此来言说存在者是什么。形而上学在存在者之存在状态中思考存在，但却不能在其思考方式中来思索存在之真理。”意思是，西方人的思维方式让他们面对“存在”时，也只能以“概念”和“表象”的方式来进行，结果只能依附“存在者”的概念来思考“存在”，或者说只能以“存在者之存在”的方式来思考“存在”，这样面对的不可能是赤裸裸的“存在”本身，而始终有“存在者”的“表象”介入其间，这样怎么可能直面“存在”本身，进而“思索存在之真理”呢？因此，西方思想只能知道“存在”而无法言说，当然也就无法思考。所以海德格尔说：“就形而上学往往只是把存在者表象为存在者而言，形而上学并不思及存在本身。”“存在”是无法“表象”的，非要让它进入“表象”性的因而也是

“逻辑”性的思维方式中，即西方式的思想体系中，它除了变身为“存在者”，或者说好听点叫“存在者之存在”，然后自己隐蔽起来、扭身而去，还能怎样？

那么，东方式的思维是怎样解决这个问题的呢？首先，东方人在解决这个问题时用了一个常人难以理解的名称，叫“般若”，当然这是佛家的叫法，道家则叫“无为”。何谓“般若”？“般若”与普通的“智慧”有何不同？为何要在“智慧”旁边再立一个类似的词“般若”呢？从这里我们也能看出东方思想还真不能简单地用“哲学”一词来代表，因为“哲学”代表的也只是“爱智慧”，这是西方自古希腊以来的思想传统，也是西方人至高的精神境界，要跟他们说“爱般若”，他们可能真不知道你在说什么。只不过海德格尔看到了这里的问题，他知道如果只是“爱智慧”已经思索不到“存在之真理”了，而且西方思想2000多年来单凭“爱智慧”一直没有触及“存在之真理”，可“存在之真理”是“本源”性的存在，要回归“本源”，必须从“爱智慧”升级为“爱般若”，海德格尔没有使用“般若”这个词，但从他使用“无”这个词来与“存在”对接开始，他就进入了“般若”的无为法中。那么，究竟何谓“般若”呢？很简单，如果常人说的“智慧”是思维带来的，那么所谓的“般若”就是“直面对方”带来的，也就是前面海德格尔讲的“自行遮蔽者的解蔽”带来的。这其实是海德格尔思想的核心，他不断地用“敞开”“无蔽”等语词想表达的正是这样的境界，即不是思维带来的，而是“面对”带来的，或者说是“在场”带来的，海德格尔在《什么叫思想?》一书中表达的“在场和在场状态意味着：当前。当前指的是迎面逗留”正是这个意思。所以，海德格尔是抓住了“般若智”之核心的，他明白，重要的不是“表象”性的、“概念”性的、“逻辑”化的思考，而是“迎面逗留”，这样才能与“存在之真理”相遇。那么，怎样在这个无形无相的“存在”面前“迎面逗留”呢？这是海德格尔整个思想的脉络所在。

五、寻找西方思想的源头

将“思考”的智慧转化成“迎面逗留”的智慧，即“在场”的智慧，是海德格尔挑战西方传统思想的切入点，而其具体操作则是从对古希腊哲学的深入探究开始的，准确地说是从对前苏格拉底时期的哲学探究开始的。在海德格尔的观念中，古希腊哲学在巴门尼德这里所谓的前苏格拉底时期和苏格拉底、柏拉图之后以至于西方现今的思想体系是截然不同的两个阶段，自柏拉图、亚里士多德开始，直至今天的西方思想，其“表象”性的、“逻辑”化的思维方式成了西方人主流的思维方式，正因如此，他们才远离了“存在之真理”，因为他们失去了与“存在”本身“迎面逗留”的可能。在海德格尔所著的《形而上学导论》以及《什么叫思想?》等书中都能看到类似的诸多观点，比如他在《形而上学导论》中反复说：“在希腊哲学的终结处，即在柏拉图和亚里士多德那里……‘理念’作为存在的标准与支配语词盛行天下。由此以往，直至今日，将存在阐释为理念就在历史上统治支配着一切西方思想的演变。”海德格尔明确表示“柏拉图将存在阐释为理念”，而“当存在阐释为理念的时候，不仅一种本质性的后果被曲解成本质自身，而且这个曲解还又一次被误解，并且这样的事情就一再发生在希腊人的经验和赋义过程中”。因为“伴随着将存在阐释为理念，出现了一种对源初开端的偏离”。所以，在海德格尔眼中，“希腊人的哲学达到西方的统治地位，并不源于其源始性的开端，而是源于那开端性的终结”。

在上述几段引言中，海德格尔反复强调的是柏拉图、亚里士多德代表的是古希腊哲学的终结，而不是开端，这是其一；其二，海德格尔强调的这种终结其实是对“源初开端的偏离”和“曲解”乃至“误解”；其三，这一切的“偏离”“曲解”乃至“误解”，其根源都出在“将存在阐释为理念”。所以，古希腊哲学的源初开端究竟是什么样子？在源初开端处先哲们究竟是怎样面对“存在”的？这两个问题就变得非常有意义了，因为，毕竟“自从理念与范畴僭越了王位，哲学就绞尽了脑汁，千方百计地试图去说明命题陈述（思想）与存在的关系，但却徒劳无功，其中的原因就在于，对存在的发问再也回不到它赖以生发出来的根柢和地基处，而从那儿开始，这发问才会展现出来”。显然，海德格尔认为，在柏拉图之后的2000多年的西方哲学中，“思想与存在的关系”已经失去了其“本真”的形式，已经远离了它的“根柢和地基处”，所以，我们必须回到它的“根柢和地基处”，寻找“思想与存在”的“本真”方式，也就是回到前苏格拉底时期的古希腊哲学的源初开端处，即巴门尼德和赫拉克利特这里，看看他们怎样思考“存在”。

海德格尔对前苏格拉底时期古希腊哲学的源初开端处的考察，是从对巴门尼德残篇的重新解读开始的。在《什么叫思想?》一书中，海德格尔对巴门尼德残篇中的两段著名箴言进行了重新解读，分别是巴门尼德残篇 6 的开头“必须去道说和思考存在者存在”、巴门尼德残篇 5“因为思想与存在是同一的”。我们先看“必须去道说和思考存在者存在”，这一句式是西方哲学对巴门尼德残篇 6 传统的解读方式，在这种解读方式里，“存在”是可以言说和思考的对象，因为“存在”与“存在者”是一体被“表象”的，或者说“存在”是借着可“表象”的“存在者”而成为言说和思考的对象，毕竟“存在者”就是这一个个的“存在物”：一棵树、一个人、一条河、一座山、一片云、一条狗等。它们无论作为感官的对象还是思维的对象，都是可以以“表象”的方式呈现在我们眼前或心里的。尽管这一个个的“存在物”只是可以“表象”化的“存在者”，并不是“存在”这一“本体”自身，因为“存在”作为一切的“本体”其自身是无形无相的，因而也是无法“表象”的，但借着与“存在者”的关联，即以“存在者存在”的名义而获得了“对象”化的资格。哪怕“存在者存在”并没有使“存在”本身表象化，但仿佛它寄身在“存在者”的“表象”中而对象化了，因而也就变得可以对“存在”进行言说和思考了。这是西方哲学 2000 多年来对于巴门尼德这句箴言的理解。正因如此，才有了后期柏拉图“将存在阐释为理念”的做法，因为“理念”已经是一个思维中的“表象”，只不过它是一个终极性的“表象”，是一系列思维中的“表象”的原点，即逻辑的原点。但正如前文所说，海德格尔正是认为错误地将“存在”表象化，即“将存在阐释为理念”的做法，才导致了西方哲学 2000 多年来离开了“存在”本身，失去了对“存在之真理”的寻问，因而发生了对源初开端的曲解和偏离。也就是说，海德格尔认为西方哲学一直以来对巴门尼德残篇 6 的解读是错误的。他的解读是：“需用既让呈放而又留心存在者存在。”海德格尔的解读与在西方哲学中存在了2000多年的解读“必须去道说和思考存在者存在”有何不同呢？

显然，“必须”对应着“需用”，“去道说”对应着“让呈放”，“思考”对应着“留心”。我们先看看海德格尔为什么要进行这样的“置换”，他在《什么叫思想?》一书中对“必须”换成“需用”的解释是：“需用乃是：允许进入本质之中，是维持于本质之中。”也就是说，在海德格尔看来，“必须”是一个“命令”，而“需用”是一种“引导”“指引”。巴门尼德告诉我们要进入事情的“本质”之中，并且“维持于本质之中”，这与海德格尔经常强调的“敞开”是相关的，正因为事情的“本质”或者说“存在”本身是可以“敞开”的，所以想办法让“存在”本身“敞开”并且进入这种“敞开”当中才是我们最需要做的事，因而海德格尔用“需用”替代了“必须”。那么怎样让“存在”敞开并且进入这种“敞开”之中呢？海德格尔认为不是靠我们常人理解的“言说”和“思考”，因为“言说”和“思考”都只能在“表象”中进行，而进入了“表象”便不可能再与“存在”本身相遇，“存在”会“隐蔽”自身，海德格尔形象地称之为“扭身而去”。海德格尔通过对希腊文重新地推究和翻译，将“去道说”一词替换成了“让呈放”，因为我们平时里的“道说”正是“让”我们试图表达的东西“呈现”在我们面前、放置在我们面前的意思，所以用“让呈放”替代“去道说”是符合希腊文原意的。这样替代的益处是，“让呈放”是引导我们去面对而不是去理解，“理解”一定是跟事物的“表象”打交道，而“面对”可以直面其“本身”，海德格尔在《什么叫思想?》中的原话就是“让呈现者到来”。那么语言在这里需不需要呢？当然还是需要的，但并不是语言本身的意义在起作用，而是语言起到的引导和聚集作用。这里必须借用佛门讲的“因指见月”的故事：一根手指头放在你的眼前，并不是为了让你看清或琢磨这根手指头，而是为了吸引你的注意力，这叫“聚集”；然后让你的注意力和目光跟着手指的移动和指向，去看见那天上的月亮。在海德格尔的心中，道说的语言就是那根“手指”，目的是让我们的心在“存在者存在”这里“逗留”。所以，他紧跟着就用“留心”替代了“思考”。

佛门为何要讲“因指见月”这样的故事呢？因为佛门讲的“本体”“本

来”与西方哲学讲的“存在”是同一个东西，都是无形无相的存在，佛门叫“如来”。所以它同样面临一个语言不能表达，但又没有别的方式表达的困境，于是它只能采取这种既说又不执着于所说的表达方式，这就是《金刚经》中为何有那么多“是、非、名”的句式，比如“是微尘、非微尘、是名微尘”，“是世界、非世界、是名世界”，等等。说一个“是”，是要把“它”立起来，但这一“立”，“它”又成了“表象”，又得立马“破”掉，而佛要说的那个“本来”，只能在这种随立随破、随破随立中逐渐被我们体会到。所以，言说是必然的，但言说本身又是不可以执着的，因为无论怎样的言说都无法把“本体”描述出来，任何描述出来的都是“表象”，而“本体”无相。但如果放弃了言说，很多人便连“本体”存在这件事都可能不知，所以，我们只能借着言说逐渐靠近“本体”，体会“本来”。这恐怕就是巴门尼德有此箴言的原因。但后人误以为言说能直达“本体”，以至于产生了“将存在阐释为理念”的现象，这应该也并非巴门尼德说此箴言的本意，海德格尔正是在此意义上试图重新解读这一箴言的。毕竟，除了语言，直接通达“本体”即“存在”的通路还是存在的，佛门把这条路径叫“实修、实证”，海德格尔在《形而上学是什么?》中称此路径为“把自身嵌入无中”。当然，这是我们的后话，此处还是先回到海德格尔用“留心”替代“思考”这里。

既然语言的局限性已经被海德格尔看明白了，那么思维的局限性也就自然而然地摆在了他的面前，因为所谓的思维只是内部的语言而已。所以，“思考”也是自然到不了“存在”本身的，于是海德格尔就必然会去体会巴门尼德试图在此处表达的是什么。从希腊文翻译过来的“思考”一词，其本义当然包括我们把什么事情装在“心”里的意思，装进“心”里去，当然是我们“思”它、“想”它的前提，所以，海德格尔在《什么叫思想?》一书中直接把“思想”解读成“思念”，他的原话是“思想乃是思念”。一字之差，“思”的主体却发生了变异：“思维”“思考”乃至“思想”都是大脑的事情，而“思念”是内心的一种情绪，是“心灵”的事情。由“脑”而“心”，看似不经意，却发生了本质性的变化。用“心”而不是“思”来解读“主体”的特质，这恐怕是海德格尔真正的革命性的转变，难怪他会在自家的门槛上写上“全力守护你心，生命由之所出”这样的话。好在将巴门尼德箴言中“思考”这一传统的翻译方式用“留心”替代后，其本意并未改变，却更能表达将什么留在“心”里去慢慢体会这样的心境，而这是与“本体”相通的主要路径，因为修行讲的正是“用心体证”这样的通达“本体”的方法，并且这与前面的“让呈放”替代“去道说”一脉相承。综合起来就是让存在者存在呈放于心并保持在心里。用海德格尔在《什么叫思想?》中的话来说就是，“留心并没有改变如此这般被留心者。留心乃是：保持在心里”“留心乃是守卫，它守卫着呈放”。所以，海德格尔认为“留心”和“呈放”是两个相辅相成的环节，他认为“让呈放和留心，交替地相互接纳和相互进入”“两者基于其结合而完成了后来特别地，而且只在短时间内被命名为［解蔽］的东西，即：解蔽并且使无蔽者保持解蔽”。所谓的“解蔽”就是直面“存在”本身，通达“存在之真理”。

显然，海德格尔认为巴门尼德箴言真正要表达的正是通过“让呈放”和“留心”的相互作用而通达“存在”本身的路径，遗憾的是后人愚痴，用言说和思考误解了巴门尼德的箴言，从而走上了背离源初开端的路。对此，海德格尔在《什么叫思想?》中有着尖锐的批评，他说：“随着理性之统治地位的出现，一切关系都颠倒了。因为现在，中世纪和现代的哲学，都是从其理性概念出发来说明［言说、置放］和［思想、留心］的希腊本质的。但这种说明不能再澄清它们，而是使之模糊不清了。”“只要我们今天的表象思维顽固地坚持于自身，它就自己堵塞了进入西方思想之开端，因而进入其基本特征的道路。”海德格尔之所以将“言说”与“置放”（“呈放”）放在一起，表明他将“言说”解成“置放”（“呈放”），同理，将“思想”与“留心”放在一起，代表他将“思想”解成“留心”。海德格尔甚至将“思想”“留心”翻译为了“觉知”这一佛门语言，他在《什么叫思想?》中的原话是：“我们把［思想、留心］翻译为觉知。”“觉知的意思就如同接受。”“我们把有待觉知者接受到哪里去了呢？我们如何实行之？我们留心之。而被留心者恰恰如其所是地被保持下来。”“在［思想、留心］中起支配作用的是一种觉知……［思想、留心］自始就通过留心而觉知。”“接受”以及“如其所是”

的保持，便是“留心”即“觉知”的方式，因为这就是“迎面逗留”的方式，也就是“在场”的方式。所以，海德格尔在解释巴门尼德箴言最后一个词组“存在者存在”时便用“在场”来解读，他在《什么叫思想?》中的原话是：“存在者一词命名的是在场者，而存在意味着：在场。”何谓“在场”?海德格尔的解释是：“在场向来进入一种无蔽状态之逗留中。”所以，要真正透彻地理解海德格尔，必须对“无蔽”状态有深刻的“体证”。

首先，佛门讲的“觉知”与孟子讲的“良知”有相同之处，即都是“不虑而知”的，孟子曾有言：“不虑而知，谓之良知。”所以，这是一种没有“思虑”即“思考”介入其中的“知”，通俗地说就是“知道”而不“评价”，这是“良知”也是“觉知”的特点。佛门用“觉照”来形象地描述这一特点，也称“照见”，《心经》中即有“照见五蕴皆空”的说法，意思是，“知道”而不“评价”便能达到了了分明却如如不动的无烦恼境界，因为你只是如实“知道”，不去“评价”，便没有了“分别心”和“执着心”的运作，像镜子一样，好坏都接受：好的照见好，坏的照见坏，不增添自己的看法于其上，没有多余的念头，这就叫“照见”，也正是海德格尔讲的“接受”和“如其所是”保持下来并且“知道”的意思，“留心”就代表着“知道”。其次，“觉知”还是当下的“知”。我们对过去、未来都可以认知，比如通过在回忆或想象当中思考，我们便可以增加对过去或未来的认知，但我们无法产生对过去和未来的“觉知”。因为“觉知”是“不虑而知”的，不包含“思虑”或“思考”，而没有“思虑”或“思考”的“觉知”是去不到过去和未来的，因而只能在当下发生。这就是为什么海德格尔要将“觉知”与“存在”关联，与“当前”关联，与“在场”关联，因为只有“当前”，只有“在场”，才能“无蔽”，才不需要“思虑”“思考”而能“照见”或者说“亲见”，也就是“觉知”。而失去了“在场”，我们就只能通过“表象”来与“对象”打交道，“表象”遮蔽了一切，“无蔽”状态消失，“觉知”也就无从谈起了。

“敞开”和“无蔽”这样的词在海德格尔这里是经常出现的，他为什么要频繁地使用这样的词语来表述一种状态呢？这是因为“存在”本身是无法直接描述的，任何直接性的描述都是一个“表象”，都不是“存在”本身，因为“存在”无相。其实，中国人对此并不陌生，因为《道德经》的第一句话便是：“道可道，非常道。”所以，对于不能描述的东西，其“存在”性的确信，在中国人这里倒是有着比较深厚的文化基础，即对于“无相的存在”这样的概念我们并不感到奇怪。从“相”上来说，它是“无”，而从“存在”来说，它是“有”，既“无相”又“存在”，或者说，既是“无”又并非什么都“没有”，是“无”与“有”的统一，这样的“存在”就用“无”来代表，这正是中国文化的特色。海德格尔从东方文化中获得了这样的“无”的智慧，并且追根溯源地从西方哲学的源头，即古希腊哲学的源初开端处巴门尼德那里找到了类似的说法，接下来他的重心肯定便是我们如何接近或者说通达这个“无”的问题了。尽管他已经谈到了“在场”“迎面逗留”等类似于“面对”这样的方式和概念，用来描述通达“无”的路径，但其实这样的描述更多类似于“比喻”，而不是事实。因为既然“存在”是“无相”的，是不可“表象”的，那么我们到哪里去与“它”面对面呢？“它”又在哪里呢？“它”如果真能确定在“哪里”，“它”不就成了一个“表象”吗？那“它”还是这个“无相”的“存在”吗？所以，海德格尔讲的“迎面逗留”“在场”等目前来讲还只能理解成他通过“比喻”试图表达的东西。那么，他通过这些“比喻”究竟想表达什么呢？这些“比喻”的意思无非说把中间的“障碍”消除，也就是把中间的“遮挡”或者说“遮蔽”物移开，从而让其自身“敞开”，也就是“无蔽”。这便是“敞开”“无蔽”这些词的由来。

但通过“敞开”“无蔽”这些词，我们就真的懂了通达“存在”本身的方式吗？未必！“敞开”“无蔽”的确比“迎面逗留”“在场”更接近事实，但还是没有解决“存在”本身如何“存在”的问题。我们不知道“存在”本身以什么方式“存在”，以及在“哪里”存在，那我们便不知道如何“敞开”，怎样“解蔽”。这些词就还是“比喻”，只是更生动、更形象的“比喻”而已。要么我们就还得把“存在”与“存在者”联系起来，通过一个词组“存在者存在”或“存在者之存在”来描述和表达“存在”，这就又回到了拖泥带水地说“存在”的方式上，而这是海德格尔并不乐意的方式，因为他已经明确地表示作为“存在者之存在”与作为“存在”本身之“存在”不是一码事，他把这称为“存在学差异”。因此，他必然要给这“存在”本身一个明确的描述，以此来摆脱“存在者之存在”的尴尬的依附状态，并且明确地告诉世人“存在”何在。这一描述就是“无”。

六、为形而上学重新奠基

海德格尔并未在其成名作《存在与时间》中提到“无”，而两年后，他却在其《形而上学是什么?》的演讲中屡屡提到“无”并几乎将它说成了“存在”本身的代名词，其中的演变究竟为何呢？尽管海德格尔对此没有太多的解释，但毫无疑问这与他对将“存在”只能说成“存在者存在”的说法始终并不满意，而试图直接探究“存在”本身的“存在”是有关联的，在《存在与时间》中，“存在”的确是常常从“存在者存在”的意义上被表述的，尽管海德格尔通过“此在”概念的引入，使得“存在”能够不依附于“存在者”而得以表达，正如他在《存在与时间》一书中所说：“此在本质上就是为存在本身而存在。”“此在是存在之领会的场所。”“对存在之领会本身就是此在的存在的规定。”可见，“此在”概念的引入使得“存在”本身有了自己的依托，而不再需要依赖于那摆脱不了“表象”的“存在者”，因为“此在”本身也是无“表象”的，正如海德格尔在《存在与时间》中对“此在”的说明那样：“此在本质上不是现成存在。”“此在永不可能从存在论上把捉为某种现成存在者属中的一员和样本。”“此在总作为它的可能性来存在。”无“表象”的“此在”成为无“表象”的“存在”之依托，我们对“存在”的把握离其“本身”又进了一步，因为“此在”是从人自身出发的，并且与我们无须言明的“领会”活动关联，作为“领会”的“主体”和“场所”而存在，而“我们向来已生活在一种存在之领会中”。“存在之领会”因而基于其上的“此在”成为“向来”就有的东西，一句“向来”，就把此事更深处的说明和解释变成了我们“心领神会”的、不言自明的东西，这让西方哲学传承了几千年的逻辑化的传统立马就被东方式的“体悟”替代了。至少，暂时解决了“存在”本身与“存在者”脱钩的问题，尽管这个“存在”本身站立得并不牢靠，因为它站在了“意会”即“向来”的基础上。但这毕竟并不符合西方思维的传统，而且随着这样的操作，“此在”又成了一个谜，它其实也是通过“领会”而立住的。所以，海德格尔如果将他整个的思想基础建立在所谓的“向来”，即“意会”这一不证自明的前提下，他就离西方思想太远了，于是，他必须为他的思想寻找“源概念”，为他的世界寻找“源宇宙”，这便是他在《存在与时间》之后寻找“无”的动机和刚需。

海德格尔所要寻找的其实是他整个思想观念当中的终极概念，类似于柏拉图的“理念”，却不能有“表象”，也就是说，这个所谓的终极概念绝对不可能是一个完全“确定性”的概念，但又要能引申出一切的“确定性”的概念来，这个概念除了中国人非常熟悉的“无”，还能是什么呢？海德格尔本身对“存在”的理解除了“在”这个“确定性”以外，便是它自身的“丰富多样性”和“自生性”。他在《形而上学导论》一书中说：“这个是，亦即那存在，在其自己自身中就隐藏有这种多样性。”“‘是’在道说中表现出了含义的某种丰富多样性。”而就在《形而上学导论》中，他对“存在”的“自生性”也从语言学的角度追根溯源式地进行了挖掘：“这个词最古老和真切的词干是‘es’，梵文为‘asus’，说的是生生，有生灵者，本己常驻者：那从其自身来，立于自身中，自行自息者。”看到海德格尔这些话真让人想起《金刚经》中的“无所从来，亦无所去，是名如来”。所以，海德格尔是知道了“存在”这“无所不在”的属性的。“丰富多样性”“自生性”代表“存在”自身的“无限可能性”，即“全能”性；而“无处不在”则代表了它的“全知”性，那么，“全知”又“全能”的只能是什么呢？对了，“上帝”，所以海德格尔也的确用“上帝”的字眼形容过“存在”。他在《形而上学导论》中的原话是：“在这边是低下的、仅仅貌似、显示的存在者，而在上边某个地方则是现实的存在，两者之间被撕开一道裂缝，后来基督教的教义就在这裂缝中繁衍，在此过程中，在下者被臆说为被造物，而在上者则成了造物主。”可见，在海德格尔心中，“存在”尽管无“表象”，但它是这一切“存在者”的来源，即“存在者整体”的来源，这一切的“存在者”乃至“存在者之全体”都是“存在”自身生生不息的结果。

而对于非宗教式的哲学描述来说，显然，“无”就是描述“存在”的最恰当的概念。因为“无”尽管是概念，但无“表象”，你既无法直观“无”，也无法想象“无”，但在中国文化概念中，“无”绝不是什么都没有，因为“有生于无”“有无相生”，这便是“无”的“自生性”和自身的“丰富多样性”，即“无限可能性”。同时，“无”的“无限性”也意味着它的“无处不在性”，它如果只在某处，不在他处，它便是有限的“存在”，所以，“无”必然是“无处不在”的存在。因而，源自中国文化中的这个“无”便很好地从哲学意义上把握住了这个“存在”，这恐怕正是海德格尔在《存在与时间》一书出版两年后便迫不及待地将“无”引入他的思想体系中作为最能描述“存在”的源初概念的原因吧。

我们看海德格尔自己怎么说，他在《形而上学导论》中旗帜鲜明地说：“无对我们而言，也‘隶属于’‘存在’。”而他在《形而上学是什么?》一文中则将“无”视为“存在”之本质，他的原话是：“无并不首先提供出与存在者相对的概念，而是原始地属于存在之本质本身。”他在《形而上学是什么?》“后记”中对“无”这个“不存在者”的“存在”的本质进行了明确：“存在绝不是存在者身上的一个存在特性。存在是不能像存在者那样对象性地被表象和建立的。这个与一切存在者绝对不同的东西，乃是不——存在者。但是，这个无是作为存在而成其本质的。”在《形而上学是什么?》“导言”中，他把“这个并非存在者的东西称为无”。也就是说，所谓的“无”，在海德格尔这里代表的就是“不存在者”，但这个“不存在者”绝不是什么都没有，恰恰相反，它代表着“存在”的本质自身，也就是“存在”的“无限可能性”和它的“无处不在性”，即“存在”的“全能”和“全知”，是一个如“上帝”般的神一样的存在，难怪《道德经》中要用“道”来命名它，并且成为中国文化的核心观念。而海德格尔终其一生的思索，并不是西方文化缺失了这个“无”，而是遗忘了这个“无”，他似乎从巴门尼德这里发现了它，但无论如何，他都认为，西方哲学2000多年来遗忘了它。他在《形而上学是什么?》“导言”中便发出了这样的疑问：“那种并非某个存在者的东西，亦即如此这般被理解为存在本身的无，却始终被遗忘了呢?”他由此断言：“一切哲学都沉沦于存在之被遗忘中。”因为他认为西方人离开了“无”再来谈“存在”，必然只能从“有”来谈“存在”了，如此，“存在”的本质当然被哲学遗忘了。这就是站在“无”的角度，海德格尔对西方哲学的批判。那么，究竟怎样进入“无”、进入“存在”本身呢?

要厘清进入“无”的方式，首先必须抓住“无”的特点，“无”的首要特点当然是它的“无表象”性，以及它的“无限可能性”。但这两点无法作为进入“无”的切入点，因为没有“表象”我们就既不能直观，又无法思维，很难将其作为“对象”，因而按我们与“存在者”打交道的常规方式，我们是无能为力的。而所谓的“无限可能性”只有在它呈现为“现实性”时，才能成为我们的“对象”，在这样的“可能性”面前，我们除了等待，好像也无法有大的作为。那么，“无”的切入点究竟何在呢?我们看海德格尔怎么说，他在《形而上学是什么?》一文中说“无本身就不着”，估计这是让很多人摸不着头脑的一句话，尤其是它的中文翻译，因为表面上看起来这就不是一个完整的句子，但又只能这样翻译，那么，这句话到底意味着什么呢?其实这句话表达了海德格尔对“无”的一种深刻认知。我们先看一下这个“着”字，我们平时会说“我看着你”“我听着呢”“我守着它”等。这里的“着”意味着“在这里”：“我看着你”表示我的“注意力”在你身上，即在你“这里”；“我听着呢”表示我的“注意力”正在听上，即在听“这里”；“我守着它”表示我的“注意力”集中在它“这里”。那么，“不着”呢?当然就代表着“不在这里”，而“本身就不着”则代表着不在任何一个“这里”，也就是说，既不在“这里”，也不在“那里”，不在任何一个具体的“地方”，这正是“无”的特点，它“无处不在”，所以就不能说它在“哪里”，因此，“无”只是“存在”，却不“存在”于何处，而是“无处不在”。“无处不在”是我们切入“无”的点。但首先我们要明白既然“无处不在”，那为何不是随处可见呢?对了，“无”是“无表象”的，即“无相”

的，所以，尽管“无”无处不在，但你离不了“表象”，仍然“见”不着“无”，哪怕它就在“眼前”。因而，“离相”才是见“无”或者说切入“无”的关键。这就是为什么佛门也特别强调“离相”，《坛经》中说“离相为禅”，《金刚经》说“离一切相”，等等。总之，“离相”是佛门公认的见“本来面目”的方法，即见“本体”的方式，故而《坛经》说“无相为体”，而何谓“无相”呢？六祖惠能的解释是“于相而离相”，即在“相”当中“离一切相”。

怎样“离”相我们稍后再谈，先看这个“离一切相”，因为海德格尔在《形而上学是什么？》中正好讲过一句类似的话：“无乃是对存在者之全体的否定。”西方哲学的“存在者”与佛门的实体“相”是一回事，那么，“离一切相”这句出自《金刚经》的话，和海德格尔此处的话也正好是一回事，只不过海德格尔的用词更有西方哲学的味道，但本意相同：“否定”代表的就是“离”，“存在者之全体”代表的就是“一切相”，而“无”代表的正是“存在”自身，即“本体”。所以，海德格尔这句话想要表达的正是：本体（无）只有通过离（否定）一切相（存在者之全体）才能通达。海德格尔认为：“我们以一定的方式完全在存在者那里丧失了自己。我们在活动时愈是把自身转向存在者，我们就愈是不让存在者本身脱落，我们就愈是离开了无。”如果把哲学术语“存在者”换成佛门用语“相”，则这句话便能看得更明白，也就是我们已经在“相”当中迷失了自己，我们越是陷在“相”当中，执着于这些“相”，我们就越是没有“离相”的意识和能力，我们就越是远离了“本体”。这几乎是佛门里面经常能听到的话，佛门正是告诉世人，他们被财富、地位、名利、情感捆绑，才导致各种各样的烦恼和灾难，只有放下对这些东西的执着，即培养“离相”的能力，方能回归“本体”，获得解脱。

那么，为什么要“离一切相”呢？即“离一切存在者”呢？海德格尔在《形而上学是什么？》中多次阐述了“无”与“存在者整体”的关系，比如他说：“无是与脱落着的存在者整体‘一体地’照面的。”这里的“脱落”讲的就是“离”，意思是，“离”了“存在者整体”，“无”才能与我们“照面”。为什么我们不可以通过“离”当前的“存在者”即“离”当前的“相”，而与“无”来“照面”呢？“无”既然是“无处不在”的，那么“离”了当前的“相”，不就当下即与“无”照面了吗？这个“离一切相”或者说“存在者整体”脱落究竟意味着什么？这是一个并非毫无意义的话题。

首先，我们即便“离”了当前的“相”，过去的、未来的以及他方的“相”也会自动自发地来填补这个“空白”，正如佛门所言“凡夫众生心不离念”，我们“离”了财，可能又会贪名、贪色、贪情、贪权等，总之，常人总是一波未平、一波又起地在内心追逐着各种“表象”上的东西而停不下来，他们的内心是不会空的，除非将一切彻底“空”掉，守住一个清净的“心”，“心”里没有任何的挂碍，正如《心经》所言：“心无挂碍，无有恐怖，远离颠倒梦想，究竟涅槃。”“涅槃”代表着一切的“相”，一切的“存在者”，即“存在者整体”都被“心”放下，“空性智慧”生起来了，无条件的“喜悦”降临了，便是见到了“本来面目”，见到了能生万法的“无”。其次，“相”本身便是出自一个“整体”，“存在者”原本就是一个“整体”性存在。我们今天看到的一个个分别的、独立的“相”或者说“存在者”其实是我们的“意识心”加工出来的东西，它们的源头是“一合相”，在这个“一合相”中，一切都是统一的“存在”。其实，海德格尔在其成名作《存在与时间》中并未提到“存在者整体”这样的词组，而在两年后的《形而上学是什么?》中却屡屡提到“存在者整体”或“存在者之全体”这样的词组，比如他说：“无乃是对存在者之全体的完全否定。”“存在者之全体必须事先已经被给予，以便作为这样一个全体而得到彻底否定，而无本身这时候就会在这种否定中呈示出来。”“当‘某人莫名地无聊’时，真正的无聊便开始了。这种深刻的无聊犹如寂然无声的雾弥漫在此在的深渊中，把万物、人以及与之共在某人本身共同移入一种奇特的冷漠中。这种无聊显示出存在者整体。”“存在者整体的这种移开在畏中簇拥着我们，趋迫着我们。”“畏使存在者整体脱落了。”“在畏中，存在者整体变得无根无据。”“畏恰恰处于对存在者整体完全无能为力的境况之际。”“无是与脱落着的存在者整体‘一体地’照面的。”

总之，《形而上学是什么?》不过是篇20来页的短文，但“存在者整体”这样的词组出现的频率之高甚至不亚于“存在者”或者“存在”这些单词出现的频率，这是为什么呢？只能说海德格尔有意而为之，因为他在这里要讲“无”，而讲“无”便必须先讲“有”，而不是直接去讲“有什么”。“无”跟“有什么”是不能直接相通的，也就是跟“存在者”是不能直接相通的，正如《道德经》所言“天下万物生于有，有生于无”以及“无名天地之始，有名万物之母”。这两句话中，都是“无、有、万物”这样的结构，也就是说，“无”跟“万物”即“存在者”之间必然隔着一个中间环节：有。“有”不是“有什么”，“有什么”是“万物”，是“存在者”，是“实物相”“分别相”，而“有”是一个“整体”，是分别前的“整体”，是“个体”的源头。所以，在“无”的思想中，“整体”是先于“个体”的，“有”是先于“有什么”的，这就是海德格尔必须谈“存在者整体”的原因，因为这个“存在者整体”、这个“有”，是他谈“无”和“存在者”的中间环节。如果用“相”的语言来说，“存在者”“万物”是各自独立的“分别相”“实物相”，那么“存在者整体”这中间环节的“有”就叫“一合相”。也就是说，其实它们原本就源自一个“整体”，源自“一合相”，在“一合相”中，它们就是一个“整体”。所以，不通过整体的“离”和否定，是“离”不了“相”的。

那么，究竟怎样“离”呢？前面已经讲过，靠“焦虑”或者说“无对象的焦虑”。译者孙周兴将《形而上学是什么?》一文中“焦虑”这个词的德语原文翻译为“畏”。于是，海德格尔的原话是“畏启示无”。“畏使存在者整体脱落了。”“无却通过畏并且在畏中才变得可敞开。”“无在畏中与存在者整体一体地来照面。”海德格尔的这个用词无论翻译成“畏”或“焦虑”还是“无对象的焦虑”，无非想表达一种深刻的情绪，甚至近于崩溃的情绪，正像我们前面引用过的：“在畏中，存在者整体变得无根无据。”“畏恰恰处于对存在者整体完全无能为力的境况之际。”这说明在这种情绪当中，“存在者整体”存在的真实性受到了巨大的质疑和挑战，我们怀疑否定一切，因为我们受到了漫无边际的压迫，这种压迫并非来源于具体的某个“存在者”，而是内心生出来的一种无所适从的极度的无助感和崩溃感，这是一种无端的压迫，一种“没有”带来的压迫。海德格尔生动地形容了这种情境：“万物和我们本身都沦于一种冷漠状态之中。但这不是单纯消失意义上讲的，不如说，它们在移开的同时就朝向我们。存在者整体的这种移开在畏中簇拥着我们，趋迫着我们。没有留下任何的支持。只留下这个‘没有’，而且当存在脱落之际，唯此一‘没有’向我们压来。”什么叫“没有”向我们压来？事实上是我们进入了“没有”之中，无所依托，毫无抓手，犹如黑夜中被抛入深不见底的无尽的深渊。佛门把这样的状态叫“无所住”或者叫“无住”，常人在这样的状态中一定会放弃生的欲望，甚至心会死去。事实上生活中很多人很多时候会濒临这样的无助崩溃的边缘，他们拼命地去抓救命的稻草，最终劫后余生侥幸地活了下来，从此却失去了向上的精神和勇气。只有极少数能够无所顾忌地在无助崩溃中站立在那里，任凭自己被抛来抛去，却保持着一股莫名的信心的人，才会活出自己。当然，如果我们在这种状态中能够彻底地看破这一切的“假象”，明白并确信“存在者整体”只是“无”中的幻象，而“无”这无处不在的无限可能性才是真正的自己，我们便摆脱了“存在者”对我们的捆绑和限制，获得了真正心灵的自由与解脱。这便是海德格尔说的：“无可得敞开。”“如若没有无之原始的可敞开状态，就没有自身存在，就没有自由。”

“无”之敞开的过程，就是“离相”的过程，也正是“存在者整体”移开、脱落的过程，那个“无”、那个“没有”伴随着“存在者整体”的移开、脱落，同时吞噬了畏中的我们，使我们在畏中、在“无”中得以涅槃重生。为何要称之为“涅槃重生”呢？“存在者整体”的移开和脱落，当然也包括我们自身作为“存在者”一员的移开和脱落，佛门称此为“转身”，也叫“破身见”，其实就是一个“无我相”的过程。“身见”破了，“我相”破了，不代表什么都没有了；相反，“自性”会在这种极度的痛苦和焦虑当中呈现出来，“心”会像狂风暴雨过后的大海一样宽广而宁静，这是一种死后的新生，“心”不再执着于“身体”，也不被“情绪”困扰，“心”也不会再跟着“思维”信马由缰地狂奔，它仿佛离开了“身体”“情绪”“思维”，尽管“身体”“情绪”“思维”还在，但“心”已经不被它们左右，“心”彻底“自由”了，“自在”了，因为它与“无”融为了一体，除了“无”，它与万事无关。而“无”是“无限可能”的，是一切的源头，所以“心”也变得“无限可能”，正如《坛经》所说“能生万法”，并且它知道了自己是一切的源头，是那个“存在者整体”之主宰；“无”又是“无处不在”的，所以“心”也变得“无处不在”，而“无处不在”带来的是“无所不知”，因而“心”充满了“觉性”，佛门便把这样的“心”称为“觉性”，禅宗六祖惠能也称其为“自性”，儒家把这样的“心”称为“良知”“良能”，海德格尔则把这样的“心”称为“此在”本真的自己。

所以，“无”之敞开的过程，也正是“此在”之发生的过程，是“此在”嵌入“无”中的过程。海德格尔在《形而上学是什么?》中的原话是：“此在意谓：嵌入到无中的状态。”“倘若此在并没有自始把自身嵌入无中，那么，此在就绝不能与存在者发生关系，也就不能与它自身发生关系。”显然，海德格尔认为不嵌入“无”中的“此在”是意识不到自己的存在的，或者说是不“觉醒”的，“此在”唯有与敞开的“无”合一，才是真正意义上的“此在”。正如“心”如果不回归“本体”，佛门便称其为“妄心”一样，因为此时这颗虚妄的“心”还被“相”捆绑，被“存在者”左右，还在贪、嗔、痴当中。海德格尔在《形而上学导论》中描述了这种状态：“通过与存在者恒常不断的关联交道，人与存在发生瓜葛；而又因为人根本抓不住存在，相反却以为存在者只是存在者而已，绝无其他。所以，人就背离存在而去，这样，存在也就对人陌生。他们虽然醒（涉及着存在者），但存在却始终对他们隐匿。”海德格尔在这里用了一个“醒”字，意思是此时的人表面上是“醒”着的，但实际上他们的“心”是被“存在”屏蔽了的，换句话说，他们的“妄心”是“醒”着的，他们的“真心”是被“遮蔽”的，是没有“觉醒”的。如果把“真心”理解成海德格尔的“此在”，那么也可以说，此时的“此在”也是被“遮蔽”的，是没有“觉醒”的，是不自知的。海德格尔经常在《存在与时间》中称这种状态的人为“常人”，也称其为

"无此人"。所以，在《形而上学是什么?》中，海德格尔才说："此在只在自行嵌入无中时才与存在者发生关系，也即才能实存。""把自身嵌入无中时，此在向来已经超出存在者整体之外而存在了。"因此，"此在"的实存，或者说"觉醒"必须在敞开的"无"中发生。也就是说，"离相"、离"存在者整体"的"相"，"无"才能呈现，而"此在"也才能"觉醒"因而实存，这是一件相辅相成的事情。但这一切靠的是"畏"。"凭着畏之基本情绪，我们就到达了此在之发生。在此在之发生中，无可得敞开。""此在基于隐而不显的畏而嵌入无之中的状态，就是对存在者整体的超逾，即超越。""无源始地只在畏中可敞开。"所以，可以说，"此在"的"觉醒"就是"无"之敞开，"无"之敞开就是"此在"的"觉醒"，彼此并无因果，也无先后，本为一事，都是"畏"成就的"果"。

七、怎样"嵌入无之敞开"

那么，是不是所有的畏都能让我们得到"此在"觉醒、"无"之敞开的"果"呢？肯定不是，因为畏也让更多的人失去了向上的精神和勇气，别说达到"无限可能"或"无处不在"的成就境界，他们可能连常人的成功都无缘企及。这里的关键是什么呢？应该说无非三点：知、行、勇。首先是"知"，即知"无相"，也就是知道"无"的存在，知道并深信"无"才是"存在者整体"背后的源头；其次是"行"，即通过实际的修行来"离相"，佛门对此有一套严格的修法；最后便是"勇"，既要耐得住修行的寂寞，更要承受得住修行过程中的痛苦、烦恼、恐惧、焦虑、绝望乃至生死。下面我从佛门实修的角度分享一下自身悟"无"修"离"的体会。我们在庙里经过长时间的禅修会经历一些类似于"一合相"的境界，比如洗衣服时觉得手与衣服成了一个整体，没有了平时手洗衣服的感觉，而是手与衣服一起在动，没有谁主动、谁被动，或者说自己突然觉得洗衣服不需要用心用力，很愉悦，很自然地在发生，自己只是一个"旁观者"。再如，某天坐在沙发上或躺在床上，忽然觉得自己的身体与沙发或床接触的部分融为了一体，没有了我坐在沙发上或我躺在床上，也没有了沙发被我坐着、床被我压着的感觉，身体和沙发、床不是相互作用的分开的两物，而是融为一体的存在，心是放松的、愉悦的，意识是没有思维活动的、没有念头的。又如，某一天走着路，突然觉得脚底与地面成了一体，没有脚用力抬起来离开地面然后压向地面的感觉，而是觉得脚和地面一直粘在一起往前动，同样心很放松、很愉悦，意识清醒但没有思维活动，没有念头。这样的状态便是身心进入了“一合相”的状态，或者说“一体感”的状态。

我们常人会认为这只是一种“感觉”，但事实上身体和对象还是两个分开的个体，手还是手，衣服还是衣服，脚还是脚，地面还是地面，或者，身子还是身子，沙发还是沙发，床还是床。其实这就是没有“离相”能力时的理解，即便到了“一合相”的境界也理解不了“一合相”，或者说也不知道这就是“一合相”。所以，“离相”并不是什么一种感觉、一种“境界”，而是对“境界”的理解或者说是对“境界”的知。很多庙里修行的人以为“离相”是某种“境界”，结果永远“离”不了“相”。因为你即便到了某种“境界”，它也毕竟还有一个“相”，你还在“相”当中怎么可能“离相”呢？“离相”是以“破相”为前提的，怎样“破相”呢？具体我们以前面讲的几个“境界”的例子来说明。在手洗衣服的例子中，理解这种“一体”的境界，首先必须破掉“手”的相，不要把“手”当成一个实实在在的独立的实体对待，而当成一团微观粒子的组合看待，即“微观粒子团”，这是事实，因为物体由分子构成，分子由原子构成，原子由原子核和核外电子构成，原子核由质子和中子构成，最终整个物体由微观粒子构成，就是一群“微观粒子团”，衣服也是如此，也是一群“微观粒子团”。两团微观粒子处在一起，就是一个“整体的微观粒子团”，这不是想象，而是事实，也就是说，这时没有了与衣服这个“微观粒子团”截然分开的手的“微观粒子团”，也没有了与手这个“微观粒子团”截然分开的衣服的“微观粒子团”，它们就是一个“整体”，这个才真正叫“一合相”，而不是你“看”到了一个“整体”，你“看”到的永远是分开的两部分，因为你的意识心一定会将本来的“整体微观粒子团”看成分开的“手”和“衣服”。只有当你的意识心停息下来，不思维，无念头，不取相，不分别，才能真实地体会到“整体微观粒子团”的事实，这就是庙里禅修后产生的“一合相”的“境界”。其他几个“境界”也是同样的道理。所以，“境界”本身并不是“离相”，能够“破相”或者说从“无相”的角度理解这个“境界”才能“离相”。

事实上，无论是海德格尔讲的“无”还是佛门讲的“无相”，都是“见”不到的，也不是任何一种“境界”，只能通过不断地“破相”来层层逼近，最后在“破相”的过程中顿悟并深信“无相”（无）的存在，并作为世界的本体而存在，这就是佛门讲的所谓的“明心见性”。所以，其实“无相”（无）是一个极限，“破相”的极限，如同理念性的存在，却是一系列的身体的“境界”相伴随的存在，这是它与传统西方哲学在思维方式上的最本质的区别。只不过不要认为“破相”过程中的一系列的“境界”都是愉悦的，这只是起初的“境界”，在这样的“境界”上，其实我们还不可能真正“破相”，因为“我相”还在，只有破了“我相”，我们才能真正回头看清这时的“一合相”境界是“整体微观粒子团”，才相信“手”与“衣服”不是分开的两个个体，而是真正的一个“整体”。只不过如果修到了破“我相”的境界，其实是非常恐怖的，就如同人濒临死亡一样，“我相”的消亡就是“我”的消亡，因为“我”就是一个“相”。所以，佛门讲过生死关，就是破“我相”时，一切都好像坏掉了一样，周围的人和事物都变得很虚幻，仿佛不是以前见到的实实在在的存在了，心情也特别沮丧、悲观，时刻怀疑自己是否会立刻死掉，身体也极端的无缘无故难受，并一直持续在这种状态中无法解脱，一般医生也查不出病症，只能在这个过程中绝望地煎熬，直至靠对“无”的了知和深信走出来，相信“无”是“本体”性的存在，相信一切“相”上的东西都是虚幻的假象，相信“无”中有“生”的力量，敢于坚持在“无所依托”中并保持自己的信心，直面痛苦并深信痛苦会最终带来解脱，以此信念直至最后一刻。这就是“我相”的死亡过程，佛门也称为破“身见”，或者叫“转身”，即你终于体会了身体的虚幻性，因为似死非死的重生会让你真切地感受这一切的背后那“无形无相”的力量的存在，并从此对它深信不疑。

可以说破“我相”是真正修“离相”的第一步，所以《金刚经》中一直将“无我相”作为无“四相”的第一个环节，有了“无我相”的基础，才能“无人相、无众生相、无寿者相”，只不过“无我相”的所谓“境界”可不是人们乐于接受的感觉，而是“要人命”的过程，这也再次证明，所有的“境界”都不是修行的目标，而只是过程，无论好或不好的“境界”都不是修行目的，都要“离”，要“离一切相”，最终达到的才是修行真正的目标：无相。用海德格尔的话来说叫“无之敞开”。但“无相”不是任何一种“境界”，不是任何一种“相”，所以海德格尔讲的“无之敞开”也不能形象地去理解，它需要用心去体会。这也正是《金刚经》中佛陀反复问须菩提是否可以“相”见如来的原因，佛陀告诉须菩提即使以三十二相好庄严，也不能见如来，因为如来不在“相”上，最终佛陀说：若以色见我，以音声求我，是人行邪道，不能见如来。而一些不能理解佛门真义的修行人，一打坐产生了某种“境界”，就以为自己修行证悟了什么“果位”，长时间学佛身体变得相好庄严了，就以为已经“明心见性”，让人顶礼膜拜，但事实是这种人往往会在后面的生活中突然变得一塌糊涂，仿佛《金刚经》对着他们说话一样：凡所有相，皆是虚妄。相好庄严、美妙境界也是虚妄。遇到过这样的事，我们就会真心明白佛陀在《金刚经》里究竟是讲什么，佛陀无非想告诉这些修行人，特别是修行到了一定程度的人：不要执着于任何相，学佛修行最终“无相”（无）。到了这里也才明白修行究竟是为了什么：知“无相”（无）的本体，知世界的“本来面目”。

破了“我相”以后，心会找到一个“无我”的位置来观一切的人和事，仿佛隔着一层玻璃来看这些人和事一样，也仿佛从天上看下来，人和事甚至自己的身体都在视野范围内，他们都在活动，但那个看着他们的自己没有参与到他们中，他们也不知道有一双眼睛在看着他们，观察者和被观察者互不打扰，但其实观察者的身体完全与被观察的其他人和事处在一起，甚至其他人还正对着观察者的身体做着动作，但观察者的心离开了这一切，从一个全覆盖的视角“看”着他们包括自己的身体，仿佛有一双单独存在的眼睛远离了身体注视着这一切。这样的“注视”产生的“一合相”就是“心”离开了“存在者整体”的直观的存在，“我与非我”都在这直观的“一合相”中。此时，“心”找到了“无”的位置，进入“无”中，与“无”合而为一，这不正是海德格尔讲的“此在嵌入无之敞开”吗？远离人群包括自我的那双眼睛所代表的观察者，所拥有的唯一的功能就是“看”，也就是“观”，只是看着这一切，审视着这一切，没有评判，没有念头，没有思维，没有情绪，没有行动，不会说话，保持静默，仿佛怕打扰了所看到的对象一样，只是“知道”，只是一个“观”者。但也不会被对象打扰，甚至对方并不知道“观”者的存在，因而是自在地存在着，这就是《心经》讲的“观自在”。这种状态如同乘飞机上了万米高空，无论下面如何翻云覆雨，云聚云散，自己所处的总是万里无云的湛蓝天空，在这湛蓝的天空中自己静观着下面的风云变幻。这样的情景在我经历了长时间的人生幻灭乃至几近崩溃的状态后，几次发生在了我的睡眠状态中：有几次午睡，我倒在客厅的沙发上，闭着眼睛似睡非睡地躺着，逐渐听到了自己的鼾声，但意识又很清晰地觉知到周围人的动静，只是任何念头都没有，就这样一动不动，过了一会儿我醒了过来问周围的人，他们说我睡了一个多小时，鼾声很大。这让我经历了“睡”和“醒”重叠的奇妙状态，让我相信有另一种与醒着时的“意识”不同的“知”的状态，这当然不是“潜意识”，而是“觉”，从而让我相信“觉性”的存在，而且我深信“觉性”不属于“自我”，因为“自我”已经“睡”过去了，“觉性”的主体一定是“无我”的存在，因而也应该是“无相”的存在，它就是那个“无”本身，就是“真心”本体。

对“无我相”的持续深入，就会进入“无人相、无众生相”的境界，此时的“心”像面对着一堵墙一样，不仅思维念头停止了，内在的眼睛也像被这堵墙堵得严严实实，没有任何的人、事、物的“相”在心里呈现，甚至没有丝毫的“空间感”。而常人在闭上眼睛后，一定会有各种人、事、物的“相”在心里呈现出来，并且在心里变化活动，我们仿佛有一双内在的眼睛看着这一切。但如果修行到经历过长时间的幻灭感以后，就有可能进入闭上眼睛休息后内观“无相”的状态，当然还不是绝对的“无相”，而是无具体的人、事、物的“相”，包括也没有“空间”的“相”，只有一片空白这个

“空”的“相”。这是某一瞬间突然进入的状态，脑袋中的思维突然停了下来，念头突然消失了，然后你就会发现像是整个大脑里面被什么卡住了一样，大脑里面突然安静了，出奇地宁静，然后所有的具体的形象也没有了，只有一片空白，长时间地停滞在那里，你只是知道自己在这种状态中，你也并不想动任何念头，来破坏这种宁静祥和，你就这样“无念”地待着，保持着“知道”，像进入了一个很深的隧道，宁静地待着，直到一小时或更长时间后，从这种状态里出来。但你并没有长时间的等待感，因为你没有下一个目标的期待，所有的“意识”都只是用来“知道”当下的状态，因而并没有强烈的或清晰的“时间感”。当然，这点微弱的“时间感”最终也会消失，完全进入一种一切都彻底停滞的状态，“时间感”彻底地消失，“意识”就只是停在一个恒常的“点”上，生生灭灭的“寿者相”也空掉了。当然，尽管“空间感”没有了，但“空相”还在，“知道”这个“相”本身还在。这应该就是海德格尔讲的“存在者整体”的脱落吧，“此在”这个“真心”随着“无”之本体的“照面”开始觉醒了。当然，“此在”“真心”“无”“本体”在这“照面”中成为“一体”，所以，实则是它们彼此“照”见了“自己”，是“自己知道了自己”。

彻底的绝对的“无相”（无）并不可证，但一步步“离相”的过程和境界的的确确存在，它并不是“无相”（无）的证明，也不是“无相”（无）本身，但它给了我们足够的理由，并且是直观的理由来让我们确信它（无）的存在，如果必须有一个这样的“本体性”存在的话。而科学的发展走到了今天，这样的“无相”（无）的本体性存在的确是我们认知的必需，是我们认知世界必不可缺的补充，否则我们无法自圆其说。尽管西方哲学中康德的“自在之物”的假定或者柏拉图的“洞穴理论”的假定都假设了一个这样的认知世界以外的存在，但他们的假定没有任何的直观做依托，因而只是一种思维中的存在，顶多作为思维中的极限而存在，对于这种存在的真实性康德和柏拉图自己都给不出半点证据，所以他们只能说那是“不可知”的存在。将“本体论”建立在“不可知”论的基础上，就如同在沙滩上建房子，房子是建起来了，但总不能让人心里踏实。这恐怕也是现代科学发展到今天，那些走在前沿的科学家不得不自己去构建哲学基础的原因，看看薛定谔、玻尔等人的很多著述和思想，我们就能深刻地体会到这一点。

当初爱因斯坦与玻尔之间围绕着量子纠缠发生的争执，不就被大家普遍地理解为哲学性的争辩吗？爱因斯坦向玻尔质问道：“难道你不看月亮时，月亮就不在了吗?”这样的问题就是一个哲学问题，也就是“什么是存在”的问题，而这恰恰是当今哲学必须回答的根本问题。对于爱因斯坦的问题，如果用西方哲学思想来回答，将面临两难：说在，则玻尔输了；说不在，则玻尔还是输了。因为这违反了常识，说不知道在不在，观测就一定在，而不观测则不确定，这样玻尔才不会输，但这种说法立马陷入了哲学上的“不可知”论。这就是西方哲学的困境，因为西方哲学思想没有把“相”和“在”分开，没有一个“无相”（无）的存在概念。所以，即便今天量子纠缠已经得到实验证实，我们还是要用“不确定”这个“不可知”论的概念来描述世界未观测前的“本来面目”，即“本体”状态，相当于玻尔对爱因斯坦问题的回答只能是：未看月亮时，不知道月亮在不在，可能在，可能不在，只是一个概率，而看月亮后，可以确定月亮“在”，因为通过观测，月亮“在”的概率为100%。这样的回答看似科学，但其实是让科学失去了“本体论”基础，因为科学在“本体论”上成为“不确定”“不可知”，将科学的大厦建立在了沙滩上，这肯定不是一个令人满意的“本体论”思想。而将“无”与“在”统一起来，才是唯一的答案。这是中国传统文化2000多年前就已经给出的解，西方哲学在巴门尼德那里中断了2000多年后，又通过海德格尔将“无”重新引入西方思想并作为“存在”本身来奠基，而让西方哲学的“本体论”又有了坚实的基础。

八、世界的“三重性”

我自身的实修经历让我深切地体会到了什么是“嵌入”。在庙里禅修时洗衣服的例子中，手与衣服的“一体感”，便是“心”嵌入了手这个存在者与衣服这个存在者的“整体”中。平日里手与衣服当然是两个分开的各自独立的存在者，即便我们手洗衣服时，手与衣服紧密接触，但我们还是会将手与衣服视为分开的两物，当然也可以把手和衣服当作一个“整体”，但这个“整体”是以认定它们为分开的“个体”为前提的，也就是说我们的“心”还是将它们分开的，而且“心”本身也与它们是分开的，手和衣服都是“心外之物”。而在我讲的禅修时洗衣服的境界中，“手”与“衣服”真不是两个分开的存在了，真成了“一体”的存在，好像“手”自然而然地随着“衣服”在动，“衣服”也自然而然地带着“手”在动，“手”和“衣服”在“一体”动的时候也没有“我”的“意志”在其中，也就是说，没有“我”在用手洗衣服的感觉，我的“心”仿佛也随着“手、衣服”一起在“动”，节奏非常同频，因而才会产生舞动的节奏感和喜悦感，这恐怕正是所有舞蹈真正的来源吧，艺术家说“美来自生活”“舞蹈源于劳动”，应该也是真实不虚的。但前提应该是“投入”，全身心地“投入”，在这种投入中，身与境融为了“一体”，“心”与这个“一体”又融为了“一体”。身与境的“一体”完成了“存在者整体”的呈现，原本“意识”中的单个的分离的“存在者”，在此时的禅修者“心”里，完成了向“存在者整体”的回归，即向“一合相”的回归。因为原本“它们”就只是“心”中的“一合相”，就是一个“整体”，只是由于“意识思维”活动的作用和参与，才被我们视为外在的各自独立的“存在者”，以此成为“分别相”和“实物相”，《道德经》“有名万物之母”讲的就是这个过程。《道德经》讲的“名”指的是伴随着“概念”的思维意识活动，正是它让“有”这个“整体”即“一合相”，通过“名”的动作成为万事万物这些独立的“存在者”（分别相、实物相）。禅修中通过思维意识活动与“心”的分离，或者说让“心”从思维意识活动中抽离出来，让思维意识活动停歇下来，“妄心”还原为“真心”，虚幻的各自独立的“存在者”的“相”便回归到“存在者整体”中，回到了“一合相”中。而此时的“心”也嵌入了这一“整体”中，或者说这一“整体”也回归到它原来的生起处：“心”中。海德格尔的“嵌入”一词的确还是非常形象的。王阳明讲的“心外无物”也非常准确。

当然，这里讲的“嵌入”还只是“嵌入”的初级阶段，还只是“存在者”由外而内回归“存在者整体”即“一合相”的阶段，还只是“心”也才刚刚由执着于外境的“妄心”向自身回归的阶段，这就是海德格尔讲的作为沉沦于常人中的“此在”向“此在”本真的自己回归的过程。但这是一个并未完成的过程，因为尽管“存在者”通过回归“存在者整体”即“一合相”而收回于内“心”，“心”与“存在者整体”合而为一，但这只是一个中间环节，即“一合相”环节，并没有到最终的“无”（无相）这里，所以，事情还会向下发展与发生。“无”当然是不可“亲见”的，即是无法“照面”的，但作为“离相”的极限般的终点，“此心”可以在一步步无限逼近中让“无”得以敞开，以此“嵌入”“无”自身，这便是永无止境的“离相”的过程。我们先看第二个阶段的例子，即午睡时看着入睡的“我”和周围的人与事的例子。这的确是一件非常神奇的事情：仿佛有一双眼睛“悬”在空中，看到躺着的自己，同时看到自己周围的人和正在做的事，听到了自己打鼾的声音。这是“心”的一种“出离”，“离”了睡着的“我”与周围的人和事这个“整体”的“相”，“离”了“一合相”，这是向“无”又迈进了一步。我们平时意识到自己在“看”什么的时候，即意识到自己“眼睛”注视什么的时候，是有一个“我相”的，即有一个身体意识相伴随，明确知道是“我”在“看”。而在这个午睡例子中，那一双仿佛悬空的“眼”是“无我”的，因为它正看着“我”包括“我”周围的东西，“我”成了“看”的对象，而不是“看”的“主体”。准确地讲，此时的“看”并没有“主体”，“看”本身就是“主体”，也没有一个“眼睛”的“相”，只是知道在“看”而已，换句话说，是因为“知道”在“看”，故而说一双“眼睛”，其实并无“眼睛”的“相”。那么，这个“看”，这个“知道”，就是“心”本身，是“觉性”本身。

此时的“心”从最初的进入“存在者整体”，进入“一合相”，又离开了“存在者整体”，离开了“一合相”，进入了“无之敞开”中。这正是海德格尔在《形而上学是什么?》中讲的：“把自身嵌入无中时，此在向来已经超出存在者整体之外而存在了。”“此在基于隐而不显的畏嵌入无之中的状态，就是对存在者整体的超逾，即超越。”显然，“超越”存在者整体是“此在”嵌入“无”的条件和方式，也就是说，“心”从“存在者整体”中的出“离”，是进入“无”的机会和前提。当然，海德格尔在这里还提到了“畏”，即那令人恐怖的“无对象的焦虑”，并将它作为超越“存在者整体”，进入“无”的“渡船”，因为只有在这种状态中，进入“无”，从“存在者整体”中出“离”出来，才可能实现。这是任何一个实修的人走到这一步的深切感受：长时间的厌烦感、幻灭感、崩溃感，身体极度的不适和无原因的苦恼构成了海德格尔在此处讲的“畏”，正是这种无法自拔的感觉和情绪让一切的“存在者”都失去了意义，“存在者整体”也随之坍塌。坚固的“存在者”实有之“相”崩溃了、幻灭了，“存在者整体”之“相”坍塌了，“心”若还“在”，没有被这个“畏”毁掉，还在“畏”中“立”着，那么，这一切的幻灭、坍塌发生后，“心”便能从“存在者整体”中“脱落”，或者说“存在者整体”便从“心”上“脱落”，“心”便获得了“出离”，然后，这颗“出离心”便成为一双“无我”的“眼睛”，嵌入“无”中，看着“一切”。这也正是《金刚经》讲的“应无所住而生其心”的状态。

所以，“离相”进入“无”之敞开的状态，至少有两个标志性的环节，一个是进入“一合相”的阶段，此时的“存在者”回归“存在者整体”，“一合相”与“心”合一；另一个是“心”出离“一合相”，超越“存在者整体”，嵌入“无”之敞开中。显然，这里出现了三个层次：首先是表面的“存在者”层次，其次是中间的“存在者整体”层次，最后是“心”超越“存在者整体”之后进入的“无”之敞开的层次，即“无”的境界。那么，“存在者”这一表层是我们最为熟悉的，常人就在这一层次待着，这是一个“相”上的让人执着的层次，海德格尔称“此在”在此“沉沦”为了“常人”，失去了“本真的自己”，即“本己”或者说“本心”。而佛门称此时人的“心”为“妄心”，即颠倒梦想的“心”。贪、嗔、痴的“心”。贪、嗔、痴的对象正是这些“存在者”，这是常人非常熟悉的世界，叫“世间”。第三个层次是“无”的境界，佛门叫“出世间”，这层境界其实常人很难企及，因而第二个层次便显得尤为重要了，因为它是常人经过努力有可能实现的目标，我们重点聊聊这个中间环节，即“存在者整体”或者叫“一合相”

环节。

其实“存在者整体”这个词组是伴随着“无”而被海德格尔引入的，那么在《存在与时间》中“存在者整体”为何不出现呢？因为海德格尔在《存在与时间》中沿用了一个西方哲学中传承了几千年的词组“存在者存在”，或者叫“存在者之存在”。当时的描述只有两个层次：存在者、存在者存在。“存在者”代表的是现象界的一切“表象”，包括主、客观的“表象”；“存在者存在”则代表了非表象的“存在”，因为“存在”无法单独描述，即便描述也只能是一个无内容的词语，因而借其与“存在者”的关联而表达，毕竟它是作为“存在者”的源头和本体而被我们说出来的。尽管海德格尔说出了“此在”，但“此在”并不与“存在”和“存在者”构成三个层次，海德格尔在《存在与时间》中一会儿将“此在”说成“存在”：“此在本质上就是为存在本身而存在。”“存在之领会属于此在的存在。”一会又将“此在”说成“存在者”：“此在是为存在本身而存在的存在者。”“存在之领会属于我们称之为此在的那种存在者的存在方式。”而且，我们往往从他的述说中感觉他所说的“此在”就是“人”，但他又说：“此在本质上不是现成存在。”“此在原是可能之在。”“此在是自由地为最本己的能在而自由存在的可能性。”“人”只是一种“可能性”吗？所以，只能说海德格尔在这个阶段并不认为自己的思想完全成熟了，他应该觉得自己的思想是欠一个环节和层次的，否则，这个“存在者存在”都无法说是“有表象”还是“无表象”的，如果它是“有表象”的，那么，它就绝不是“本体”，“本体”正是作为对“表象”的否定而说出的。如果它是“无表象”的，当我们说出“是/存在”的时候，事物就开始“有”了，尽管还不确定“有什么”，但“有”是确定的。“有”当然代表着“有相”。因而海德格尔应该也感觉到了“存在”是有双重含义的，即作为“存在本身的存在”，这代表着“本体”，它是“无表象”的，同时它包含着作为“存在者之存在”，即“存在者存在”，这是一个中间环节，是“有表象”的。进一步研究海德格尔，发现西方哲学自苏格拉底、柏拉图开始，便遗忘了作为“存在本身的存在”，用“存在者存在”替代了“存在”的二重性，这也是海德格尔的思想在《存在与时间》中不能一以贯之的原因。

直到海德格尔在东方文化里找到了这个“无”，于是老子的“无、有、万物”三个环节的思想便为他的“存在论”提供了合理的框架。于是，作为“存在本身的存在”便被“无”代表，这是“无表象”的：“无相”却“存在”，是“无”和“在”的统一，当然是“可能性”的“在”，“无”代表着非表象性、非现实性，或者说“无限可能性”，“在”代表着“可能性”是确定存在的，而不是什么都没有。而“存在者存在”则被“存在者整体”替代，这是“有表象”的，但还不是最终的“存在者”，是向“存在者”转化的中间环节。“存在者”自然就成为最表层的第三个环节。所以，“无、存在者整体、存在者”便构成了海德格尔思想的三层结构，“无”成了逻辑原点，“存在者整体”完全以“有表象”的方式成了必需的中间环节，彻底抛弃了“存在者存在”这种似乎“无表象”，又似乎“有表象”的似是而非的说法。也就是说，如果按“存在”二重性的说法，作为“存在本身的存在”是“无相”的，而作为“存在者之存在”是“有相”的，只不过它是“一合相”，是“存在者整体”的“相”。“此在”在这里扮演着什么角色呢？应该说，当它“沉沦”于常人中时，它是与“存在者”对接相应的，类似于人的“妄心”，此时的它被海德格尔称为未“绽出”的，即未“觉醒”的。而随着常人进入“畏”中，并且能够“在存在之无蔽状态中保持着开放的内立”，“此在”便会从“沉沦”于常人的状态走向“本真的自己”。海德格尔的原话是：“此在的绽出本质是从‘烦’这个角度被思的。”“它由于忍受着这种敞开状态而立身于这种敞开状态中。这种忍受是在‘烦’之名下被经验的。”经历了这种类似于佛门所言的“烦恼即菩提”的过程，“此在”涅槃重生了，进入前文所讲的“入一合相”再“离一合相”的过程，最后嵌入“无”之敞开中，与“存在”本身合而为一，成为“最本己的能在”，即“真心本体”，复归“本来面目”。为何一定要先“入一合相”再“离一合相”才能嵌入“无”中呢？因为“入一合相”之前，“此在”还是常人中沉沦的“妄心”，“入一合相”的过程便是从“常人沉沦”状态中获得解脱，即放下对单个的“存在者”执着进入“整体”的过程，而“离一合相”的过程则是让“存在者整体”脱落的过程，只有这一进一出才能让“此在”真正地“绽出”或者说“发生”，成为“无”本身。

为什么“无”会与“存在者整体”一并被海德格尔引入他的思想中呢？前面我们已经引用了诸多海德格尔在《形而上学是什么?》中的原话，来说明海德格尔的确是将“无”与“存在者整体”一并提出的，诸如“无乃是对存在者之全体的否定”“无是与脱落着的存在者整体‘一体地’照面的”“把自身嵌入无中时，此在向来已经超出存在者整体之外而存在了”“在无之问题中，发生着这样一种对存在者之为存在者整体的超出”，“无”为什么必须与“存在者整体”相伴随？“存在者整体”究竟是一个怎样的概念？这里是否有海德格尔并未明言的玄机呢？事实上的确是有未言明之处的，那便是“存在者”究竟是怎样的“存在者”。如果“存在者”是独立于我们之外的“实体性”的存在，是完全各自分开独立的自在的“存在物”，那么这个“存在者整体”就是一个没有实际意义的词语，因为我们无法将外在的所有的“存在物”都归总起来，让它呈现在我们面前，我们永远也只能将其中的一部分纳入我们的视野和思维中，它是一个“存在者”的“无限”的集合，我们怎样“超出”它呢？除非“它”本身就在我们之内存在，在“心”里存在，但其只是作为“表象”存在。

康德、黑格尔认为这一切的作为“现象”的“存在者”都只是“表象”性的存在，只是存在于“意识”中的“表象”。海德格尔也说：“岩石存在，但它并不实存。树木存在，但它并不实存。马存在，但它并不实存。天使存在，但它并不实存。上帝存在，但它并不实存。”所以，只有基于“存在者”是“表象”性存在这一前提，才能有“存在者整体”这一说法，或者说，才能使“存在者整体”这一说法变得有实际意义。因为既然都不是我们之外的“存在”，一切的“存在者”都只是存在于“心”中的“表象”，那么“心”便容纳了这一切，当然，“存在者整体”也就在“心”中了，这也正是王阳明讲的“心外无物”的意思。只不过这“存在者整体”并不是“无限”个“存在者”表象的集合，而是一个“整体”的“表象”，是一个涵盖了一切的“表象”而已，佛门称它为“一合相”。为什么“存在者整体”不是“无限”个“表象”的集合，而是一个涵盖了一切的“表象”呢？如果“存在者整体”真是“无限”个“表象”的集合，那么怎样去“超出”这“无限”呢？“无限”意味着永无止境地出现，这样一来，即便是“心”中“表象”性的存在也是无法超越和超出的了，因而“存在者整体”又变成了一个没完没了没有边界的东西，从而也就变得不可把握和失去意义了。

海德格尔是从“存在者整体”的意义上来讲“无”的，而“此在”也只有嵌入“无”中，才能真正发生，因此“存在者整体”失去了意义，海德格尔的“无”和“此在”也将变得无从说起。有的人可能会说在《存在与时间》中，海德格尔是将“此在”立于“领会”概念之上的，他的原话是：“领会的主体即此在。”“此在是存在之领会的场所。”所以，只要“领会”立得住，“此在”自然没问题，但“领会”又立于什么之上呢？海德格尔说：“领会，作为此在的展开状态，一向涉及在世的整体。”绕了一大圈，原来“在世的整体”即“存在者整体”才是唯一的基点。如果这样的“整体”是各自独立的离散的“无限”的“表象”的集合，那么什么样的“领会”能有如此“神通”达及它呢？显然不存在这样的“神通”，因而也不存在这样的“领会”，“此在”便失去了存在的根基。除非这一“存在者整体”不是各自独立的离散的“无限”的“表象”的集合，而只是一个涵盖了一切的“表象”。它是一个“表象”，只不过涵盖了这一瞬间的一切，佛门把这叫“一即一切”，巧的是海德格尔在《形而上学导论》中也引用了前苏格拉底时期的古希腊哲学家赫拉克利特的一句名言：“一就是一切。”完全同一的一句话应该不是巧合而是智者所见略同，都见到了事实的真相：一合相。当然不同的瞬间这个“存在者整体”的“相”又是另一个涵盖那个瞬间的一切的“表象”，但还是一个“表象”，这说明这样的一个一个的“存在者整体”的“表象”是刹那生灭的，生起立马灭掉，灭掉又立马生起，但每次生起的都是一个“整体”的“表象”，中国文化讲的“生生不息”正是此意，而这也正是佛家的世界观。那么，这生生不息的背后是什么呢？是谁在生生不息呢？正是那个“无”。所以，“无、存在者整体、存在者”这一海德格尔的结构与道家的“无、有、万物”的结构，以及佛家的“无相、一合相、分别相”的结构完全吻合，这应该也是智者所见略同吧，因为这是真理。

这样理解的“存在者整体”与“存在者存在”才是吻合的，因为在“存在者存在”这个词组中，表达的其实是作为“存在者”之“存在”的东西，它既不是“存在者”的某种共同属性，也不是“存在者”的统称，因为“存在者之存在”存在时，各自独立的“存在者”本身还并未真正地存在，它们还共存于一个“表象”中，这个“表象”就叫“存在者”之“存在”，它是各自独立的“存在者”得以产生的源头，它也“规定了存在者之为存在者”。从作为“存在者”的源头和规定来说，它被称为“存在者”之“存在”，从作为本身便涵盖了“一切存在者”的“表象”来说，它又可以被称为“存在者整体”，因而站在“一合相”的角度来看，“存在者整体”和“存在者存在”是同一的称呼。正因为“存在者整体”并不是诸多各自独立的“存在者”的一个“集合”的概念，而就是一个“表象”，就是一个“心”中的“一”，所以才有我们对这个“一”的超出、脱离，因而也才有“无乃是作为存在者之全体的否定”这种说法，也就是说，把“存在者整体”理解为“心”中的“一合相”，才能谈“无”，才有“无”的立锥之地。否则，为什么要立一个“无”呢？立一个“无”是我们要回答“心”在没有这个“一合相”之前是一个什么样的状态以及“心”在离开了这个“一合相”之后是一个什么样的状态。当然，此时的“心”既没有“一合相”，即“存在者整体”或者说“存在者之存在”，又没有各自独立的“存在者”的“分别相”，因为“分别相”从“一合相”而来，“存在者”从“存在者之存在”而来，“存在者之存在”是“存在者”的源头和规定，失去了这个源头，“存在者”自然也就销声匿迹了，“心”就成了“无相”的。但“心”还“在”吗？当然得“在”，要不然，“存在者整体”这个“一合相”乃至“存在者”这些“分别相”从何处而生呢？所以，“心”还“在”，但“无相”，这便是那个“能生万法”的“无限可能性”，因其非现实性的“无相”，故简称为“无”，这便是“无”的由来和意义。所以，“无”代表生出一切的“本体”“本心”，是使一切存在者得以存在的“存在”本身，是作为“存在本身的存在”。由此，它与“存在者之存在”“存在者”构成了三层结构。

所以，“心”“无”“此在”“存在”本身，最终成为同一的东西，海德格尔认为巴门尼德残篇5的“思想与存在同一”正是从这个角度讲的，因为海德格尔将巴门尼德此处的“思想”一词解读为“留心”，即“心”与“存在”本身“迎面逗留”，也就是“心”与“存在”本身的合而为一。当然，此处的心是不可以狭隘地理解为常人的“心”的，正如同佛门说“人人都是佛”，这绝不代表人人都成“佛”了，只是说人人都有“佛性”，通过艰苦的修行，人人都可成“佛”。所以佛门才说“人成即佛成”，意思是，人将自己的“佛性”彻底地弘扬光大，就能成为真正意义上的“人”，即“佛”。但“佛性”并不等于“人性”，它是“人性”背后的源头、本体，“人性”需将自身的“业力”彻底清空才能回归“佛性”本体。“心”也是如此，“人心”必须彻底地放下对“存在者”相上的妄想执着，才能进入“存在者整体”这个“一合相”，而后离开“存在者整体”这个“一合相”，或者说让“存在者整体”脱落，才能进入“无”中，与“存在”本身合一，成为那个“无”，成为那个“存在”本身，也就是“此在”本真的自己，海德格尔称这为“此在”的“绽出”和“发生”。“人心”经过这样的蜕变，便成为“真心本体”，也就是“无”，从这个意义上，海德格尔认为人才是“实存的”，他的原话是：“以实存方式存在的乃是人。唯独人才实存。”但同时解释道：“‘实存’意味着什么呢？这个词指的是一种存在方式，而且是指这样一个存在者的存在，这个存在者为存在之敞开状态保持敞开，它由于忍受着这种敞开状态而立身于这种敞开状态中。这种忍受是在‘烦’之名下被经验的。”可见，讲“唯独人才实存”是有前提的，那便是“为存在之敞开状态保持敞开”，在“烦”当中“立身于这种敞开状态中”。其实也就是必须完成“入”存在者整体这个“一合相”，以及“离”存在者整体这个“一合相”两个“离相”的环节，这便是“存在”敞开乃至“无”之敞开的环节，由此“人心”才能回归“本心”，才能回归“无”中，才能“实存”。因为一切的“存在者”乃至“存在者整体”都是梦幻泡影，只有“无”才是“实存”的，它是“存在”本身。

参考文献

[1]康德. 纯粹理性批判[M]. 邓晓芒,译. 北京:人民出版社,2017.

[2]黑格尔. 精神现象学[M]. 贺麟,王玖兴,译. 北京:商务印书馆,1979.

[3]海德格尔. 存在与时间[M]. 陈嘉映,王庆节,译. 上海:生活·读书·新知三联书店,2021.

[4]海德格尔. 形而上学导论[M]. 王庆节,译. 北京:商务印书馆,2023.

[5]海德格尔. 什么叫思想?[M]. 孙周兴,译. 北京:商务印书馆,2022.

[6]海德格尔. 路标[M]. 孙周兴,译. 北京:商务印书馆,2011.

后记　如何得自在？

谈论“无”，对于哲学家而言意味着世界观，对于普通人而言则意味着方法论。很多人可能认为：这世界究竟是“有”还是“无”，与我们普通人有什么关系呢？普通人需要了解世界的“本源”吗？不了解世界的“本源”就过不好一生吗？表面上看起来似乎这些形而上的问题的确与人们的日常生活并不搭界，因为绝大多数人认为自己只是活在油盐酱醋的层面，至多加上吃喝玩乐，或者飞黄腾达，谁没事一定要去思考那些形而上的问题呢？那么，我们常人究竟该不该进行这样一些形而上的思考？为什么要进行这样的思考？

其实，谈形而上的思考可能会被很多人抗拒，但谈“自由”没人能抗拒，因为人人都想做个“自由”的人。遗憾的是很多人不知道“自由”与形而上的关系，只知道“自由”是争取来的，于是努力地争取“自由”，然而回顾一生发现竹篮打水一场空，越想争取“自由”，越是为条件所限，最后只能孤独终老，唯一得到的就是与人无关的“自由”。但这与自己当初争取的“自由”是一回事吗？似乎并不相同，因为“自由”对我们常人而言应该意味着不受“限制”，意味着可以按自己的想法行事，当然前提是不能违反法律和侵犯他人。很多人是抱着守法和不侵犯他人的原则而生活的，但最终发现自己唯一的“自由”是没有了太多的想法，因为想了也没用，只能自己不去打扰别人地活着，与他人无关地活着，也就是“孤独”地活着，最终，“自由”与“孤独”画上了等号，这样的“自由”是真正的“自由”吗？当然，还有些“自由”的“斗士”，一生永不屈服地争取着自己的“自由”，直到活成亲人的“麻烦”。这样的人得到“自由”了吗？或许他们自己依然我行我素、不管不顾地活着，周围的人却绝不愿招惹他们，实在没办法也只好忍气吞声地将就着他们，其实这些人已经活成了情感与精神的孤独者，他们与前面谈到的孤独者无异，还是将“自由”变成了“孤独”。那么，怎样才能活出真正的“自由”呢？为什么那么多人追求的“自由”在现实当中成了“孤独”呢？“自由”究竟是什么？

“自由”字面上的意思当然是不受约束和限制，所以，哲学家康德也将“自由”称为“无条件的原因性”，因为“条件”就是“约束”和“限制”，我们需要什么“条件”，这个“条件”就必然“约束”和“限制”着我们，人活着需要吃饭，“饭”就是一个人活着的基本条件，因而它也“约束”和“限制”着我们，让我们必须解决一日三餐的问题。那么康德说“自由”是“无条件”的，也就是说它是不应该受到任何“约束”和“限制”的，这可能符合许多人的内心愿望，因为他们就是这样去追求、去生活的，但事实怎么会与初衷如此相违背呢？不仅“约束”和“限制”如影随形，而且摆脱“约束”和“限制”唯一的方式就是与人无关地活着，也就是“孤独”地活着，我们想象的“自由”从来都未曾真正出现。这是为何？康德也错了吗？

其实，康德讲的“自由”是绝对的“自由”，绝对的“自由”是“无条件”存在的，但这种“自由”在“现象界”是不存在的，因为“现象界”的一切都遵循“因果律”，任何事情必然置身于一个已存在的“因果”链条中，在这里是无绝对“自由”可言的。所以，一个人要真正地寻找“自由”，就一定要能够离开“现象界”，即必须具备“离相”的功夫，才能获得真正的“自由”。而离开“现象界”，我们去哪里呢？怎样才能“离相”呢？什么叫“离相”？为什么要“离相”？这些问题很多人从未思考过，他们一方面努力地追求“自由”，另一方面根本不知道“自由”是什么，以为一切按自己的意思办就是“自由”，却全然不顾自己已经深陷在“因果”链条中而不能自拔。当你的想法和行为已经为“因果”所规定、所注定，你以为自己还能奢谈“自由”吗？你真以为“我命由我不由天”吗？除非你是那个“真命天子”，也就是说除非你那个“我”是已经超出了“现象界”，超出了

“因果”链条的存在。常人活在“现象界”，活在“因果”链条中，已经是被规定、被注定了的存在，这就是通常讲的“命运”，“命运”就是用来告诉人们，“常人”或者说活在“因果”链条中的人是没有“自由”可言的，事实就是如此，每一个凡夫俗子的人生都是对“命运”二字的注解。孔子说“五十而知天命”便是这个道理，意思是“五十岁”的人了，应该知道自己是活在“因果”当中的，而且应该看清自己的“因果”，即“知天命”。

在孔子那个年代，人们可能对“自由”的概念并不像今天的一样，视其为至高无上的价值，那个年代生存下来可能并不容易，求生存可能是更多人的现实追求。但任何一个时代，任何一个人，内心都是有“想法”的，能按自己的“想法”活着可能是起初每一个人的想法，哪怕是一个奴隶，他也有自己的想法，也许他不可能去想怎样成为奴隶主，但他可能会想怎样成为一个更能得到主人赏识，因而比其他奴隶更有地位和权势的奴隶。所以，人总归都有自己的“想法”，并且总想按自己的“想法”行事，这也就是“自由”的概念。所以，在孔子的时代，人们不会把“自由”挂在嘴上，但这不妨碍事实上人们在追求“自由”。那么，孔子的“五十而知天命”就是一句忠告，意思是，不要奢谈“自由”，要搞清楚自己的“因果”，不要只注意自己的想法，更要注意自己身上曾经种下的“因”和今天必然会呈现的“果”，它们才是规定你的东西，一味地讲“自由”有什么用呢？孔子看起来像个悲观主义者，但他其实是一个客观主义者，因为他讲的是事实。

但其实你如果真懂孔子，你会觉得他是一个真正的“智者”。他说了“五十而知天命”，但他并未止于“知天命”，也就是说，他并未让人去“认命”，紧接着他讲了“六十而耳顺”，然后他才抛出了他的核心观点：“七十而从心所欲不逾矩。”这个“从心所欲不逾矩”便是真正的“自由”，并且是绝对的“自由”。因为你怎么去想都不逾矩了，这还不是“绝对自由”吗？“从心所欲不逾矩”就是你的想法不会有任何障碍了，也就是没有了任何“限制”和“约束”，这等于获得了“无条件的自由”，当然是“绝对自由”了。所以，孔子并不悲观，他相信人是可以获得“绝对自由”的，但必须经过“六十而耳顺”的阶段，否则就只能在“因果”当中听从“天命”了，即“听天由命”了。因此，“六十而耳顺”是一个“改命”的过程，如何“改命”呢？或者说，何谓“六十而耳顺”呢？

佛门有一种修行方法，叫修“耳根圆通”。修此法门，可使修行人听到任何的话都能不起烦恼，觉得所听一切皆为好事，皆为好话，故称为“圆通”，即无“残缺”之意。或者反过来说，当你修到了听一切皆为好事、皆为好言之时，你的内心便离开了“烦恼”，你就修成了“耳根圆通”，也叫“耳顺”。其本质是我们的内心“离相”了，一切好的或不好的我们都接受了，不以物喜，不以己悲，“不取不舍，即是见性成佛道”。“耳顺”了，“见性”了，心进入了“无”的境界，离开了“现象界”，超越了“因果”链条，摆脱了规定和注定，摆脱了“相”的约束和限制，便获得了真正的“自由”，获得了“绝对自由”，达到了“从心所欲不逾矩”的境界。所以，不入“无”，哪来“自由”？不谈“无”，何谈“自由”？这便是谈“无”入“无”的现实意义。